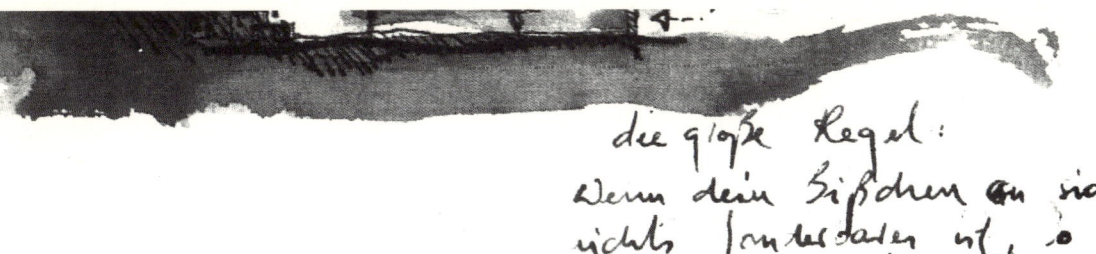

die große Regel:
Wenn dein Bißchen an sich
nichts sonderbares ist, so sage
es wenigstens ein bißchen
sonderbar.
　　　Lichtenberg

STADTRAUM Architektengruppe
Prof. Dipl.Ing. Wolfgang Pohl
Dipl.Ing. Bernd Strey
Dipl.Ing. Martin Rogge
und Partner
Münster / Düsseldorf

eine Vision – Gartenstadt – 100 Jahre später

Verdichtung und Neustrukturierung der Gartenstadt Haslach in Freiburg
Diplomarbeit WS 1994/95

A Vision – Garden City – 100 Years Later

Population Density and Restructuring of the Garden City Haslach in Freiburg
Theme for Masters thesis WS 1994/95

Vision Gartenstadt

Technische Hochschule Darmstadt
Fachbereich Architektur Entwerfen und Hochbaukonstruktionen I
Prof. Günter Pfeifer

The concept of the garden city as an expression of quality of life has changed over time. Such communities which had been developed on the edge of town, then intended to be independent urban units now often find themselves, due to continual urban expansion, near the central city core.Changes in conditions, traffic and trade have changed life in these communities. The structures are comparatively inferior to the current requirements for room size, interconnection and technical requirements. Even so, one unique quality has remained in the siedlung; particularly expansive open areas in comparison to current constraints on population density, that give each building in a pastoral air which has also survived the changing traffic situations within the community.

Communities of this sort can have a effect of softening the borders of larger cities. The reasons that they are seldom so used are varied. One reason could be the high expectations such projects places upon architects and urban planners. It is quite a challange to take on a project to integrate solutions for such complex issues as urban planning and historic preservation, free space and ecological constrains along with the development of new housing typologies, all of which must be integrated into a strongly distinctive pre-existing social environment.

The architecture department at the Technische Hochschule Darmstadt, in Darmstadt, Germany has taken on this challenge. This topic for the masters thesis in winter semester 1994-95 deals with the restructuring of garden city Haslach in Freiburg, Germany.

The main point of interest, from a department standpoint, its the theme of building typology development and the interplay between it and other determining factors, with the goal of creating living spaces that define personal space and create an atmosphere which enriches the quality of life. In considering the urban use of free space and making the avalible space more useful as a prominent issue, a discussion of the issue of land as a natural resourse can follow.

The masters thesis projects presented here can help to enliven the discussion of this theme and hopefully serve as a catalyst to search further and discover the hidden potential that exists .

Die Gartenstadt der Jahrhundertwende als Ausdruck und Lebensqualität hat sich verändert. Die Siedlungen, die am Rande der Stadt als geschlossene städtebauliche Figuren entstanden, sind durch das Wachsen der Städte mehr und mehr in Zentrumsnähe gerückt. Veränderte Randbedingungen, Verkehr, Gewerbe etc. haben das Leben in diesen Gartenstädten verändert. Die Gebäude leiden gemessen an heutigen Bedürfnissen an den schlechten Standards von Raumgrößen, Raumzusammenfügung, (Technik) und technischem Ausbau. Eine Qualität jedoch ist diesen Siedlungen geblieben: ein geradezu verschwenderischer Außenraum, der jedes Haus in eine Idylle setzt, die selbst durch die veränderte Verkehrssituation innerhalb der Siedlung kaum gelitten hat.

Um das Ausufern der Städte abzumildern, bieten solche Siedlungen Entwicklungspotentiale. Daß diese Potentiale nicht stärker genutzt werden, hat unterschiedliche Gründe. Ein Grund dürfte der hohe architektonische Anspruch sein, der zu dieser Aufgabe jedem Architekten und Stadtplaner abverlangt wird. Eine komplexe Aufgabe mit den Themen Städtebau, Denkmalschutz, Freiräume, Ökologie und neue Wohnungstypologien, die innerhalb eines vorhandenen stark ausgeprägten sozialen Umfelds bearbeitet werden muß.

Die Technische Hochschule Darmstadt, Fachbereich Architektur hat sich dieser Herausforderung gestellt. Die Diplomarbeit des Wintersemesters 1994/95 beschäftigt sich mit der Umstrukturierung der Gartenstadt Haslach in Freiburg.

Dabei interessierte uns das Thema der Gebäudetypologien im Zusammenspiel mit allen anderen Determinanten, um damit ein Höchstmaß an individueller und atmosphärisch reicher Wohnungs- und Lebensqualität zu erzielen. Die urbane Nutzung der Hauszwischenräume ist eine hervorragende Maßnahme um stadtnahe Grundstücke nutzbar zu machen und gleichzeitig ist dies ein Beitrag zum Thema "Umgang mit der Ressource Land".

Die vorliegende Dokumentation der Diplomarbeiten kann die Diskussion zu diesem Thema beleben und bereichern und könnte als Anregung dienen, Mut zu machen, um die verborgenen Potentiale zu entdecken.

Darmstadt, im Februar 1995

Günter Pfeifer

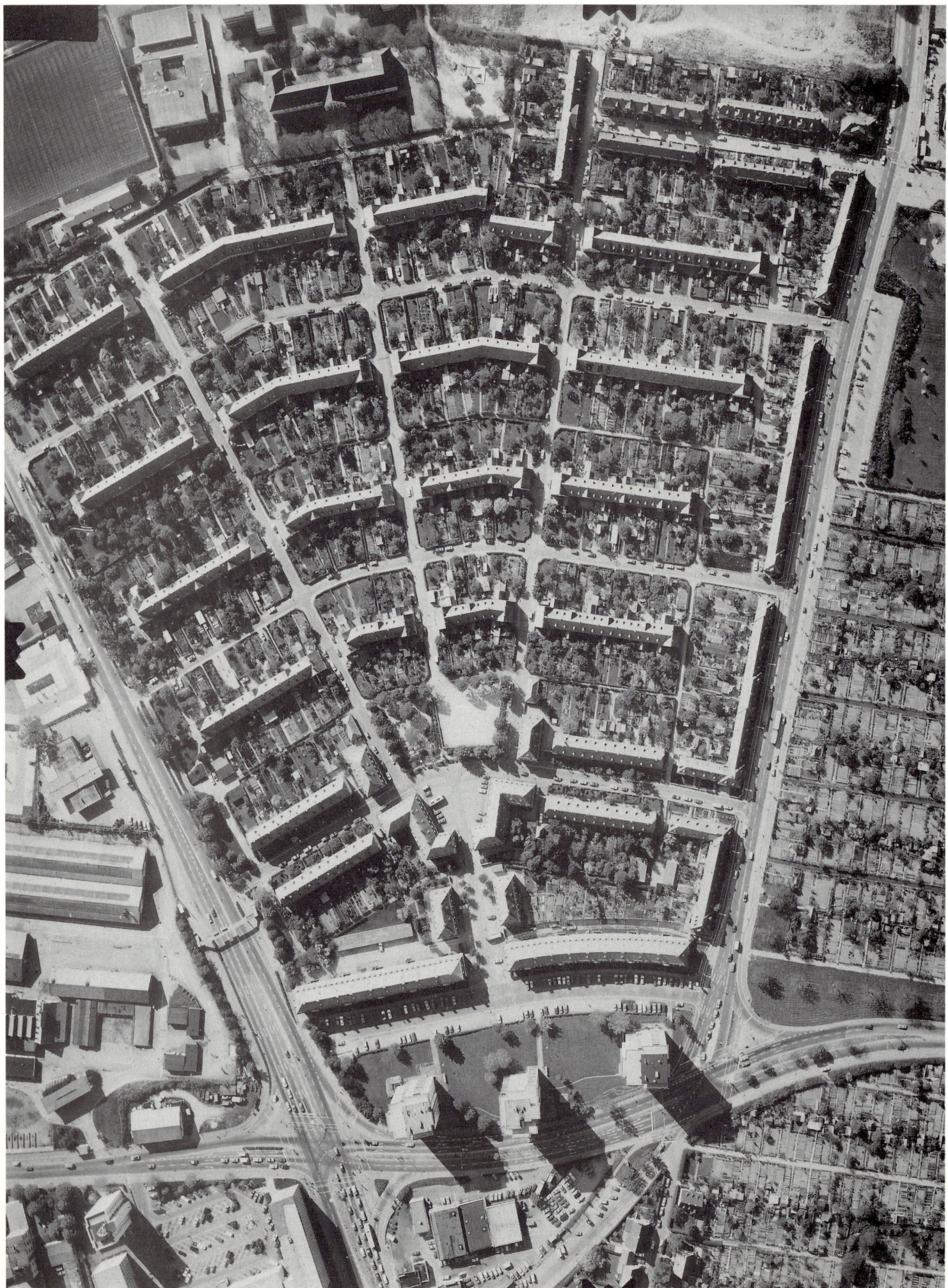

A Vision
Garden City - 100 Years Later

Population Density and Restructuring
of the Haslach community in Freiburg

town and country must be married, and out of this joyous union will spring a new hope, a new life, a new civilization...., I hope to convince the reader that this is practicable, here and now, and that on principles which are the very soundest, whether viewed from the ethical or the economic standpoint.

Ebenezer Howard "Garden Cities of Tomorrow" 1902

Historical Background

The Haslach community in Freiburg was erected in 1925. The plans were completed by Prof. Dr. Gruber.

The original layout plan was concieved in trapezoidal form situated between two delineating streets, Basler Straße and the then Gutleutstraße, through which radial streets extend easterward flowing into Engler Platz, a small town square.
The housing district dimensions are approx. 500 meters in width and 700 meters in length. Due to construction on a bordering thoroughfare, Schoenbergstraße, a modified plan for Engler Platz was later carried out. Two existing longitudinal buildings on the Schoenbergstrasse form extended axes which flow into Engler Platz to create a gateway-like entrance. The overall area of the district is 13.52 hectares.
The district contains 287 dwellings which include single family houses, row houses, twin houses and approx. 40 apartment buildings.

Building Typology

The community is a high-density, low-rise development planned on an east-west axis. It is spatially defined by building block perimeters consisting of back to back rows of buildings with backyard spaces in between. The seperate rows are distinguished by *Kopfbauten* or end buildings which are aligned along the broad, dominating streets. The buildings are generally two stories with a functional loft space (pitch angle = 38 - 40°) and basement.
At the time of planning, the apartments were intended to be single family dwellings. The apartment units in the block buildings are 2 bedroom and are planned with a combined living room/kitchen and loft. The dimensions are 9.22 meters in length by 5 meters in width with an overall area of 88 sq. meters. Whereas, the apartment units in the *Kopfbauten* are 2 bedroom and are planned with a combined living room/kitchen and 2 loft spaces with an overall area of 102 sq. meters.

eine Vision
Gartenstadt - 100 Jahre später

Verdichtung und Neustrukturierung
der Gartenstadt Haslach in Freiburg

Stadt und Land müssen sich vermählen und aus dieser erfreulichen Vereinigung werden neue Hoffnungen, neues Leben und eine neue Kultur entstehen ...... Ich hoffe den Leser zu überzeugen, daß dies ausführbar ist - hier und sogleich und zwar auf den gesundesten Grundlagen, sowohl vom ethischen als auch vom ökonomischen Standpunkt aus

Ebenezer Howard "Garden Cities of Tomorrow" 1902

Historische Situation

Die Siedlung Haslach in Freiburg wurde im Jahre 1925 fertiggestellt. Die Planung stammt von Herrn Prof. Dr. Gruber.
Der ursprüngliche Entwurf stellt eine trapezförmige Bebauung dar, die sich zwischen Basler Straße und der damaligen Gutleutstraße erstreckt mit strahlenförmigen Straßen, die im Osten der Siedlung in einen kleinen Platz (Engler Platz) münden.
Die Siedlung hat eine max. Breite von 500 m und eine max. Länge von 700 m.
Mit dem Bau der Schönbergstraße wird in einem späteren, abgeänderten Entwurf die Siedlung über den Engler Platz hinausgeführt. Entlang der Schönbergstraße entstehen zwei langgestreckte Gebäude, die in der verlängerten Achse des Engler Platzes eine torartige Eingangssituation schaffen.
Die Siedlungsfläche beträgt 13,52 ha. Sie umfaßt 287 Einfamilien-, Reihen- bzw. Doppelhäuser und ca. 40 Geschoßwohnungen.

Gebäudetypologien

Die Siedlung ist mit ost-west ausgerichteten Gebäudezeilen konsequent durchgehalten. Die Enden jeder Gebäudezeile werden von Kopfbauten geprägt, die sich, als „back to back"-Typen zu einem platzförmig erweiterten Straßenraum ausrichten. Die Gebäude weisen generell zwei Vollgeschosse, ein ausgebautes Dachgeschoß (Dachneigung 38° - 40°) und ein Kellergeschoß, auf.

Nach der damaligen Beschreibung waren die Hauseinheiten durchweg als Einfamilienhäuser bzw. Reihenhäuser konzipiert.
Die Hauseinheiten in der Zeile haben eine Tiefe von 9,22 m und eine Breite von 5 m. Sie enthalten eine 3-Zimmer-Wohnung mit einer Wohnküche und einer Dachkammer. Die Wohnfläche beträgt 88 qm.
Die Kopfbauten enthalten jeweils zwei 3-Zimmer-Wohnungen mit Wohnküche und einer zweiten Dachkammer. Die Wohnfläche beträgt 102 qm.

Der Abstand zwischen den Gebäudezeilen nimmt von Osten nach Westen kontinuierlich zu. An der engsten Stelle beträgt der Abstand 22 m, an der breitesten Stelle ca. 60 m. Entsprechend sind die Gartenflächen unterschiedlich groß, sie liegen zwischen 1,2 und 1,5 Ar.
An der engsten Stelle in der Fichtestraße beträgt die Tiefe der Vorgärten jeweils 6,75 m und die Straßebreite einschl. der Gehwege 8 m.

In den Jahren 1926/27 entstand die Bebauung am Engler Platz. Sie wird von symmetrisch angeordneten winkelförmigen Gebäuden geprägt, die einen geschlossen Platzraum bilden. Mit Läden im Erdgeschoß - Bäckerei, Metzgerei, Kolonialwarengeschäft, Milchgeschäft, Kurzwaren- und Tabakladen - entsteht auch ein kleines Ladenzentrum für die Siedlung. In den Obergeschossen befinden sich weitere 28 Wohnungen

The frontage area between building blocks increases from east to west with smallest distance between building blocks being 22 meters and the largest being approx. 60 meters. The backyard spaces vary correspondingly from east to west from between 1.2 and 1.5 acres. The smallest yard on Fichtestrasse, the street intersecting Engler Platz, is 6.57 meters deep. The street width is 8 meters including a sidewalk.

Engler Platz was erected between 1926-27. The design development of the square was influenced by the existing angular, symmetrically ordered buildings which enclose Engler platz. On the ground floor, this small but sufficient community center
housed a bakery, butcher, town store, dairy, dry goods and smoke shop with 28 further apartments located in the upper floors.

Situation 1994
Current Situation
Verkehrsimmissionen
Traffic Conditions

Veränderte Randbedingungen:

Die peripher angrenzenden Straßen der Siedlung nehmen durch unterschiedlich starke Verkehrsbelastungen Einfluß auf die Wohnsituation im Gebiet.
Die Basler Landstraße ist heute eine vierspurig ausgebaute Zubringerstraße mit sehr hoher Verkehrsbelastung. Um die Lärmimmissionen abzumildern, wurde eine ca. 3 m hohe Lärmschutzwand - teilweise aus Glas - errichtet. Südwestlich der Basler Straße befindet sich ein Gewerbegebiet.
Die Carl-Kistner-Straße ist als Verbindungsstraße zwischen dem südlichen Bereich des Stadtteils Wiehre und dem Stadtteil Haslach ebenfalls ausgebaut, doch ihre Verkehrsbelastung gegenüber der Basler Landstraße ist wesentlich geringer.
Die Straßen innerhalb der Siedlung wurden mit beidseitig gepflasterten Parkstreifen versehen. Darüber hinaus haben die Anwohner ihre Vorgärten teilweise zu überdachten Stellplätzen umgenutzt. Das Ergebnis ist ein unmaßstäblich aufgeweiteter Straßenraum.

Changes in Circumstances:

The peripheral streets defining the community experience severe fluctuations in traffic loads which influence the living conditions in the community.
Basler Landstraße has been expanded to become a four-lane highway with corresponding traffic loads. Noise reduction measures taken include the erection of a 3 meter high noise barrier, part of which is built of glass. An industrial area is located southwesterly on Basler strasse.

Carl-Kistner-Straße, an adjoining street, has also been expanded to become an important connecting highway within Freiburg between the south end of the Wiehre district and the Haslach community. The traffic load there is, although, considerably less than that of Basler Landstraße. The streets within the community have been paved on both sides to include raised parking strips. Furthermore, many residents have converted their front yards into carports resulting in an ill-proportioned expansion of street frontage areas.

Gebäude
Structures

Die Gebäude befinden sich insgesamt in einem guten Zustand. Die bestehenden Wohnungsgrößen und Grundrißstrukturen sind weitgehend noch unverändert. Ebenso ist das äußere Erscheinungsbild gut erhalten, Anbauten oder Dachaufbauten (Gauben o. ä.) sind nicht vorhanden. Nur gelegentlich wurden neue Fenster und Türen eingesetzt, die nicht dem Charakter der Gebäude entsprechen.

The buildings are found to be in good condition. Moreover, the existing apartments and floor plans remain to a large extent unchanged. The original exteriors have been maintained as well. Expansions such as add-ons, roof additions or dormers do not exist. New windows or doors have occasionally been installed which do not correspond to the original character of the buildings.

Denkmalschutz
Historic Preservation
Bewohnerstruktur
Residential Composition

Die gesamte Anlage steht heute unter Denkmalschutz.

Im Siedlungsgebiet zwischen Bauhöferstraße, Fichtestraße und Engler Platz wohnen zur Zeit 675 Personen. Das entspricht einer Einwohnerdichte von 51 Einwohnern pro Hektar.
Die Bewohnerstruktur zeichnet sich durch eine gute Durchmischung aus, mit einem relativ hohen Anteil von jungen Familien, die deutscher als auch ausländischer Abstammung sind.

The entire community has been classified as a historic monument thereby retaining both the corresponding distinction and protection. At present, 675 residents live in the area between Bauhoeferstraße, Fichtestraße and Engler Platz. The population density is equivalent to 51 residents per hectare.
The residential composition manifests a thorough mixture of both german and foreign residents. A relatively large segment of the resident population consists of young families.

A vision of a Garden city shall be developed, with the Haslach community as a basis. Ideas and suggestions are to be developed which first, deal with whether such communities or residential typologies should be built and second, the form or type in which they could be developed with applicability at the turn of the century.	Der Bearbeiter / die Bearbeiterin soll auf Grundlage der Gartenstadt Haslach eine Vision einer "Gartenstadt" entwickeln. Er / Sie soll Ideen und Vorschläge ausarbeiten, ob und in welcher Form und Art solche oder ähnliche Siedlungs- / Wohnformen an der Schwelle der Jahrtausendwende noch anwendbar sind.	**Aufgabenstellung** The Proposed Project Theme
In taking our present society into consideration, this vision shall develop the following points of emphasis:	Diese Vision ist auf der Grundlage der heutigen Gesellschaft mit folgenden Schwerpunkten zu entwickeln:	

Ecological — conservation of resources, including land and use of alternative sources of energy (e.g., passive solar, wind)

Sociological — Small families, single-parent families, changing populations, multi-cultural societies, combining work and family, new forms of mutual assistance

Economical — use of economically-sound building techniques, pre-fabrication, use of single and multi-purpose forms

ökologisch — sparsamer Umgang mit Ressourcen - auch der Ressource Land, Einsatz alternativer Energien wie Sonne und Wind. Dem Einsatz mit passiven Mitteln ist Vorrang einzuräumen.

soziologisch — Kleinfamilie, Alleinerziehende, veränderte Altersstruktur, multikulturelle Gesellschaft, Verbindung Wohnen und Arbeiten, neue Formen der gegenseitigen Hilfeleistung

ökonomisch — Einsatz wirtschaftlicher Bauweisen, Präfabrikation, einfache Formensprache, Nutzungsneutralität

Population density accomodations and the restructuring of the community shall be carried out using multi-story structures. Current building types should be examined and further developed for current use. Emphasis should be placed upon the development of floor plan types for single-family dwellings demonstrating cohesively planned units in 3 to 4 story structures.	Die Verdichtung und Neustrukturierung der Siedlung soll mit Wohnungen über mehrere Geschosse erfolgen. Dabei sind die heute üblichen Wohnungstypologien zu überprüfen und zeitgemäß weiterzuentwickeln. Es geht im wesentlichen darum, einfamilienhausähnliche Grundrisstypologien zu entwickeln, die analog der Siedlung über drei bis maximal vier Geschosse zusammengefaßt Wohneinheiten ergeben.	**Wohnungstypologie** Housing Typologies
Multiple usage of these floor plan types can be carried out by utilizing several different types of structures: - through the stacking of smaller units to form larger units (vertical coupling) - through Access development which facilitates multi-usage - through horizontal coupling to further potential usage and facilitate intermeshing	Die Schaltbarkeit dieser Typologien kann über unterschiedliche Strukturen erfolgen: - durch Stapelung von kleineren Wohneinheiten, die zusammengekoppelt wieder eine größere Einheit ergeben (vertikale Koppelung) - durch Erschließungssysteme, die eine Mehrfachschaltbarkeit und Nutzung ermöglichen, - durch Koppelung horizontaler Strukturen, um Nutzungsstrukturen erweitern und vernetzen zu können.	
The structures developed should facilitate the use of several different housing unit sizes and functions (e.g., communal housing, small and large family units, single-family units, retirement units, convalescent units, facilitating working at home and small offices).	Die entwickelte Struktur soll ein breitgefächertes Nutzungsangebot in Form unterschiedlichster Wohnungsgrößen ermöglichen - z.B. Wohngemeinschaften, Groß- und Kleinfamilien, Alleinerziehende, altengerechtes Wohnen, Wohnungen zur Krankenpflege, Wohnungen in Verbindung mit gewerblicher Nutzung / kleinere Büros, Ateliers, on line Arbeitsplätze.	**Flexibilität** Flexible Usage
The minimum amount of floor space per housing unit is defined as 60 sq. meter with the maximum being 160 sq. meters.	Die Größe der Wohnflächen soll für ca. 60 qm bis max. 160 qm große Wohnungen ausgelegt sein.	**Wohnungsgrößen** Unit Size Constraints
The community border along Basler Landstraße and Carl-Kistner-Straße should take the high levels of noise pollution into consideration. Corresponding structural solutions should be sought to deal with this situation.	Das Wohnen am Siedlungsrand entlang der Basler Landstraße und der Carl-Kistner-Straße ist von der hohen Lärmimmission bestimmt. Auf diese Situation sollte durch entsprechende Gebäudeausformung und Nutzungsinhalte reagiert werden.	**Siedlungsrand** Community Border

Denkmalschutz Historic Preservation	Die Gebäude der Gartenstadt Haslach sind - wie schon erwähnt - in ihrem äußeren Erscheinungsbild weitgehend erhalten und stehen unter Denkmalschutz. Im Gegensatz dazu haben sich im Lauf der Jahrzehnte die Freibereiche insbesondere zur Straße stark verändert durch Versiegelung großer Flächen, durch Anlegen gepflasterter Parkierungszonen und durch Garagenbauten und Carports in den Straßenrandzonen bzw. Vorgärten.	The structures in the Haslach community have been maintained and are, as cited earlier, in good condition. Curiously, the community is protected as a historic district although the frontage areas have been extensively altered through the addition of paved areas, garages, frontyards, carports and parking zones in the past few decades rendering an incongruent facade.
Historischer Bezug Historic Relevance	Die Idee des Denkmalschutzes soll vom Bearbeiter/in kritisch überprüft werden. Für die Bearbeitung des Entwurfes werden deshalb die Vorgaben des Denkmalschutzes zur Disposition gestellt. Das heißt: Es können - bedingt durch das Entwurfskonzept - Hausteile, Hauszeilen oder ggf. ganze Bebauungsfelder verändert oder ersetzt werden. Diese Veränderungen müssen begründet werden. Ein Totalabriß ist ausgeschlossen - es geht vielmehr darum, durch sinnvolle Nutzung der Freibereiche, die Neuordnung im Gebiet und an den Gebietsrändern in Bezug zur historischen Situation zu setzen: Es geht um eine zeitgemäße Fortentwicklung!	The concept of historic preservation should be critically examined. Therefore, the specific constrains typical of historic preservation need not be taken into consideration in the design process. Simply stated; building parts, pieces or complete sections of rows of buildings can be changed or replaced when neccessary in order to fulfill the needs of the design concept. These changes must, however, be substantiated. Complete demolition is not allowed; it is far more important to develop a concept for sensible usage of free areas, new organisation in the area and development of the siedlung borders that are historically relevant; Progressive design solutions are required here!
Bebauungsdichte Building Density	Die Gartenstadt hat zur Zeit eine Bebauungsdichte mit einer GRZ von ca. 0,12 und einer GFZ von ca. 0,24. Für den Entwurf wird als Maß der baulichen Nutzung eine GRZ von 0,4 und eine GFZ von 1,0 als Höchstgrenze zugelassen. Das Maß der Verdichtung ist in Abhängigkeit zur Wohnqualität und zur Qualität ökologischer Aspekte abzuwägen und zu begründen.	The Haslach community presently has a building density with a GRZ value of approx. 0.12 and a GFZ value of approx. 0.24. For purposes here, a GRZ value of 0.4 and a GFZ value of 1.0 have been set as maximum allowable values. The population density established must be dependent upon the quality of life and housing produced by the overall design concept. In addition, the population density proposed must be justified in the proposed concept.
Erschließung Access	In dem Gebiet soll möglichst wenig Individualverkehr zugelassen werden, doch müssen freie Zufahrten für Anlieferverkehr, Krankenwagen, Feuerwehr u.ä. gewährleistet sein. Der ruhende Verkehr ist ein wichtiger Entwurfsbestandteil. Es werden dazu entsprechende Vorschläge erwartet, die auch ökologisch vertretbar sind. Pro Wohneinheit bzw. pro 70 qm Wohnfläche ist ein Stellplatz vorzusehen.	Individual traffic should be kept at a minimum within the community. Although open access to traffic for purposes of busniess deliveries and emergency services should be assured. Dealing with private, stationary vehicles for private use constitutes an important segment of the planning process. Workable solutions should be developed that are both functional and ecologically justifiable. One parking space per 140 sq. meters of living space is allowed for.
Freiräume Open Space	Über Art, Qualität und Vernetzung der Freiräume sind Aussagen zu treffen, ebenso über Art der Begrünung und Oberflächengestaltung, in Verbindung mit Material und Farbe der Bebauung.	Statements addressing the quality, type and interconnection of open spaces are expected. The design of green space and public places must also be considered, including proposals regarding colors and materials to be used.
Infrastruktur Infrastructure	Die Entwurfskonzeption soll Aussagen über Infrastruktureinrichtungen und ihre Standorte innerhalb des Siedlungsgefüges treffen. Es wird nicht erwartet, daß z.B. ein Kinderspielplatz an einer Stelle geplant wird, sondern wie in einer solchen Gesamtanlage Raum für die Gestaltung eines Umfeldes angeboten wird, in dem Kinder spielen können. Zur Infrastruktur gehören auch Aussagen über Einkaufsmöglichkeiten für Kleinverbraucher, Freizeitgestaltung und Sportbetätigung der Anwohner (Geselligkeit, Bücher, Videos, Filme, Tennis, Wasser etc.).	The design concept must establish premises upon which the organisational infrastructure will be based as well concrete structural definitions illustrating the important role that infrastructure plays within the community. It is not expected that individual structures be detailed in the plan (i.e. each seperate childrens play area). Rather, a general layout plan should be established defining the general areas in which children could play. Statements establishing areas for retail shopping, entertainment, sports and leisure activities for the local residents should also be included in the general layout (e.g., libraries, theatres, tennis courts, multi-purpose fields, community centers, etc.)

Leistungen
Requirements

Location Plan: scale 1:200
A integration of both new and existing urban and spatial structures should emerge from the design concept. Green space, public walkways and facilities including entrances and exits should be illustrated in the plan.

Plan Typology: scale 1:200
A typological design principle must be clearly defined within the design concept in addition to statements detailing the integration of private and public spaces. The task of enclosure as well as structural systems of enclosure are part of the concept and can be detailed again, when necessary, in sketch form.

Building Types: scale 1:100
The design principles shall be demonstrated using all floor plans, sections and elevations necessary to illustrate essential housing units and building types. A functional model (scale 1:100) shall clearly define spatial connections. The definition of individual spaces should be carried out within the plan; a legend is unnecessary.

Additional Details: scale 1:50
It is at the discretion of the department to decide what additional details are necessary. They shall be in the form of either floor plans, sections, facade elevations or sections in model form. These details should not be seen as a mere constructive analysis. Instead, they should represent a more in-depth examination of the experience that enclosed spaces produce in conjunction with the surrounding environment, when appropriate.

Sketch book
A sketch book should be kept as a medium in illustrating the process of development leading to the final concept. All of the various solutions developed during the planning process should also be represented and illustrated.

Relief Model: scale 1:500
A clear, simple model illustrating all old and new identifiable structures is necessary.

Explanation of Concept
A written explanation in poster form of the design concept including urban planning concepts, technical and constructive solutions from a design point of view is required.

Lageplan M 1:500
Aus der Darstellung soll der städtebaulich, räumliche Zusammenhang zwischen Neuplanung und der vorhandenen Bebauung hervorgehen. Eingänge, Verkehrswege, Grünflächen und Einrichtungen für die Infrastruktur sind in diesem Plan darzustellen.

Typologisches Prinzip M 1:200
Konzeptabhängiges typologisches Prinzip. Angaben über die Erschließungsstrukturen, ggf. den konstruktiven Strukturen mit Skizzen und Erläuterungen. Aussagen über Vernetzung von privaten und öffentlichen Räumen. Konzeptabhängig ggf. Darstellung von infrastrukturellen Einrichtungen.

Gebäudetyp M 1:100
Darstellung aller zum Verständnis der Arbeit notwendigen Grundrisse, Schnitte, Ansichten eines wesentlichen Wohnungs- bzw. Gebäudetyps mit einem Arbeitsmodell M 1:100, in dem die räumlichen Verknüpfungen erkennbar sind. Die einzelnen Räume sind im Plan zu kennzeichnen (keine Legenden).

Vertiefung M 1:50
in Absprache mit dem Fachgebiet entweder: Grundriss, Schnitt, Fassadenausschnitt oder Ausschnitt Modell. Die Vertiefung hat sich nicht nur konstruktiv mit der Arbeit auseinanderzusetzen, sondern ist auch als Aussage über die Atmosphäre der Räume und ggf. des Umfeldes anzusehen.

Skizzenbuch
Das Skizzenbuch soll die Wege der Konzeptfindung und Lösungsansätze zum Entwurfsgedanken erläutern.

Massenmodell M1:500
als einfaches Massenmodell, in dem die alte und neue Struktur erkennbar ist.

Erläuterung - als Konzeptblatt
schriftliche Darstellung des Entwurfskonzeptes in städtebaulicher, nutzungstechnischer, konstruktiver und gestalterischer Hinsicht.

Die Kommission
Jury

Prof. Andreas Brandt
Prof. Hansjakob Führer
Prof. Moritz Hauschild
Prof. Günter Pfeifer
Prof. Thomas Sieverts

Dipl.-Ing. Alexa Hartig
cand.arch. Jan Löken
cand.arch. Eckehart Loidolt

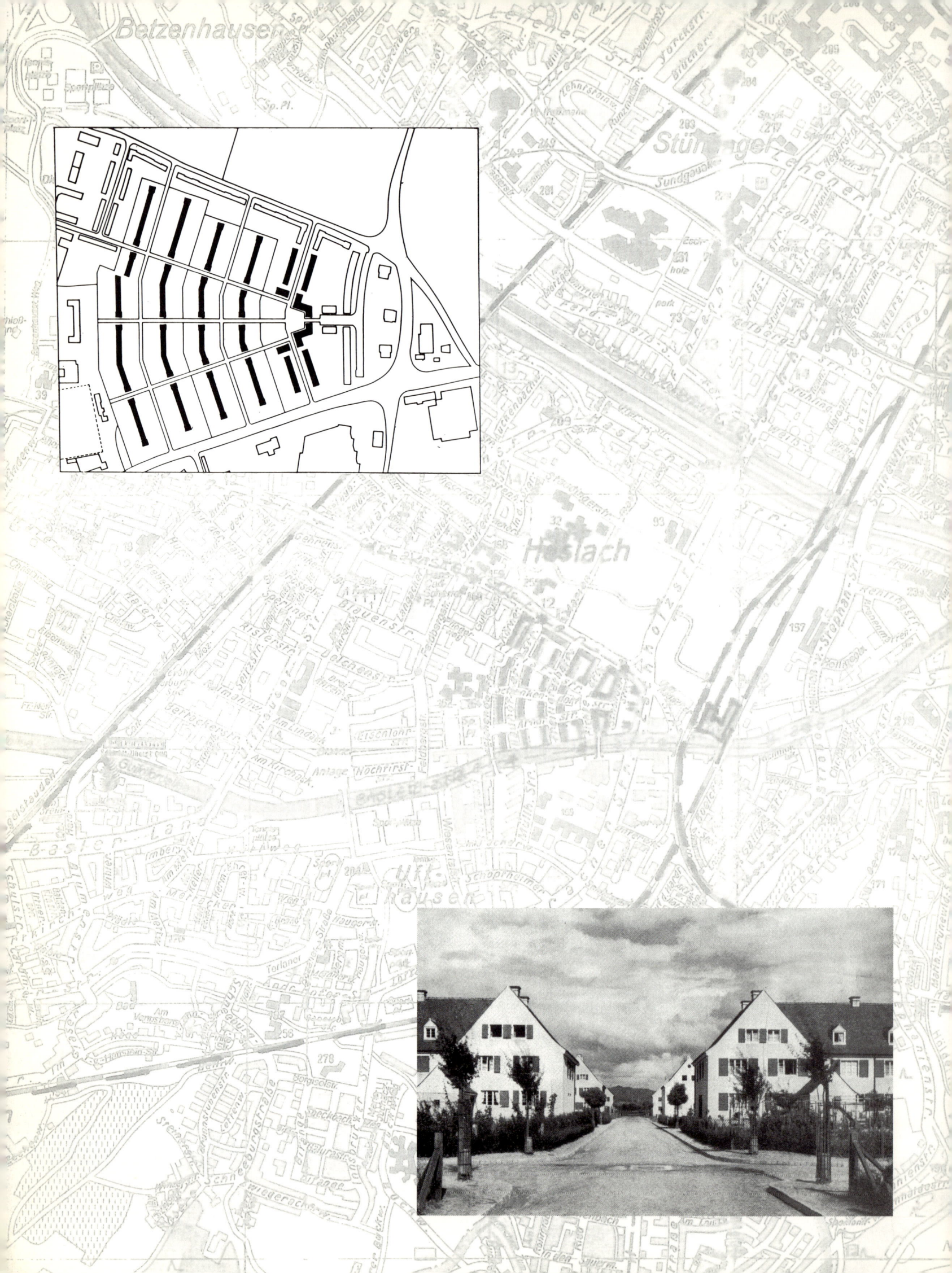

13

14

Projekte

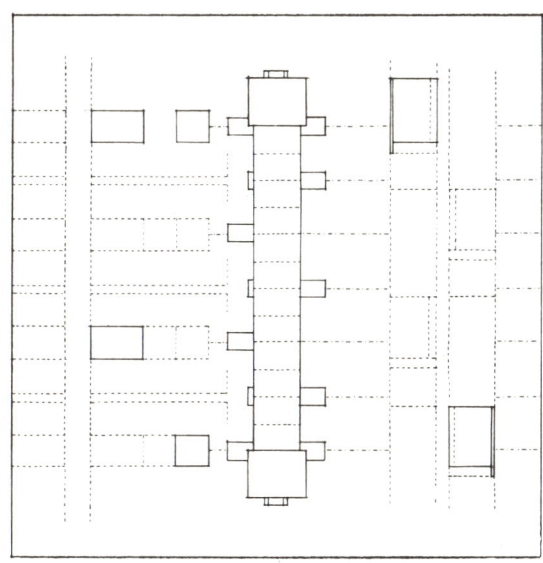

Christiane Diekmann

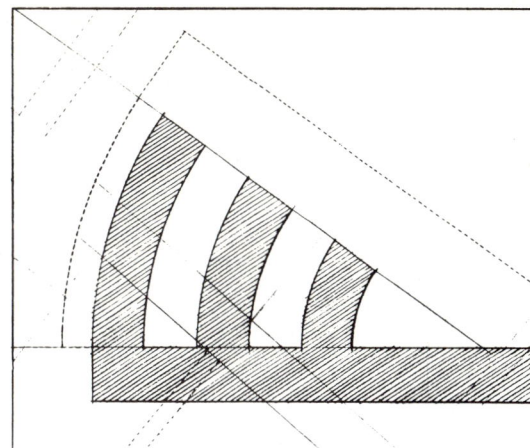

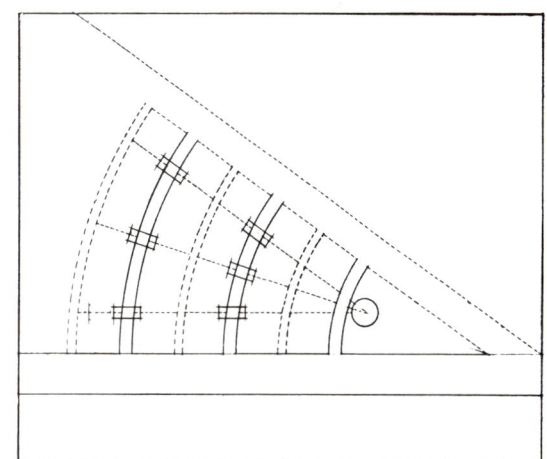

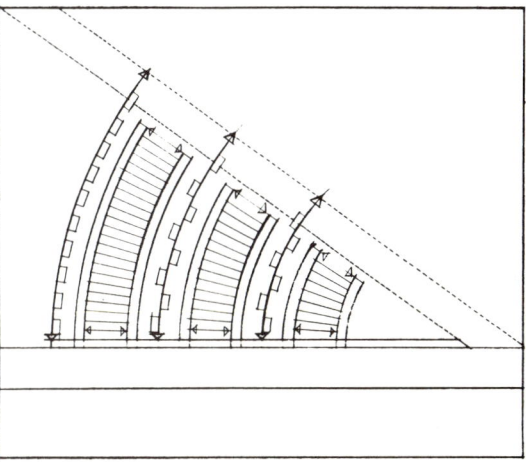

The interlinking of urban spaces and rural spaces has been volumetrically transformed. The rock garden is interwoven into the wild garden. The existing street to the north has been removed to facilitate the transition into the free areas. One house type with solarium has been designed on the Basler Straße which also serves as a noise reduction element.

The house types are consistent in producing the contrast established in the concept by constructing introverted buildings with courtyards and extroverted single-family units.

Die Verzahnung von Stadt und Land wird direkt umgesetzt: Die 'steineren Gärten' verflechten sich mit den 'wilden Gärten'. Die nördlich vorhandene Straßenbebauung wird dabei dem landschaftlichen Übergang zum Freibereich geopfert. An der Baseler Straße wird mit den 'fernen Gärten' ein Haustyp mit Wintergärten als Schallschutzelement angeboten.

Die Haustypen folgen diesem Konzept und bilden mit den introvertierten Hofhäusern und den extrovertierten Einzelhäusern einen entsprechenden Kontrast.

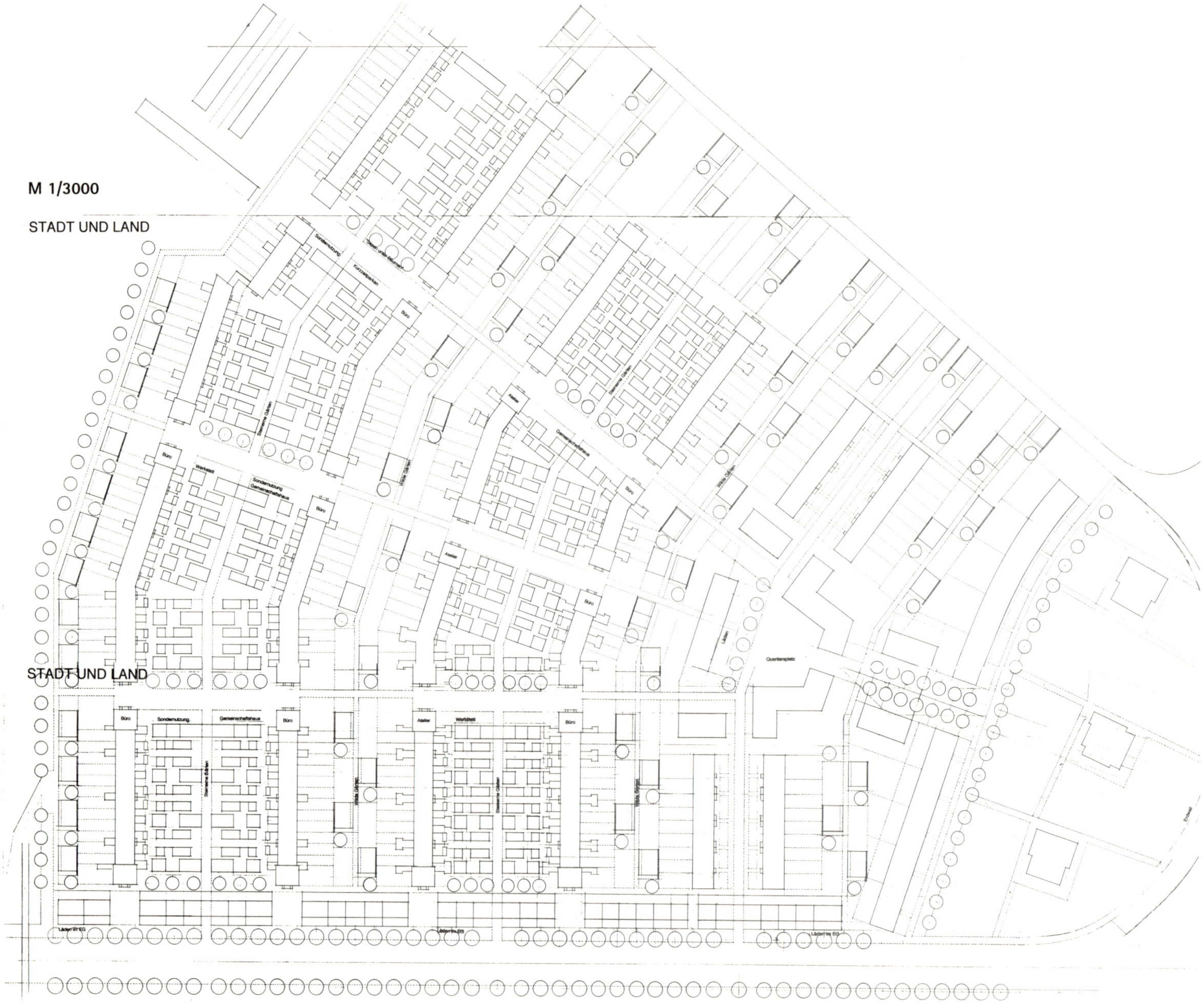

M 1/3000

STADT UND LAND

STADT UND LAND

4 GARTENSTADT

Neue Gärten

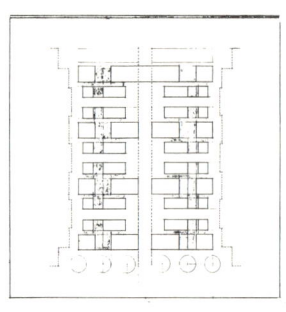

Steinerne Gärten

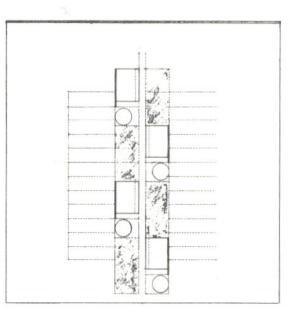

Wilde Gärten

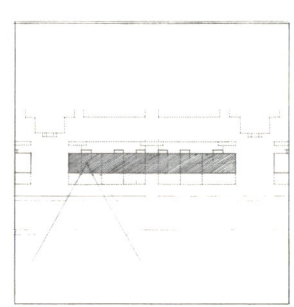

Ferne Gärten

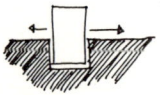

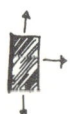
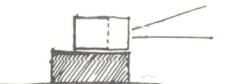

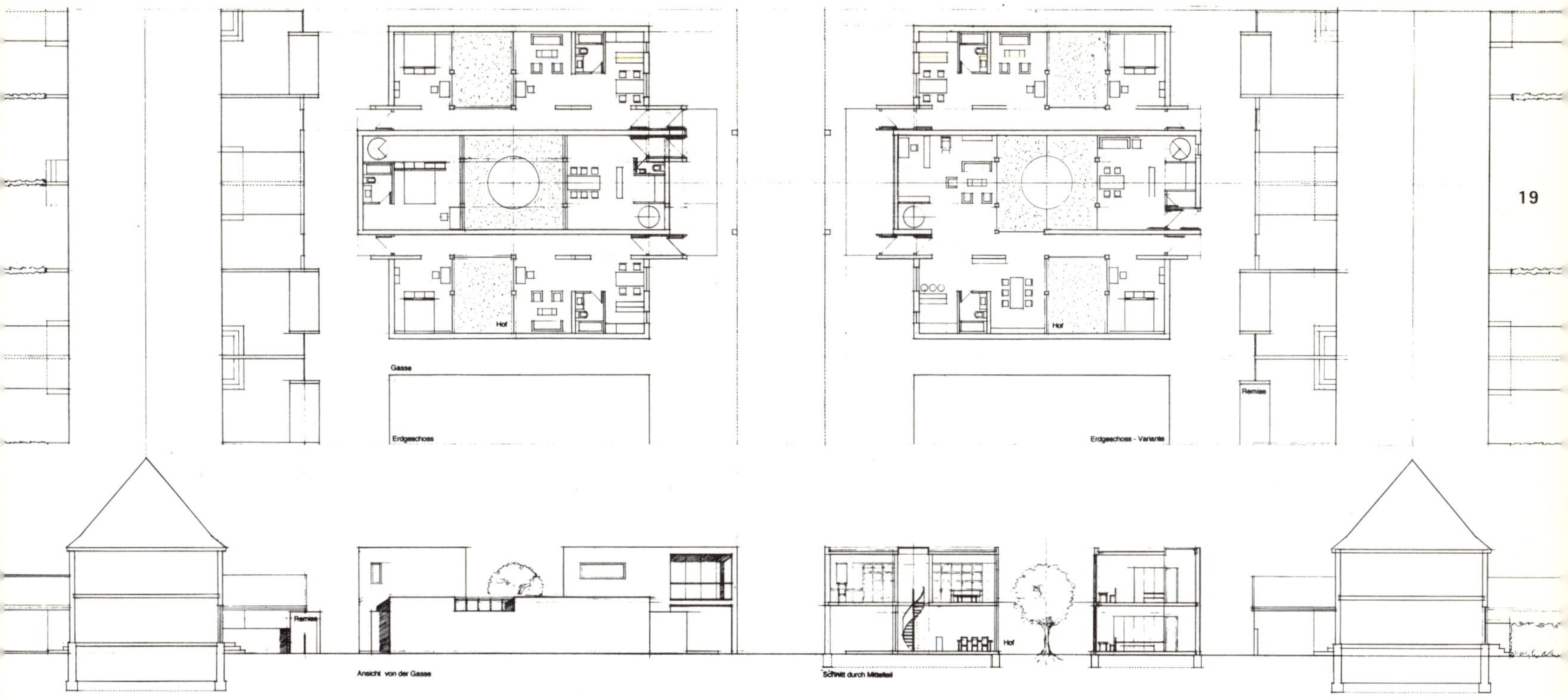

Steinerne Gärten
M 1/400

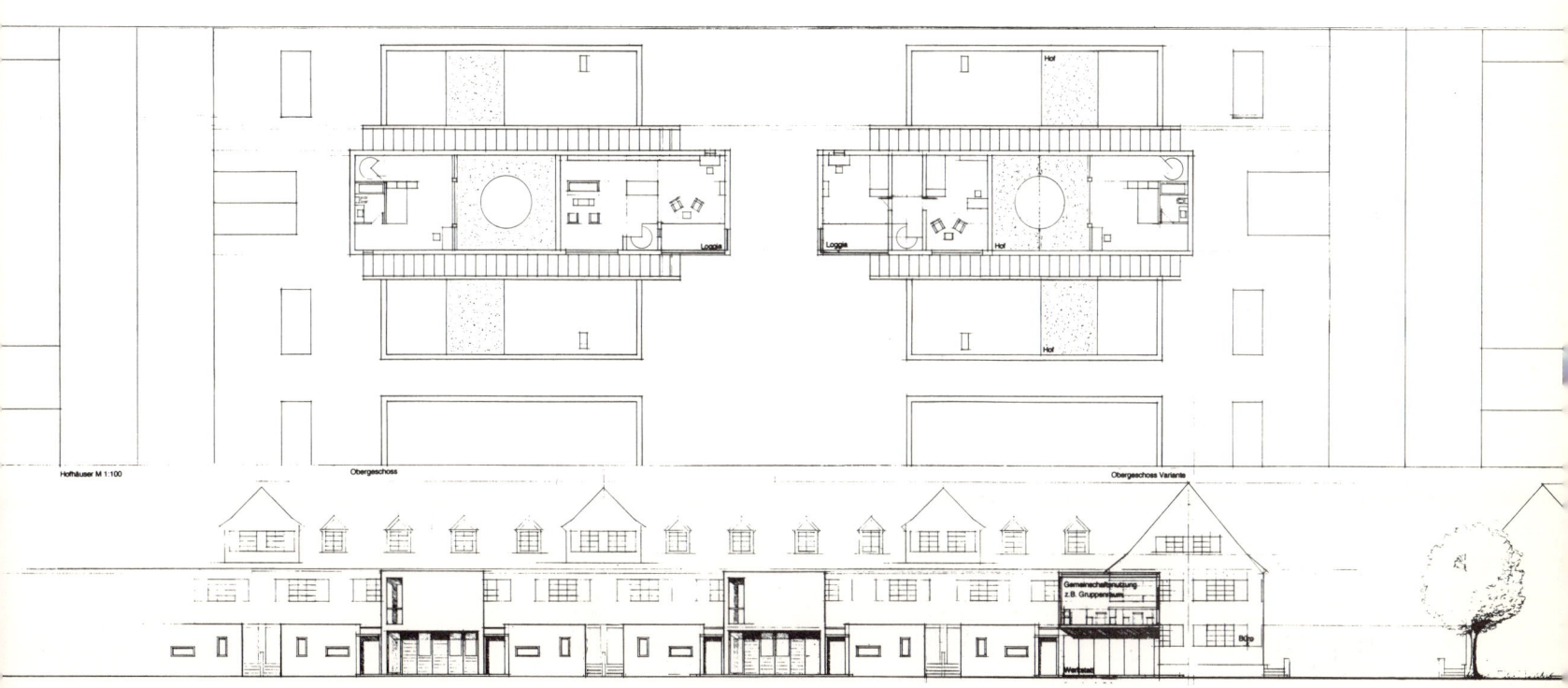

Steinerne Gärten

Wilde Gärten

M 1/400

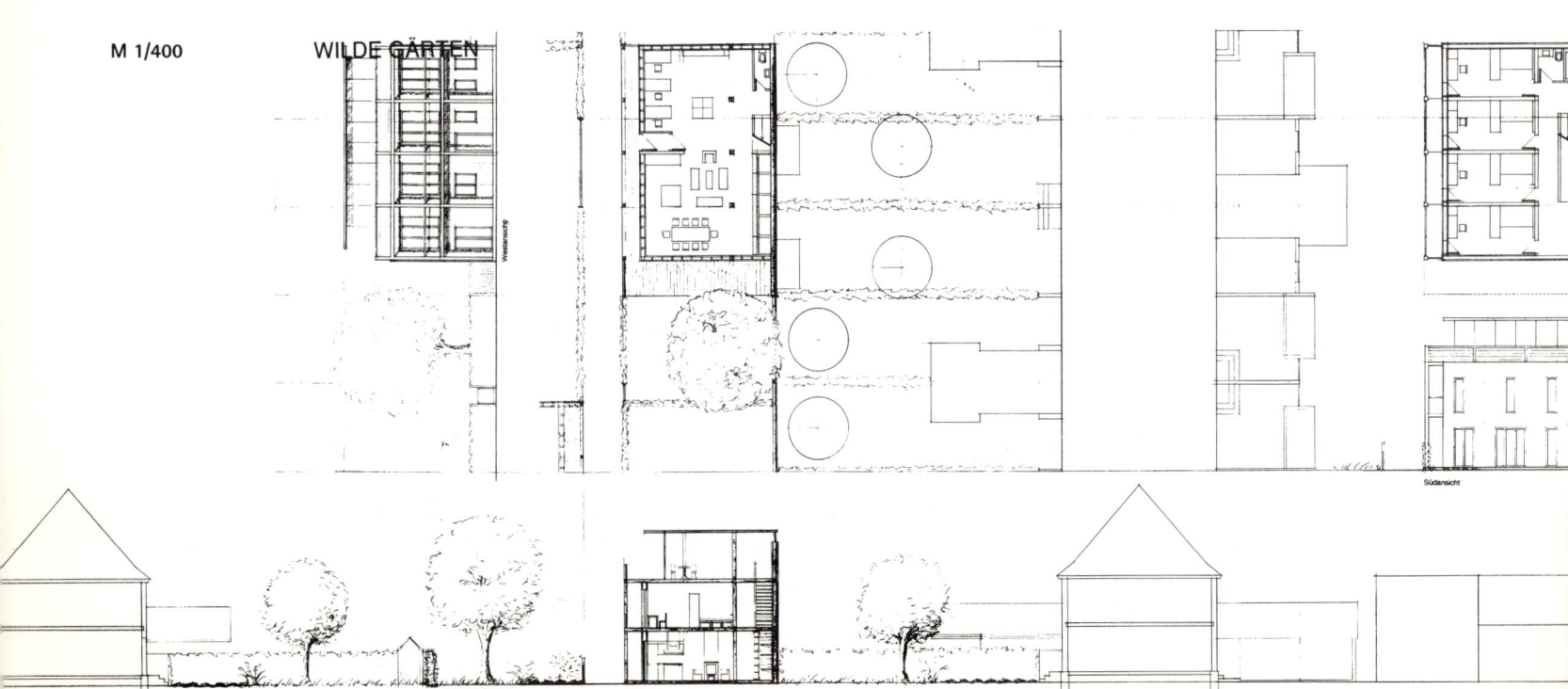

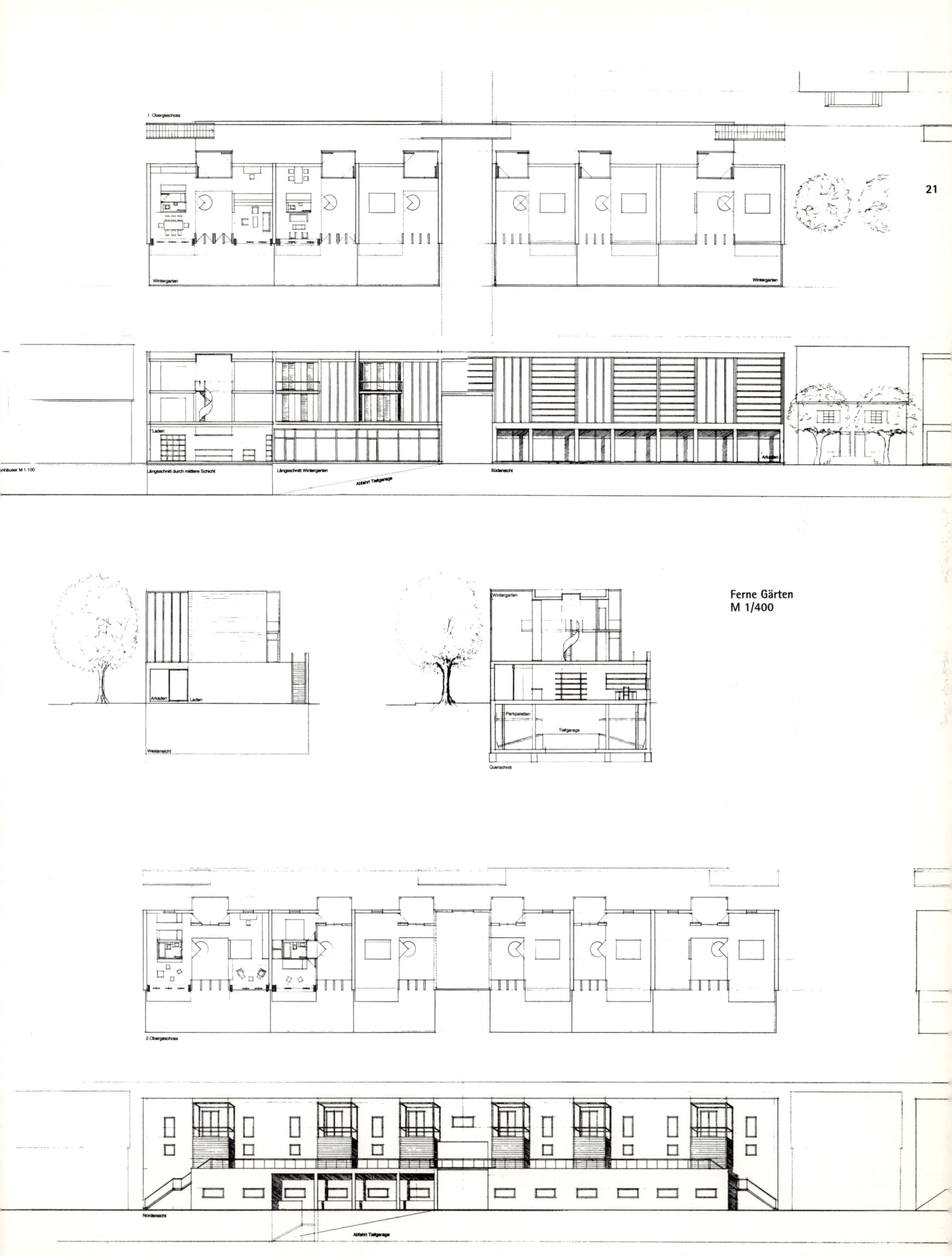

Ferne Gärten
M 1/400

Barbara Engel

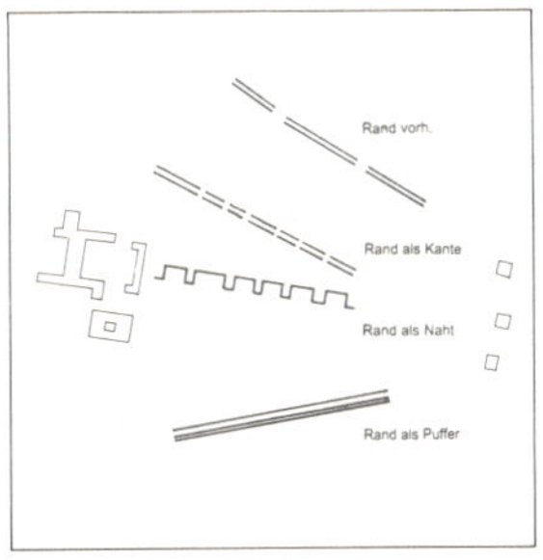

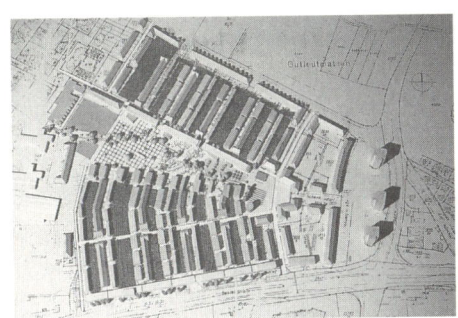

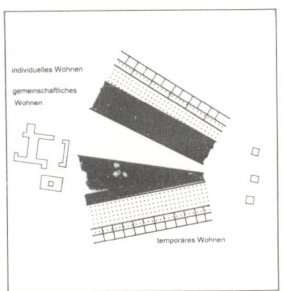

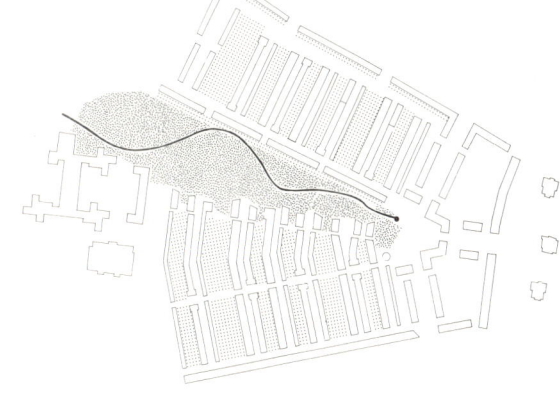

Freiräume

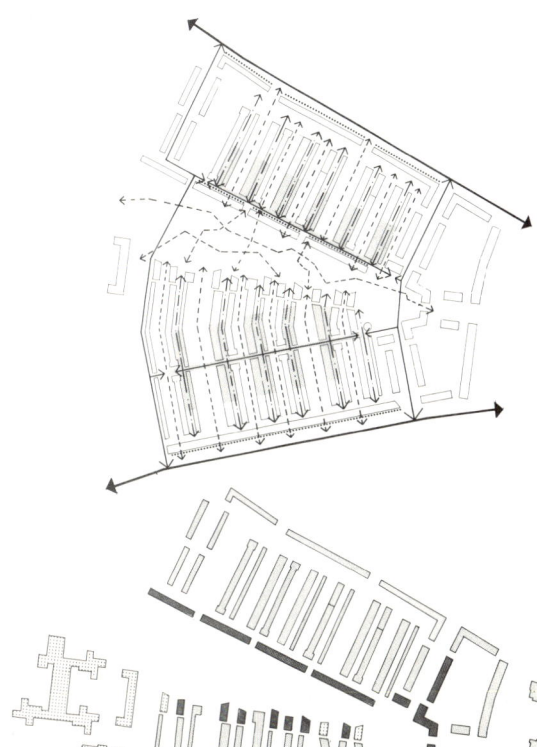

Erschließung

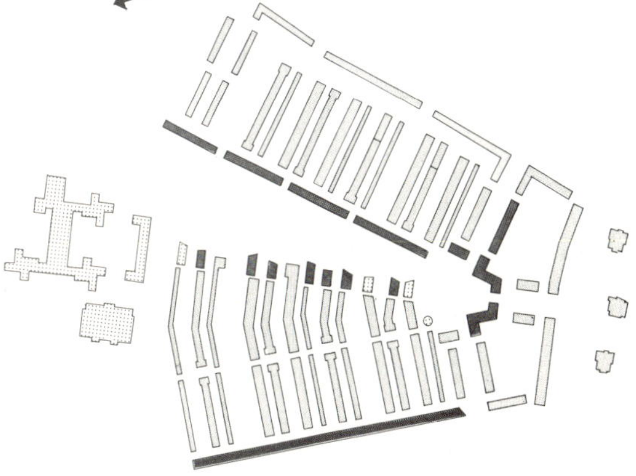

Nutzung

With one swift stroke, an oasis has been cut out of the middle of the community. The community then dissolves itself into various volumetric edges which take on different functions.
One volumetric edge serves as a southern border defining free space. Another functions as a seam on the northern border of the free space. Yet another on the Basler Straße creates the needed noise buffer zone.
The intersection of the varying edges convey a general sense of utility. Access also follows the general concept. Diverse activities take place in the free spaces and allow for a wide scope of interaction.

Mit einem klaren Schnitt wird in der Mitte der Siedlung eine Oase herausgetrennt. Die Siedlung löst sich damit in verschiedene Ränder auf, die unterschiedlich bearbeitet werden.
Es gibt den Rand als Kante an der Südseite des Freiraumes, es gibt den Rand als Naht an der Nordseite des Freiraumes und es gibt zur Baseler Straße den Puffer der den Bedingungen der Lärmemissionen gerecht werden soll. Diese unterschiedlichen Nahtstellen werden mit den jeweils sinngemäßen Nutzungen versehen. Die Erschließung folgt dieser grundsätzlichen Idee. Der Freiraum ist mit mannigfaltigen Aktionen ausgestattet und läßt für Interaktionen große Spielräume.

"Dichte und Auflockerung schließen sich nicht notwendig aus."
(Dieter Hoffmann - Axthelm)

alt und neu

ruhender Verkehr

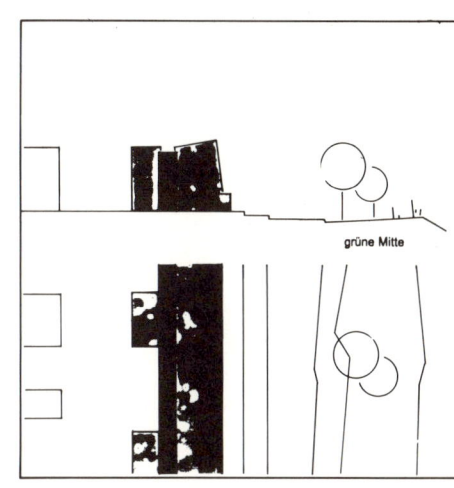

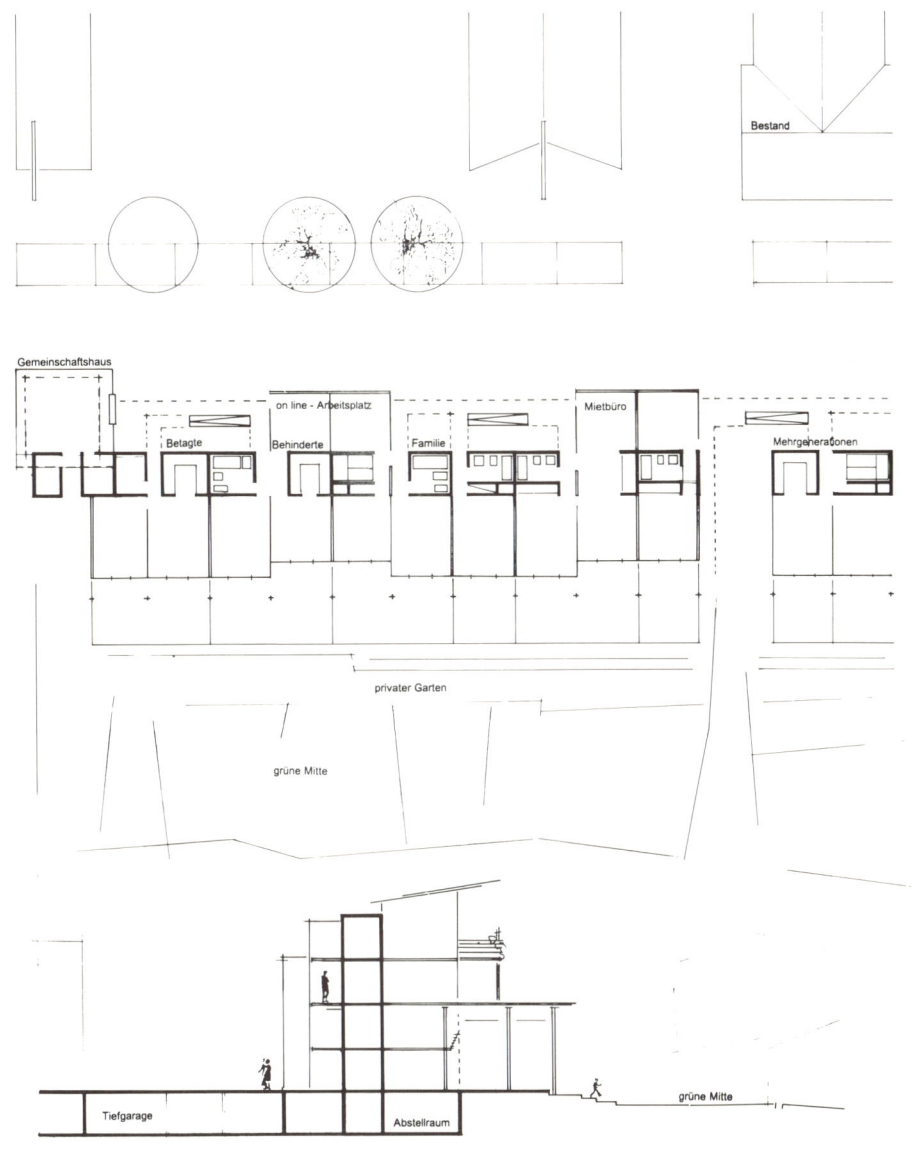

M 1/500

Rand als Kante

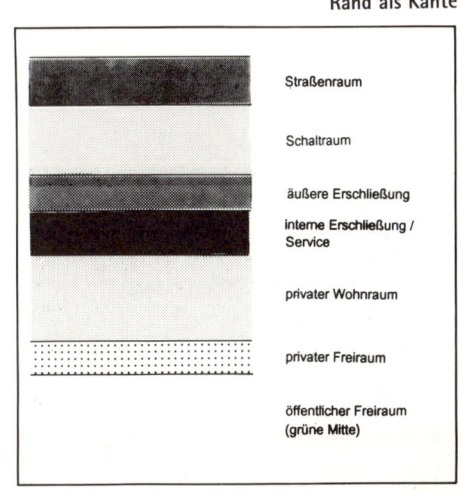

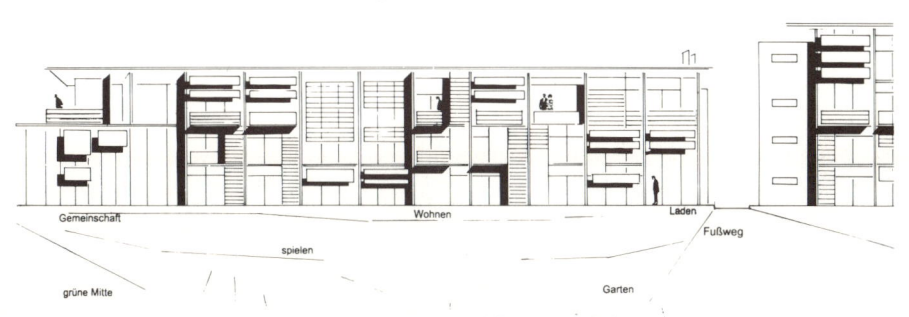

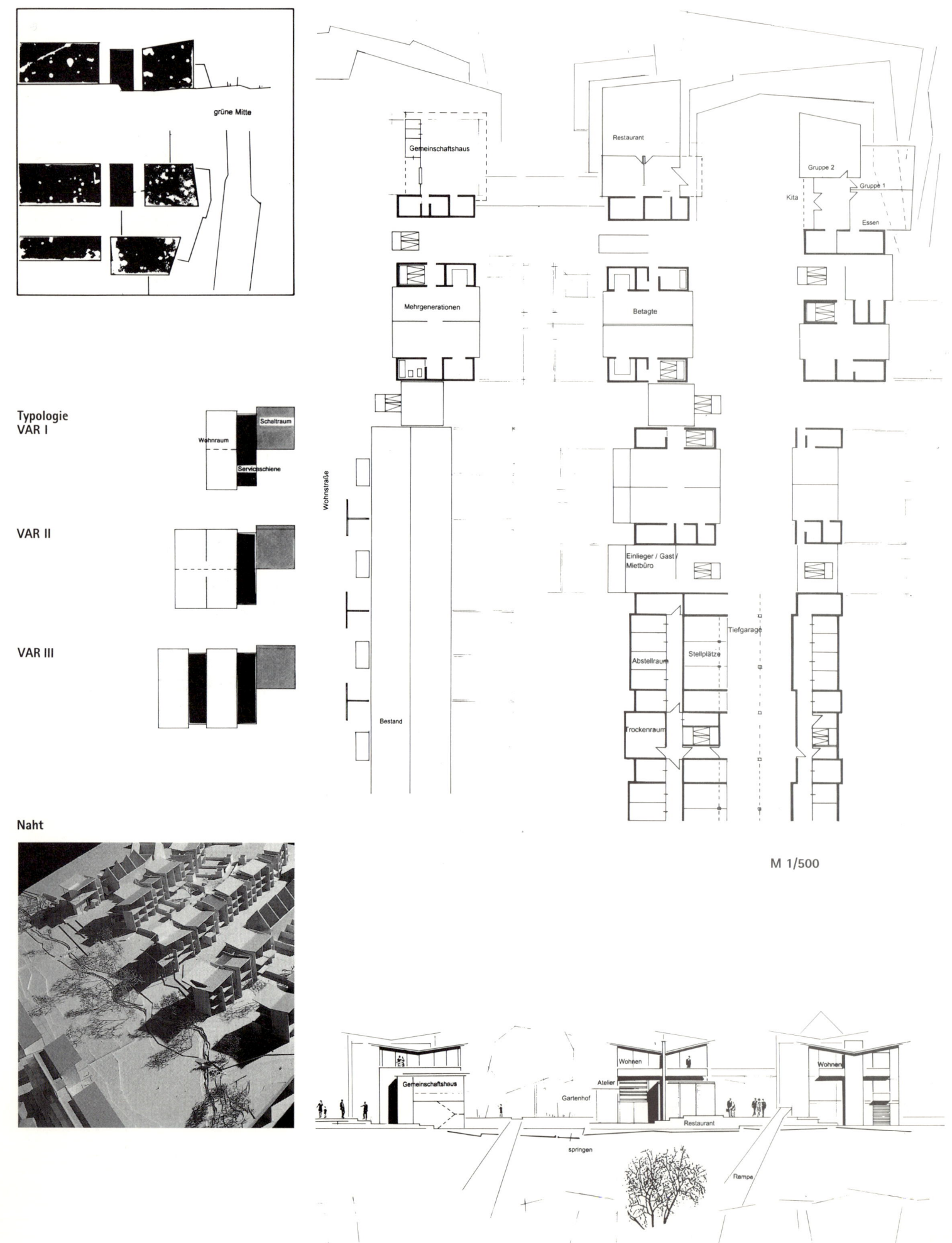

Typologie
VAR I

VAR II

VAR III

Naht

M 1/500

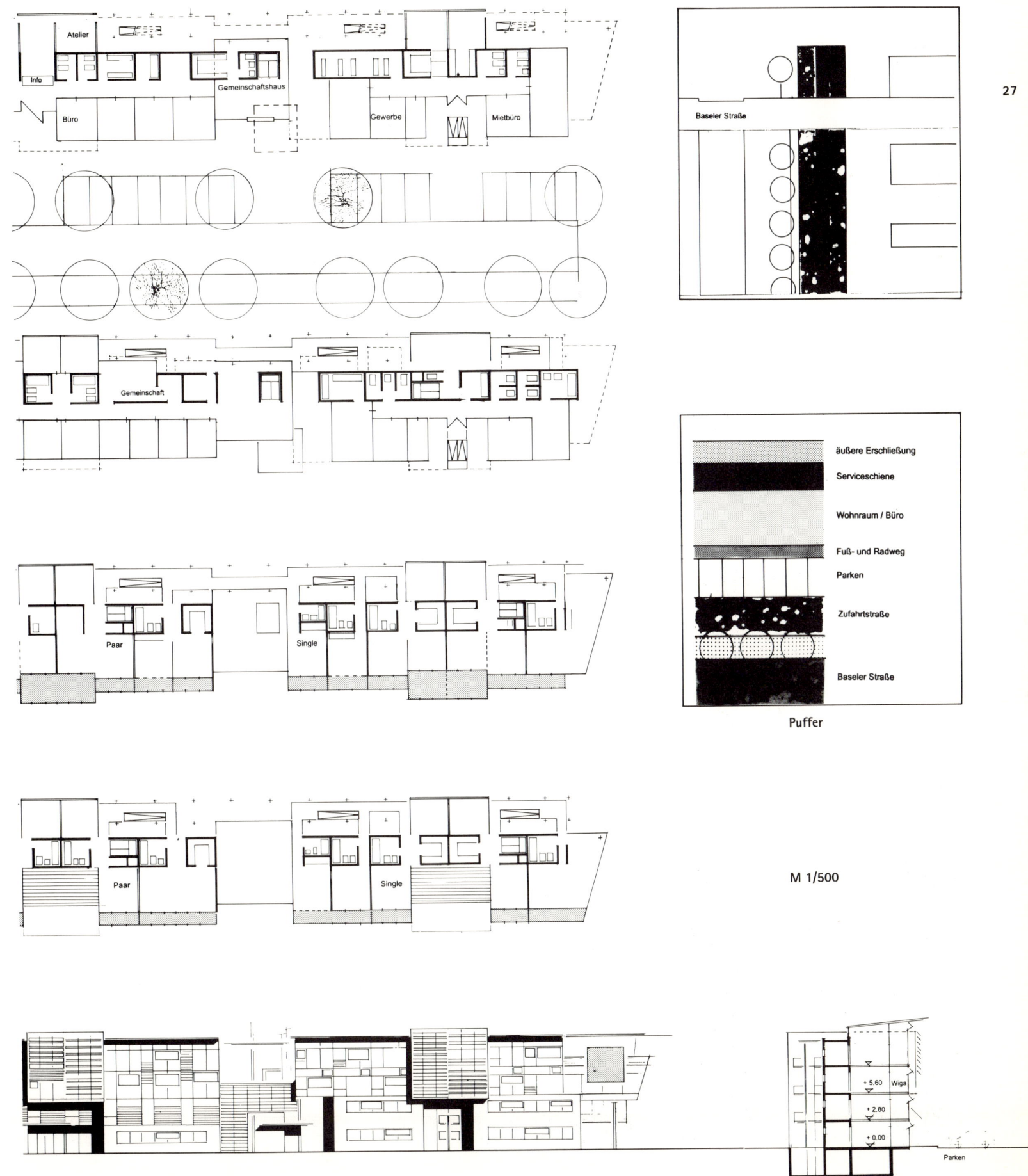

28

M 1/250

1. OG EG

Straße

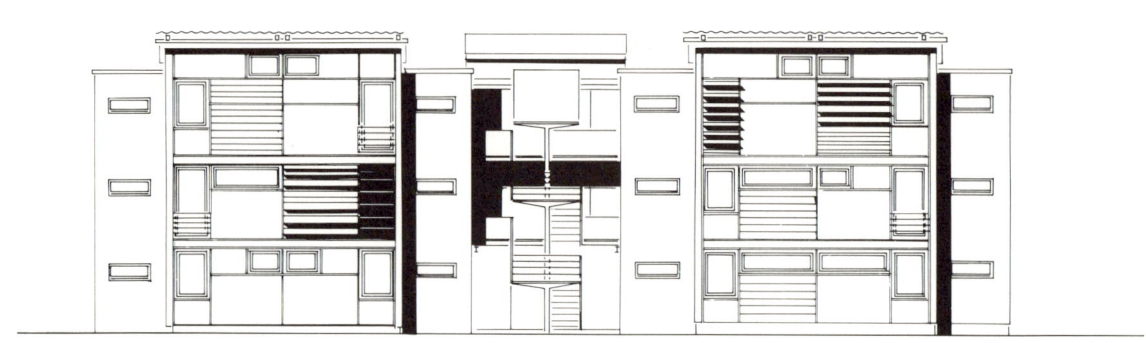

Garten

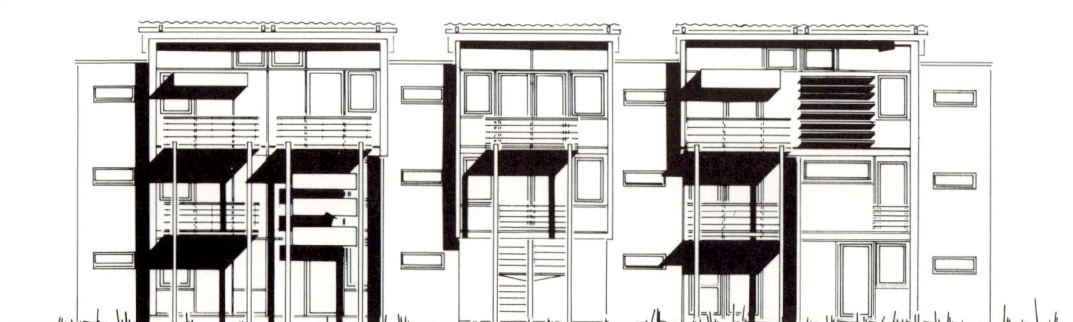

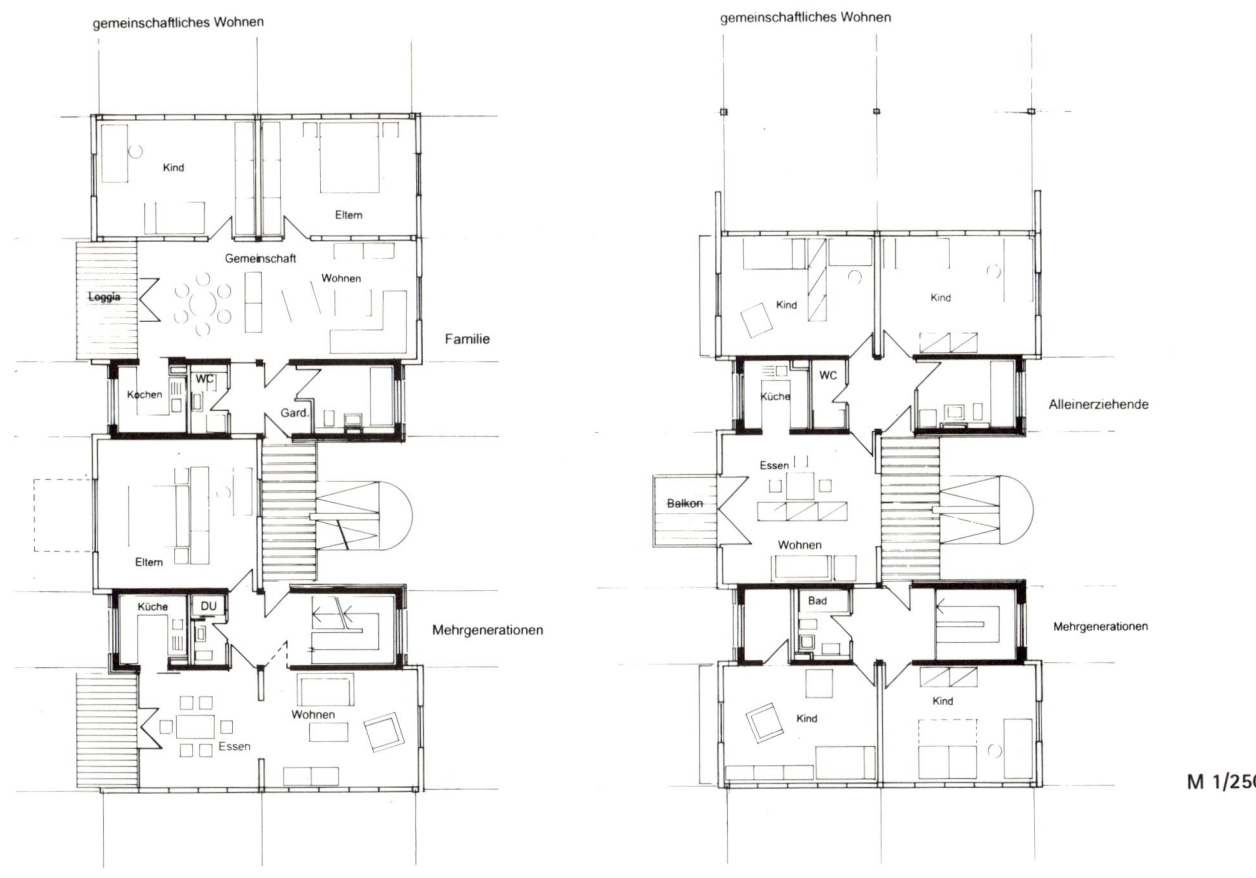

1. OG   2. OG

M 1/250

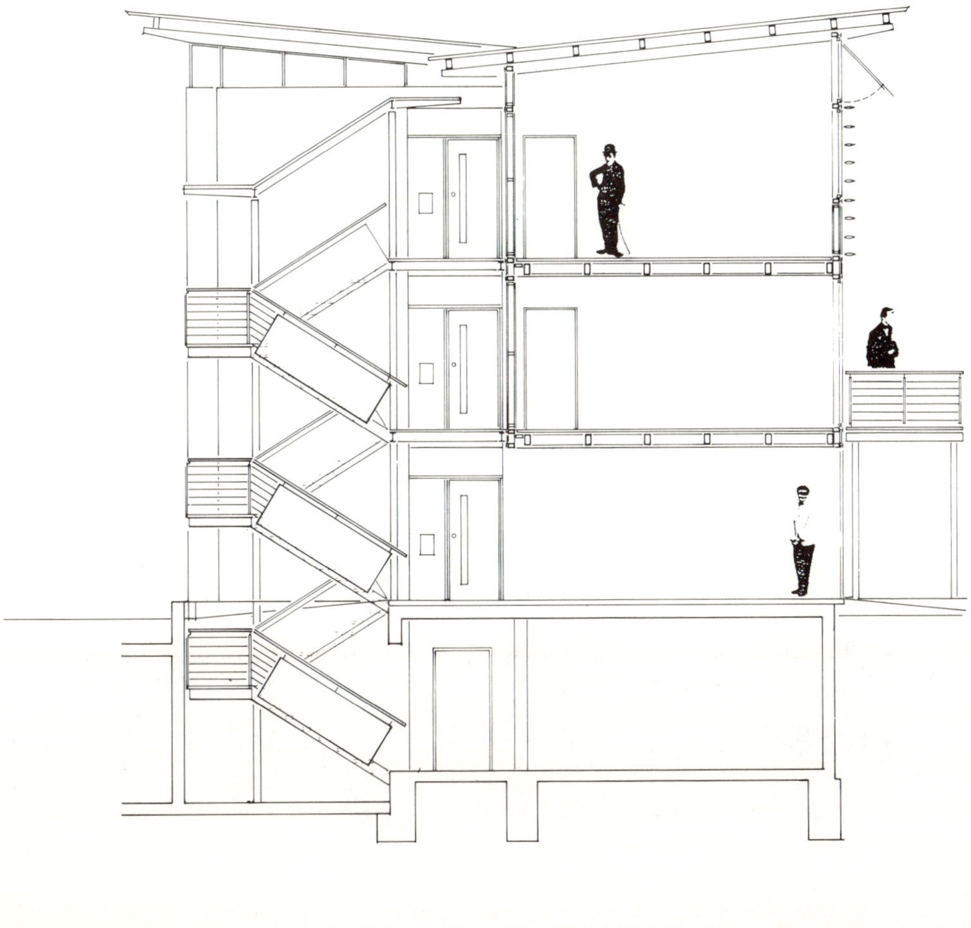

M 1/125

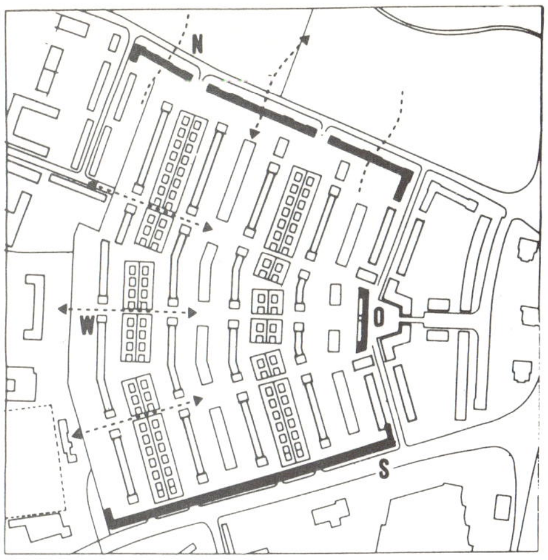

Renate Hell

Ränder

Quartier als ausgewogenes Gewebe

Freiräume

Erschließung

The frontage area between building rows has been utilized. One house type has been designed for the high-density access zone and another for the garden zone. The first house type is a modular courtyard design with an interior orientation. The second type is a row house design with a slightly larger yard space.

These simple house types can be combined in many ways. Particularly the modular courtyard designs lend themselves to a visual connection of public and private areas.
The access systems run south - north while the east - west axis has been converted into open green spaces.

Die Zwischenbereiche der Hauszeilen werden aufgefüllt. Es entsteht ein Haustyp in einer verdichtenden Erschließungszone und ein Haustyp in einer Gartenzone. Der Typ der Erschließungszone ist ein additives Hofhaus, dessen Qualitäten nach Innen ausgerichtet sind. Die Haustypen in den Gärten sind Reihenhäuser, die einen größeren Anteil an Gartenflächen haben.
Die einfachen Wohnungstypologien lassen sich in mannigfaltiger Art kombinieren; besonders bei den Hofhäusern ist die Verknüpfung von öffentlichen und privatem Bereich differenziert sichtbar.
Die Erschließungssystematik erfolgt von Süd nach Nord, die Ost-Westverbindungen werden aufgehoben und zu grünen Freibereichen umgestaltet.

32

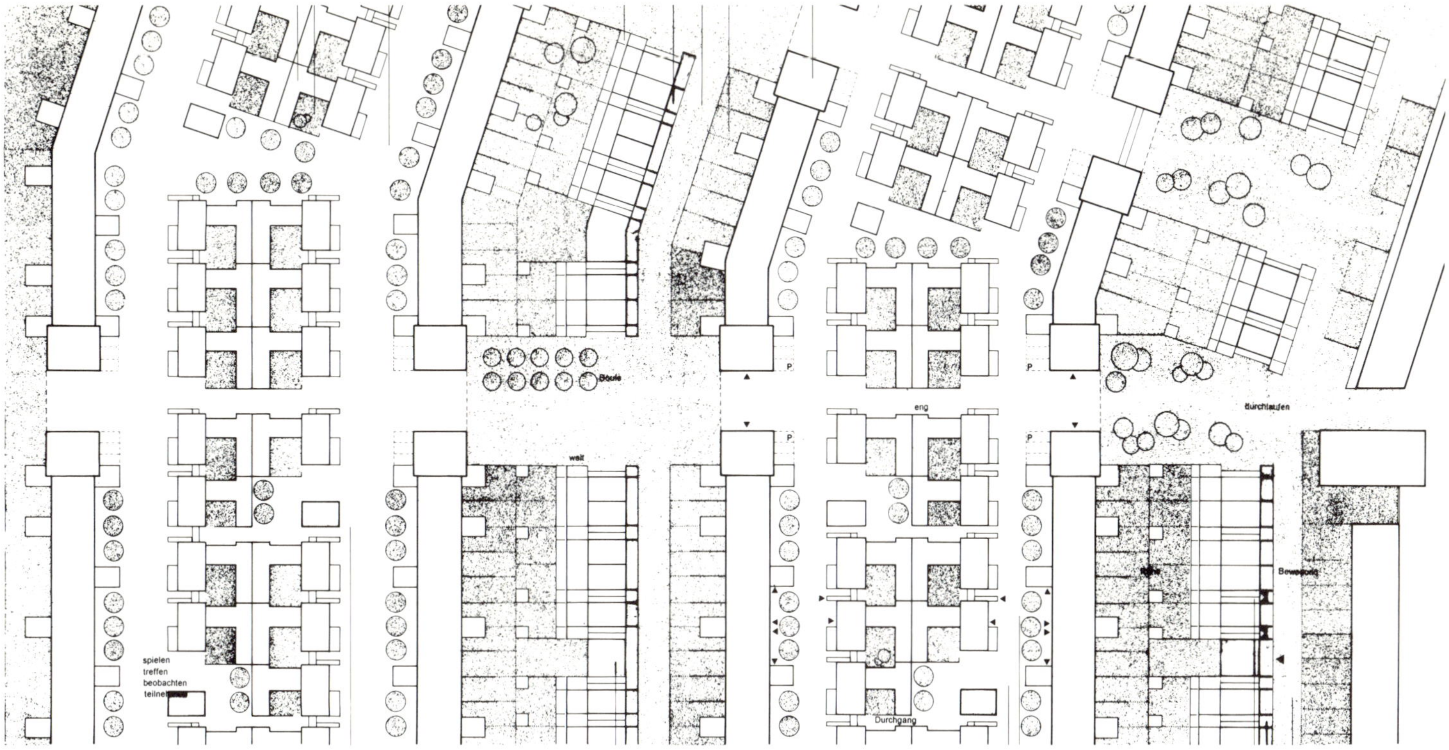
spielen
treffen
beobachten
Boule
weit
eng
durchlaufen
Durchgang
P

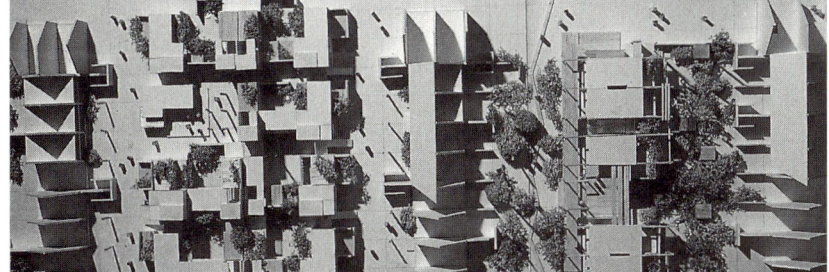

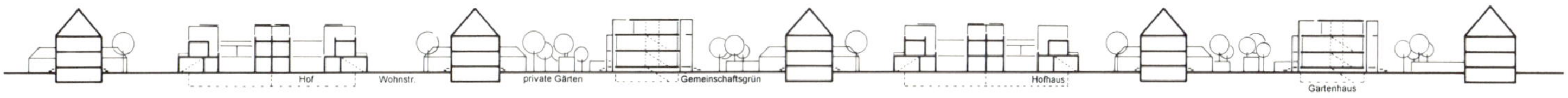
Hof
Wohnstr.
private Gärten
Gemeinschaftsgrün
Hofhaus
Gartenhaus

M 1/1500

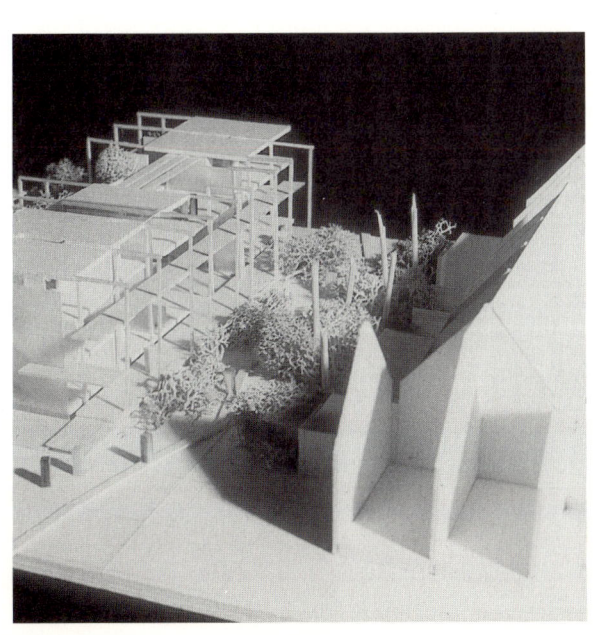

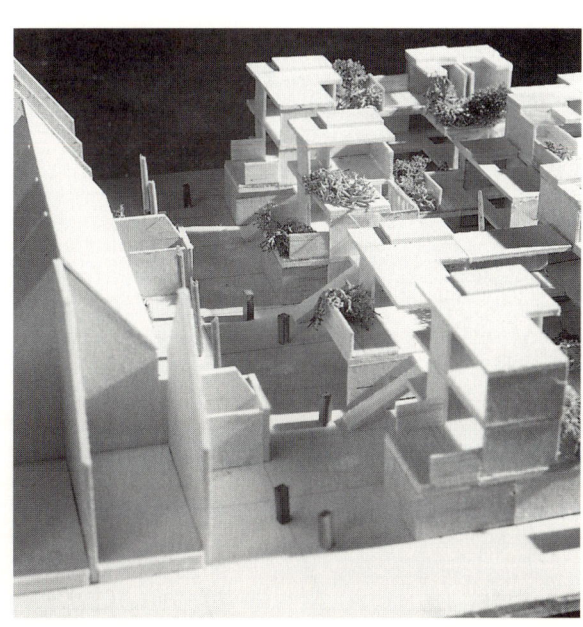

M 1/500

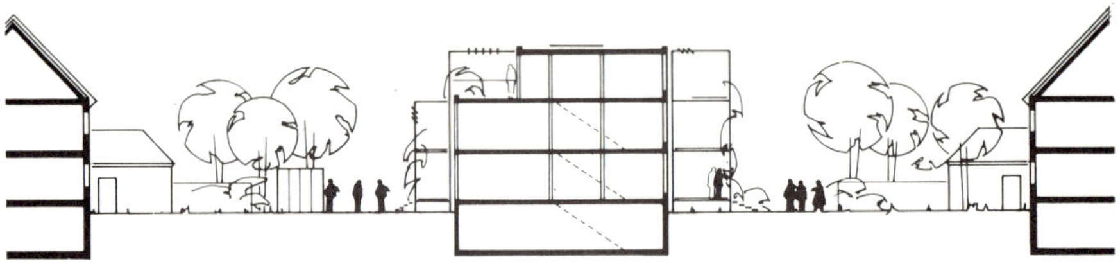

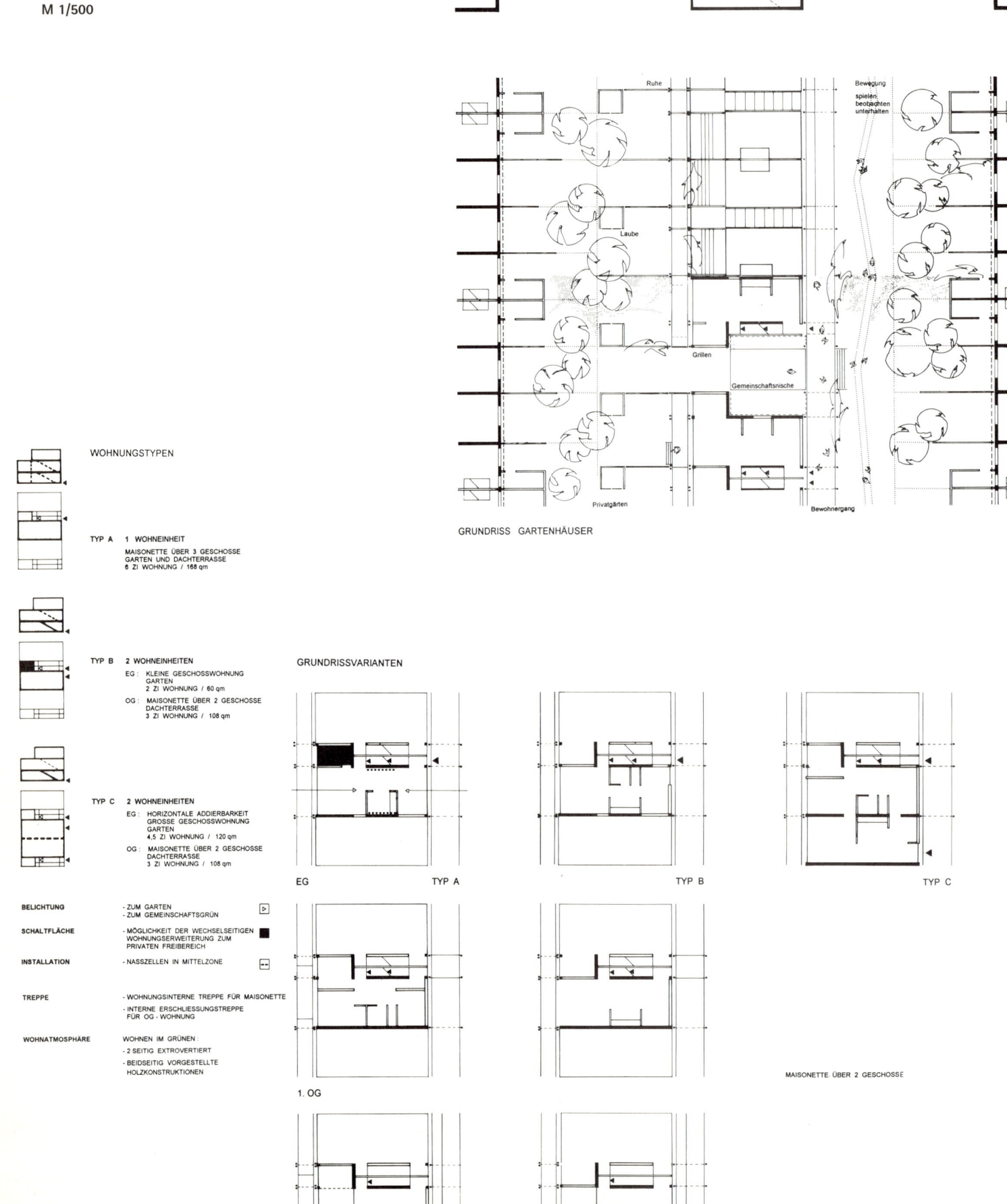

GRUNDRISS GARTENHÄUSER

WOHNUNGSTYPEN

TYP A 1 WOHNEINHEIT
MAISONETTE ÜBER 3 GESCHOSSE
GARTEN UND DACHTERRASSE
6 ZI WOHNUNG / 168 qm

TYP B 2 WOHNEINHEITEN
EG: KLEINE GESCHOSSWOHNUNG
GARTEN
2 ZI WOHNUNG / 60 qm
OG: MAISONETTE ÜBER 2 GESCHOSSE
DACHTERRASSE
3 ZI WOHNUNG / 108 qm

TYP C 2 WOHNEINHEITEN
EG: HORIZONTALE ADDIERBARKEIT
GROSSE GESCHOSSWOHNUNG
GARTEN
4,5 ZI WOHNUNG / 120 qm
OG: MAISONETTE ÜBER 2 GESCHOSSE
DACHTERRASSE
3 ZI WOHNUNG / 108 qm

BELICHTUNG
- ZUM GARTEN
- ZUM GEMEINSCHAFTSGRÜN

SCHALTFLÄCHE
- MÖGLICHKEIT DER WECHSELSEITIGEN
WOHNUNGSERWEITERUNG ZUM
PRIVATEN FREIBEREICH

INSTALLATION
- NASSZELLEN IN MITTELZONE

TREPPE
- WOHNUNGSINTERNE TREPPE FÜR MAISONETTE
- INTERNE ERSCHLIESSUNGSTREPPE
FÜR OG - WOHNUNG

WOHNATMOSPHÄRE
WOHNEN IM GRÜNEN:
- 2 SEITIG EXTROVERTIERT
- BEIDSEITIG VORGESTELLTE
HOLZKONSTRUKTIONEN

GRUNDRISSVARIANTEN

EG   TYP A   TYP B   TYP C

1. OG

2. OG

MAISONETTE ÜBER 2 GESCHOSSE

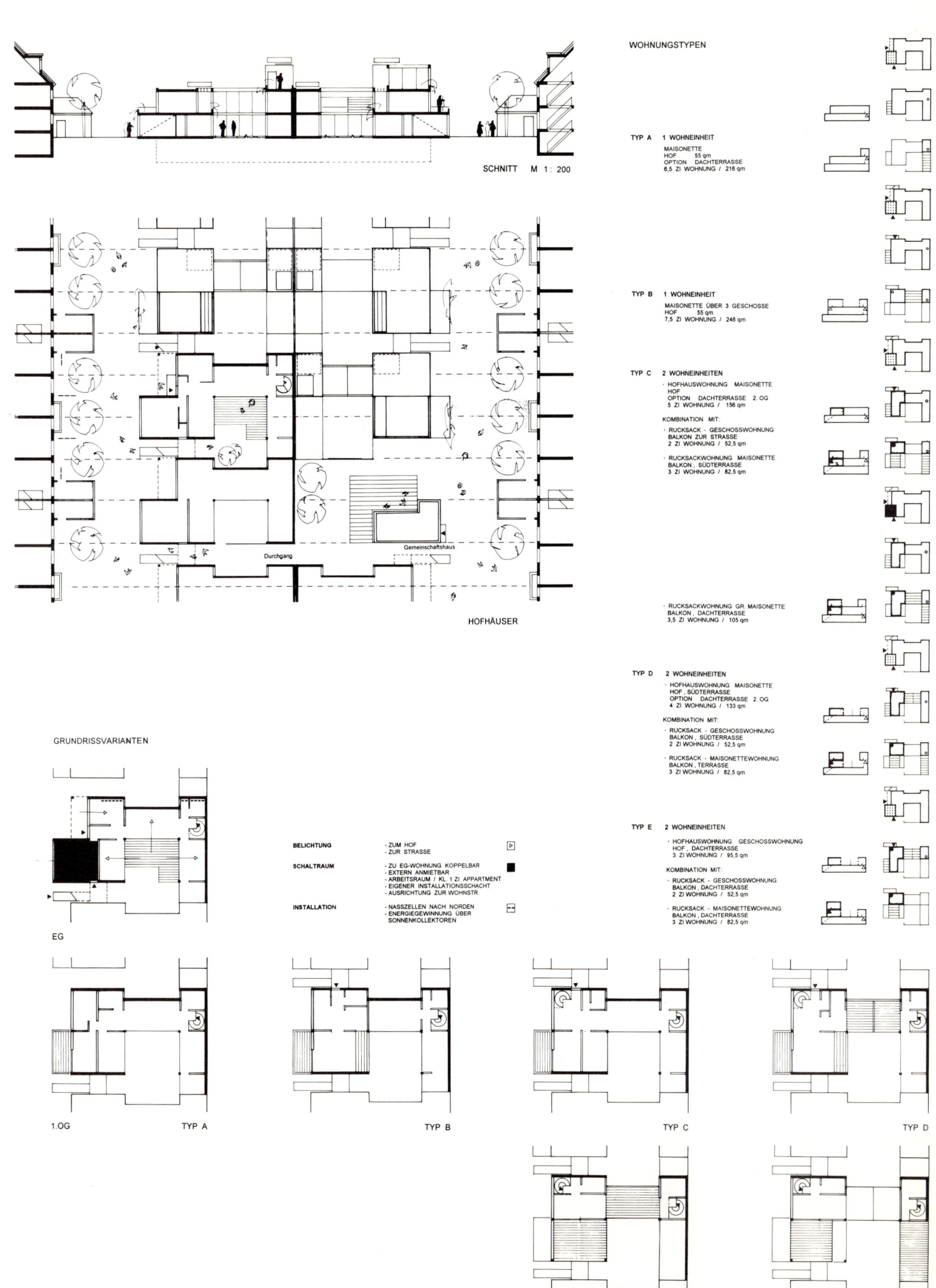

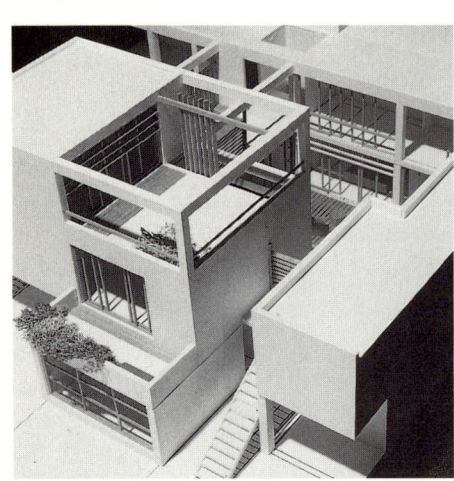

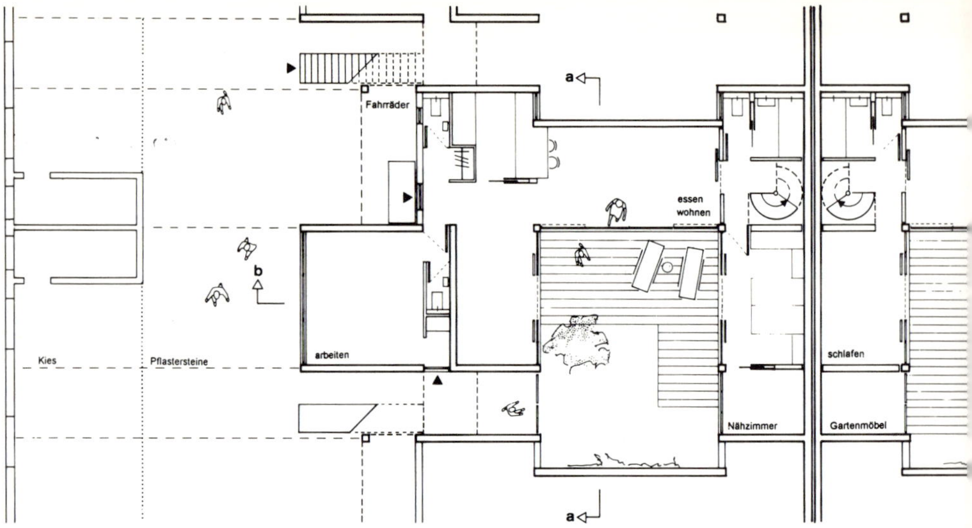
Fahrräder
a
essen
wohnen
b
Kies
Pflastersteine
arbeiten
schlafen
Nähzimmer
Gartenmöbel
a

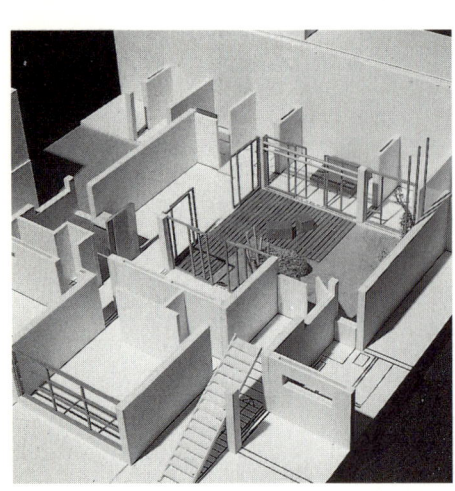

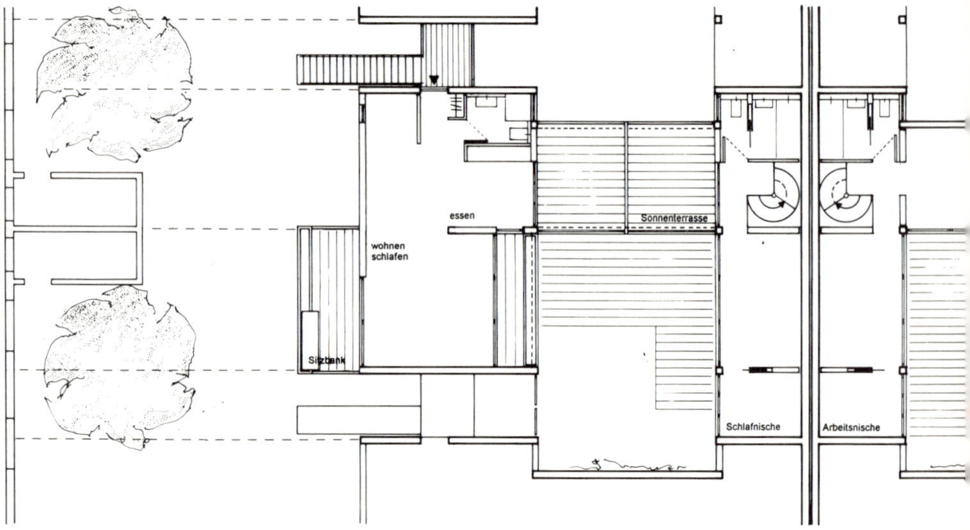
essen
Sonnenterrasse
wohnen
schlafen
Sitzbank
Schlafnische
Arbeitsnische

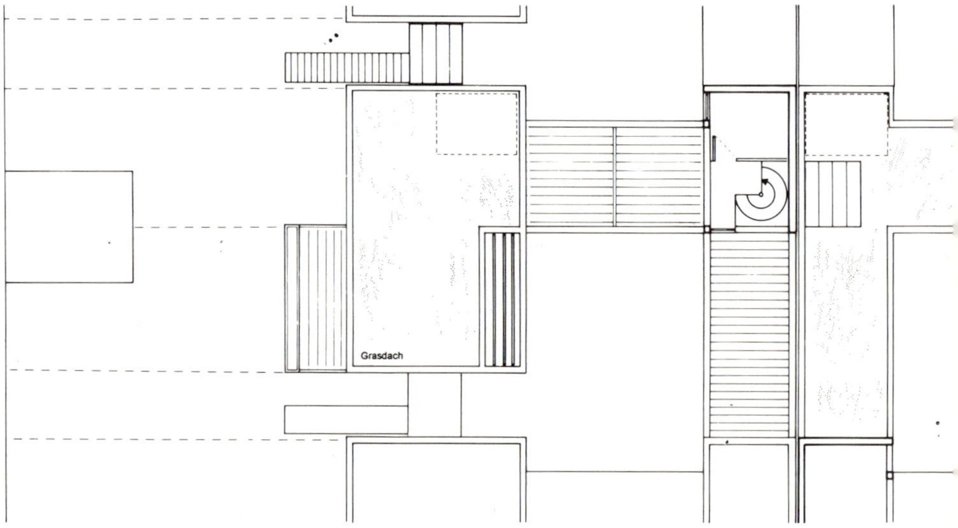
Grasdach

Hofhäuser

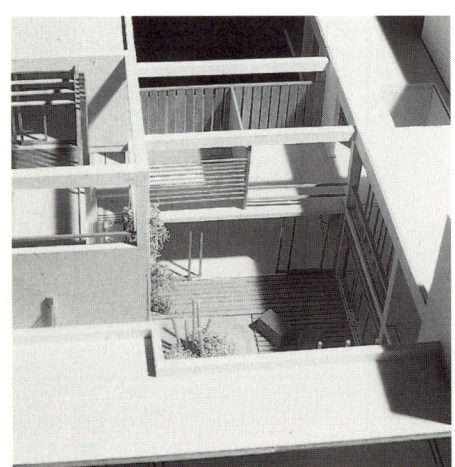

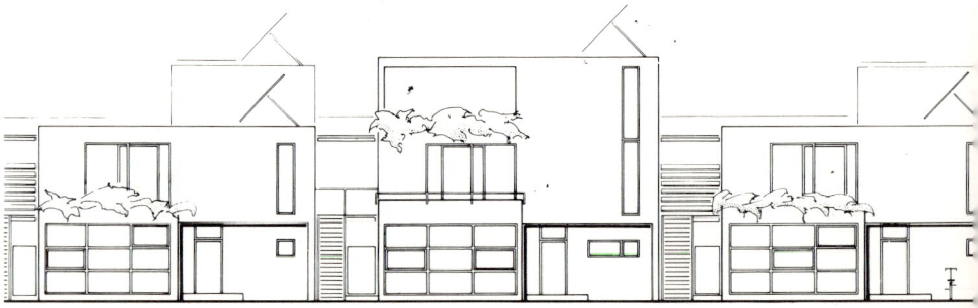

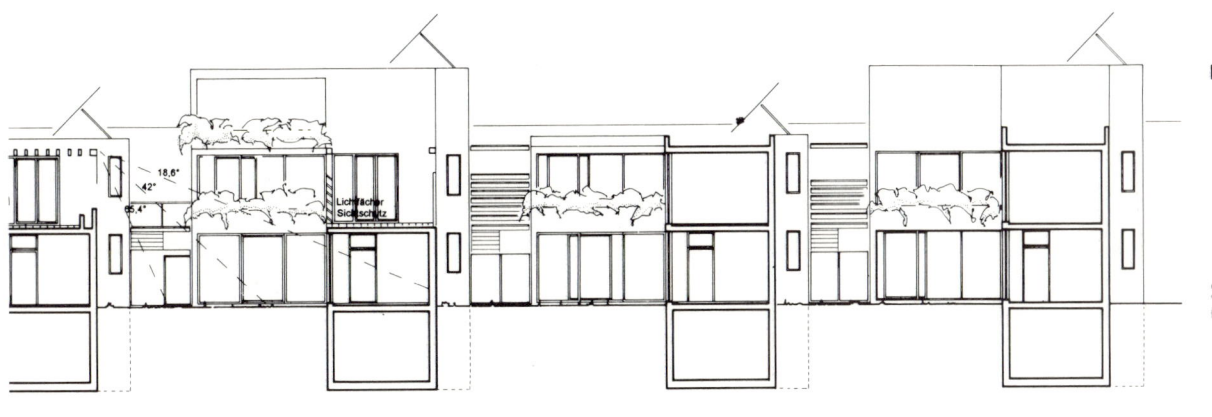

M 1/250

Schnittansicht
Osten a-a

Ansicht Osten

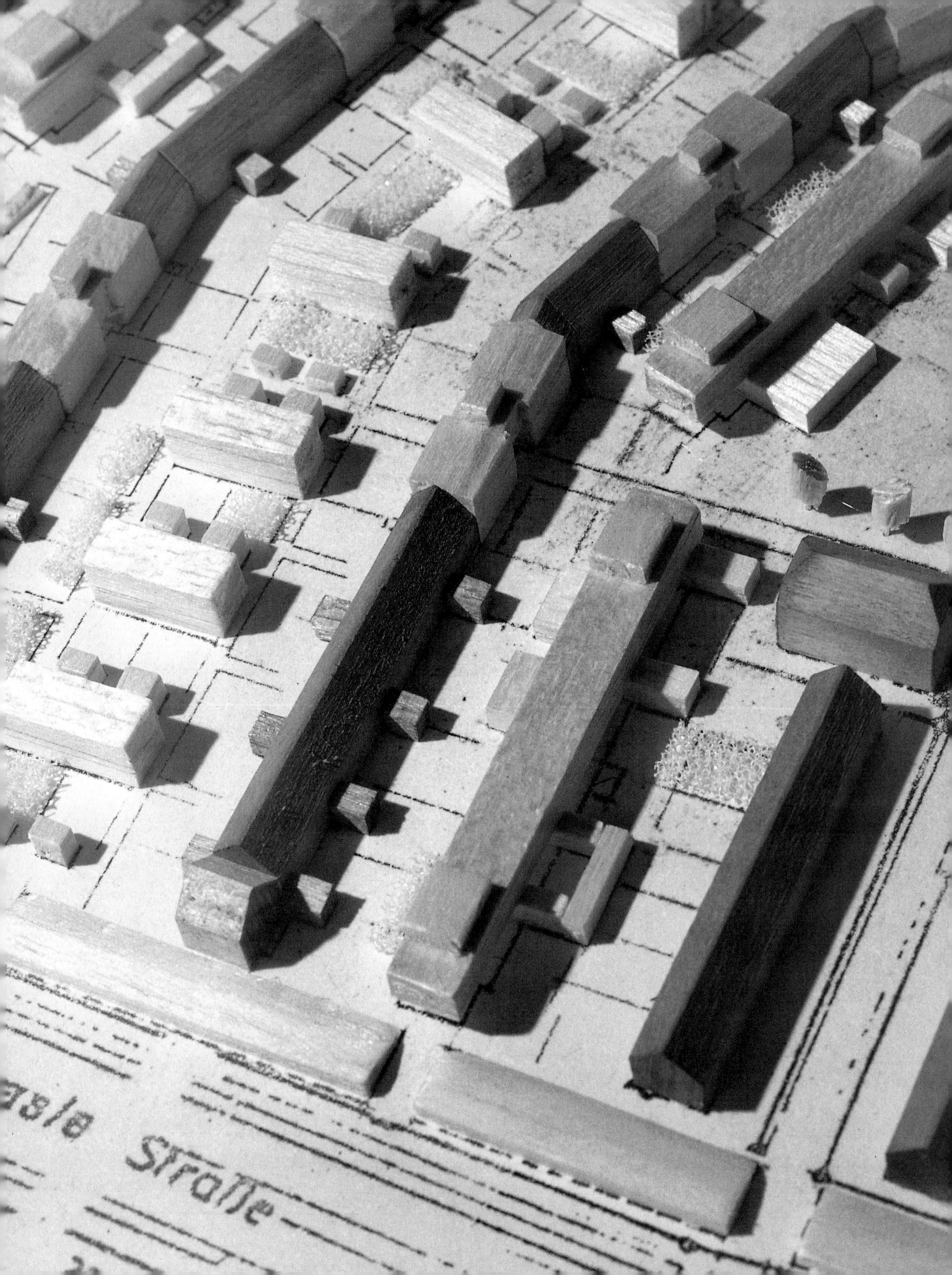
Straße

Stefan Herrmann

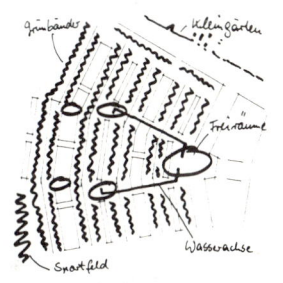

Infrastruktur

Grün/Freiräume

Erschließung/Parken

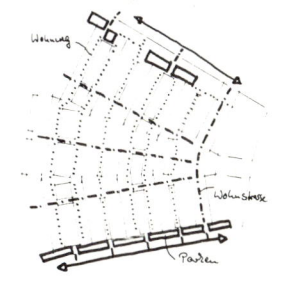

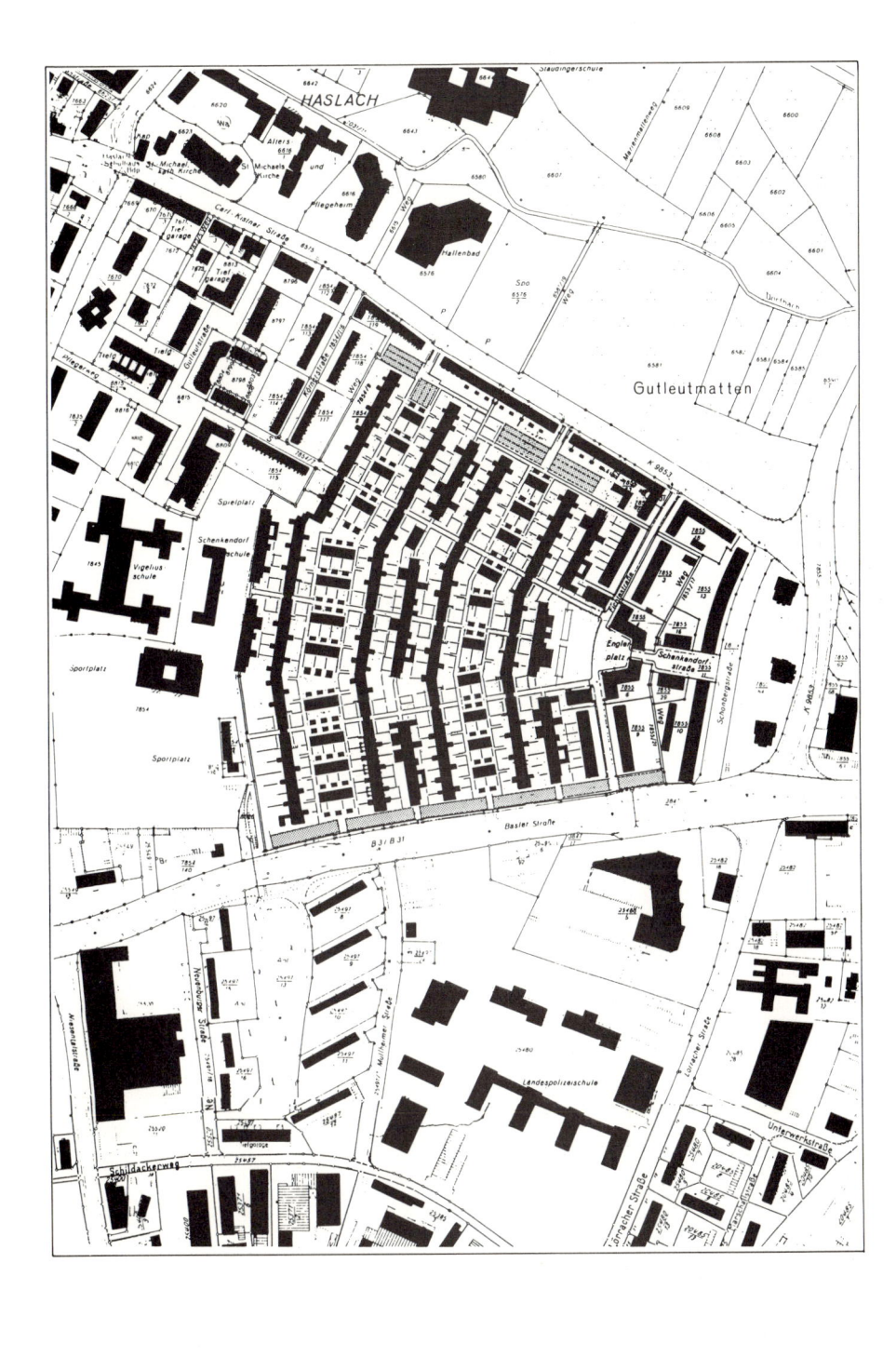

High density planning increases utilizing existing free spaces:
The gate house completes the building block. Row houses facing south have been developed on the north - south access areas in addition to row houses and residential slabs raised on stilts placed over garden paths.

Verdichtung verstanden als Auffüllung der vorhandenen Struktur:
Das Torhaus schließt die Zeile, auf den Nord-Süd Erschließungsflächen entstehen südorientierte Reihenhäuser und über den Gartenwegen aufgestelzte Riegel.

40

Typen

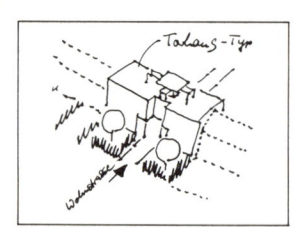

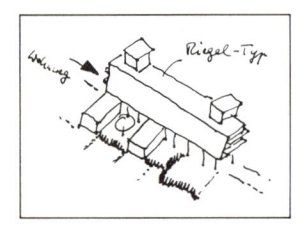

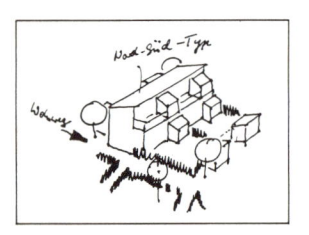

Lage/Ausschnitt

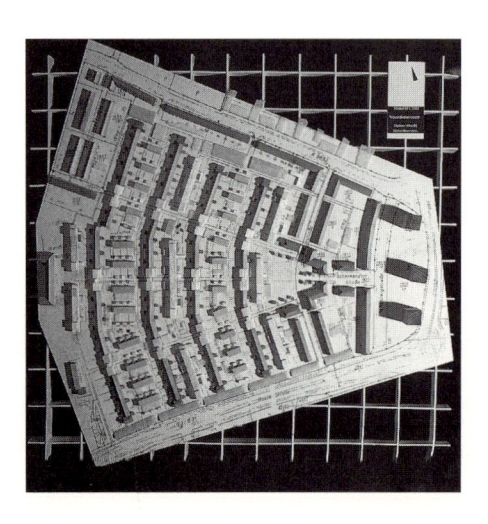

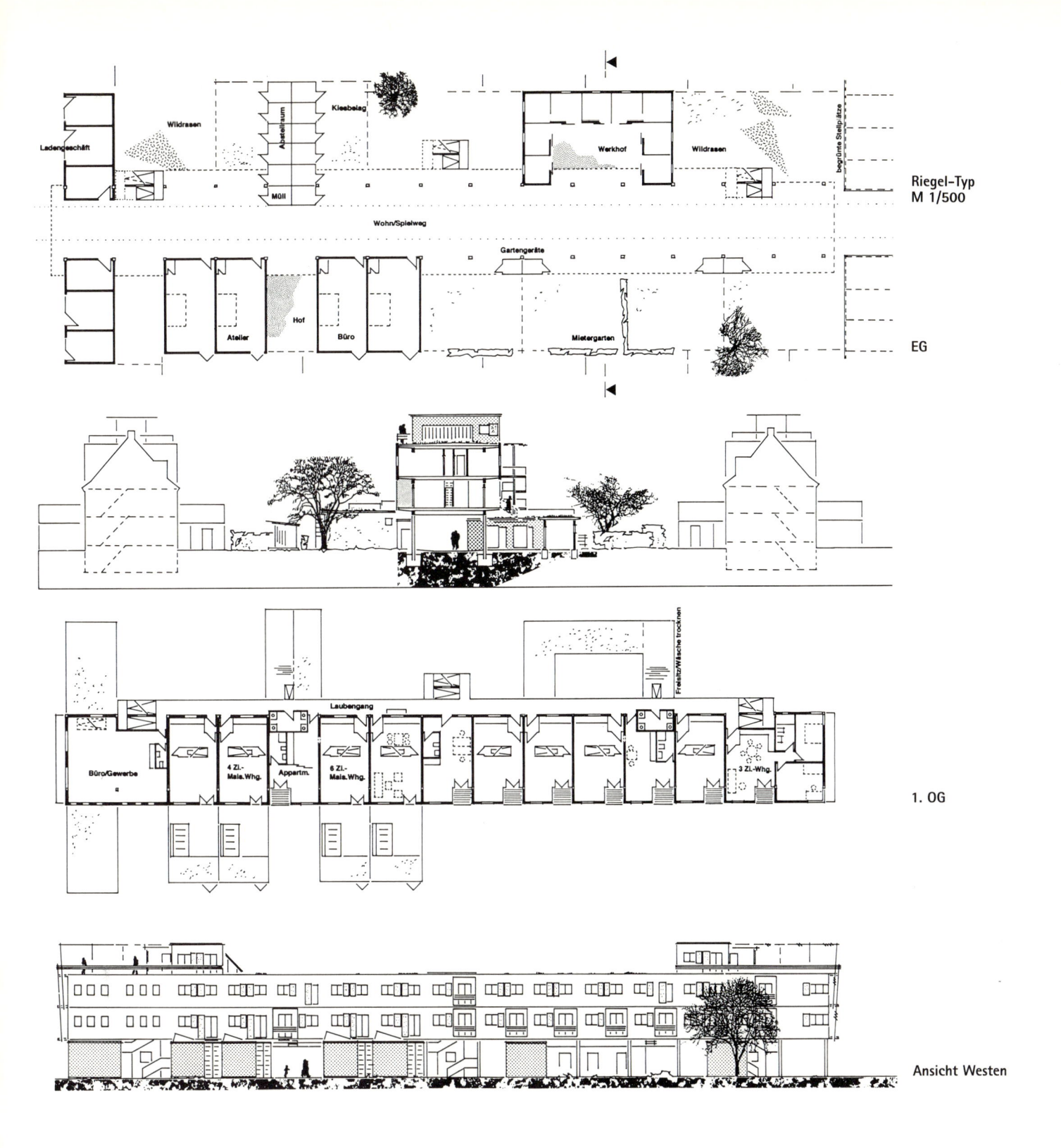

Riegel-Typ
M 1/500

EG

1. OG

Ansicht Westen

42

Nord/Süd-Typ
M 1/500

2. OG/1. OG/EG

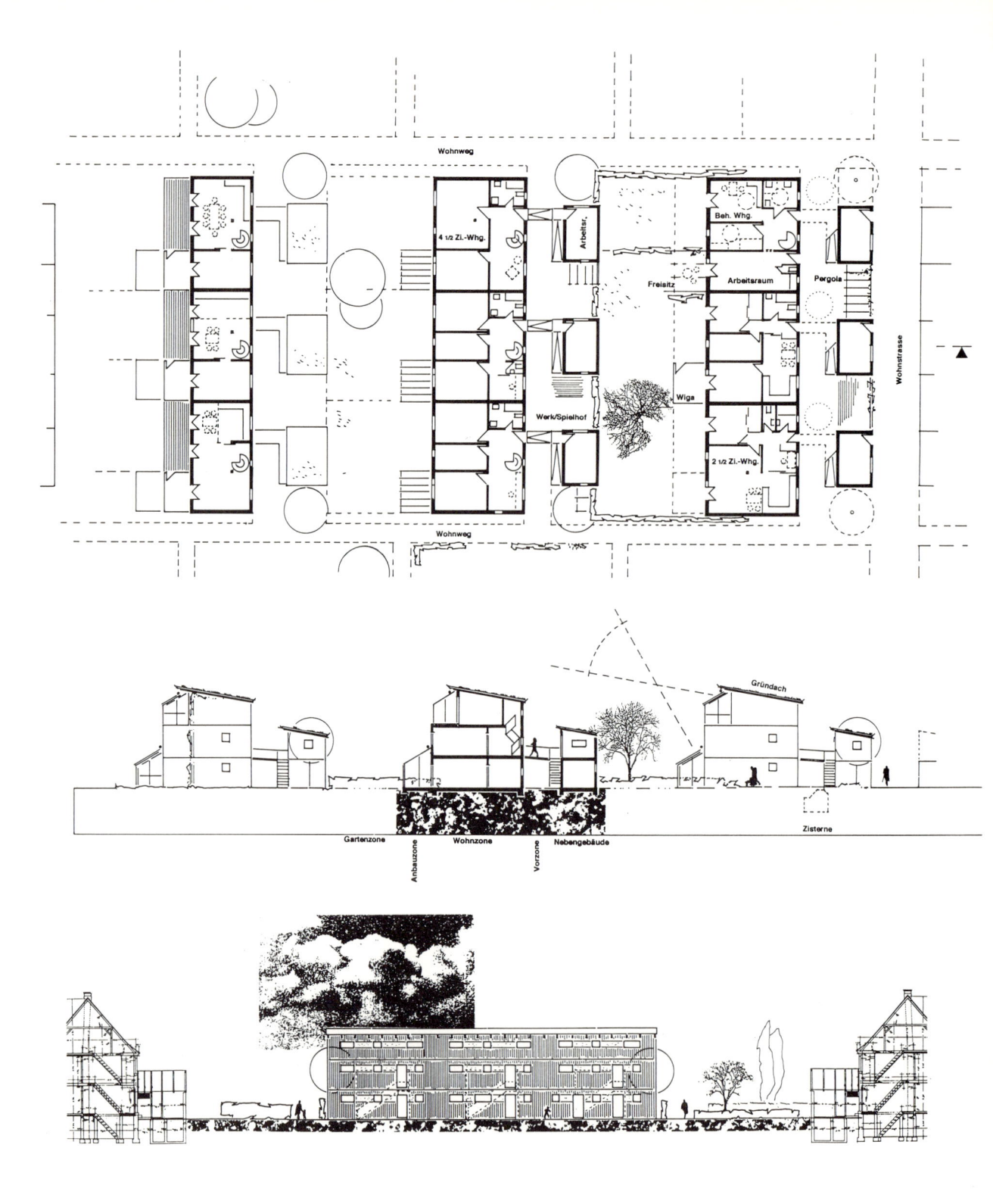

Ansicht Nord

1. OG

2. OG

EG

DG

Torhaus-Typ
M 1/500

Nord-Süd-Typ   Riegel-Typ

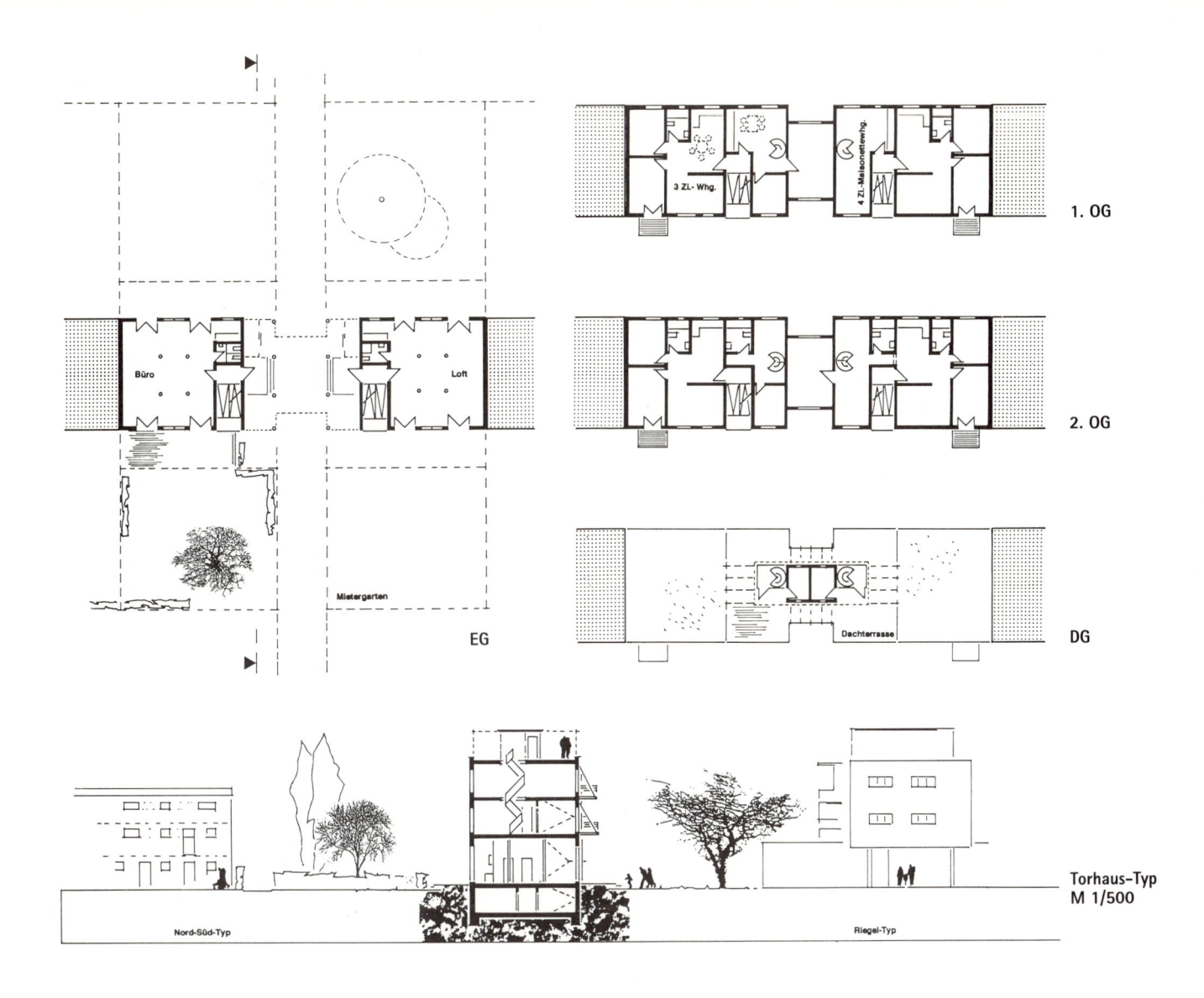

Ansicht Ost

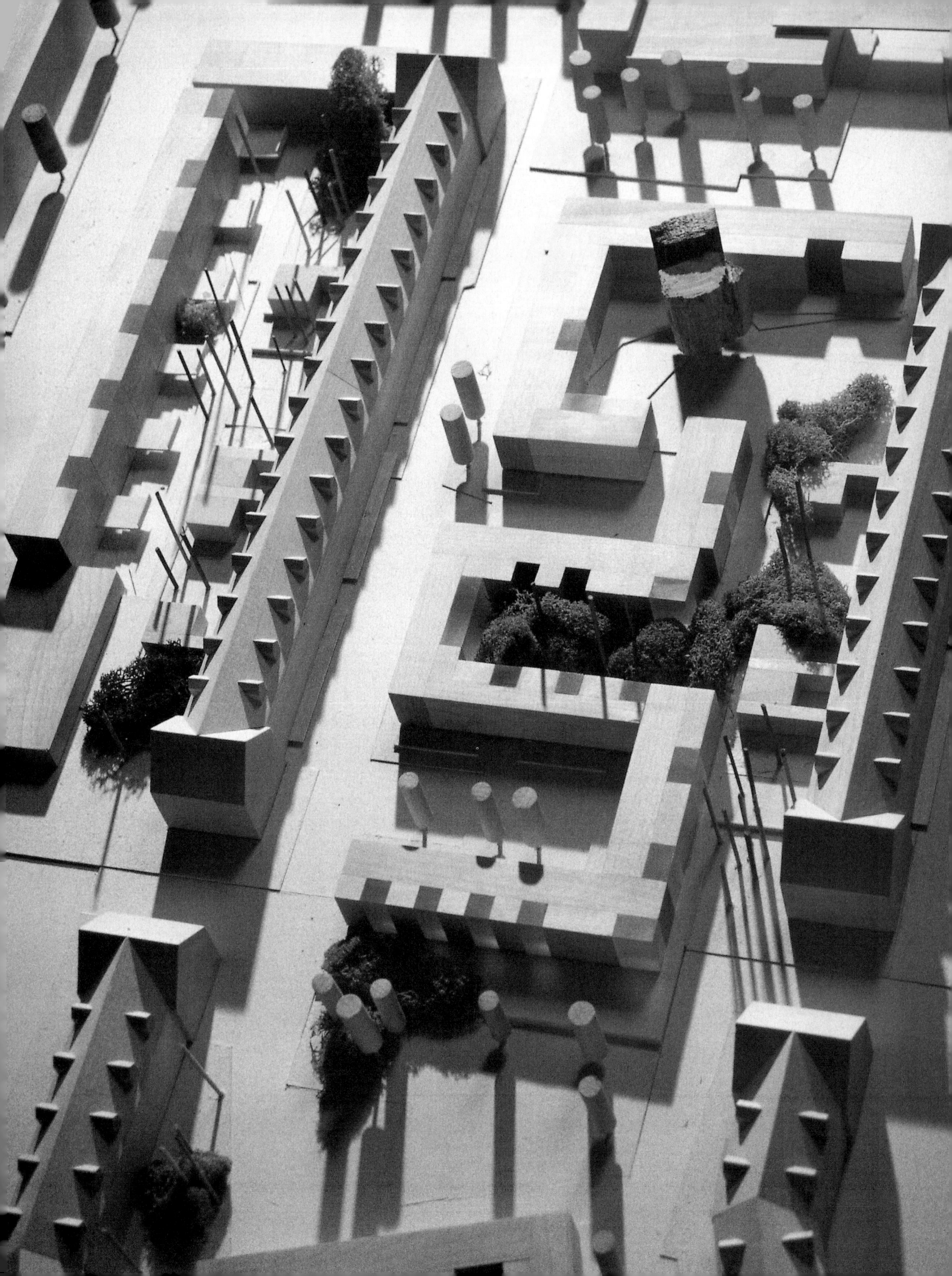

Thilo Höhne

Randsituation

Blockartige Bebauung

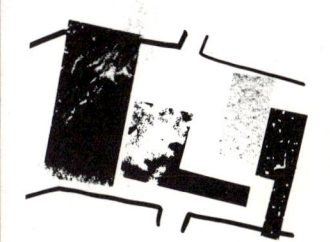

Zeilenartige Bebauung

The concept deals with urban decentralization. Every characteristic in an area is considered a volumetric element which contributes to the whole.
A meandering typology dissolves the central symmetry. The newly created free spaces are ordered by access points and quiet garden zones that establish different spatial qualities.

This complex approach is resloved with a simple house type which, although built of simple elements, is able to wind around all of the difficulties.
This, in addition, is accomplished with a floor plan and facade type that lends itself to pre-fabrication.

Das Konzept geht von der Dezentralisierung der Stadt aus. Jede Eigenart eines Gebietes wird als Stadtbaustein verstanden und soll sich wechselseitig ergänzen.
Mit der einfachen Typologie eines Mäanders wird die zentralsymmetrische Gesamtanlage aufgebrochen. Die neu entstandenen Freiräume gliedern sich durch Erschließungszonen und ruhige Gartenzonen in differenzierte Erlebnisbereiche.
Der komplexe Ansatz wird mit einer einfachen Wohnungstypologie gelöst die sich mit wenigen Grundbausteinen durch alle Schwierigkeiten schlängelt und dies bei einer Grundriß- und Fassadentypologie, die als Fertigteilbaukasten geeignet ist.

Zonierung

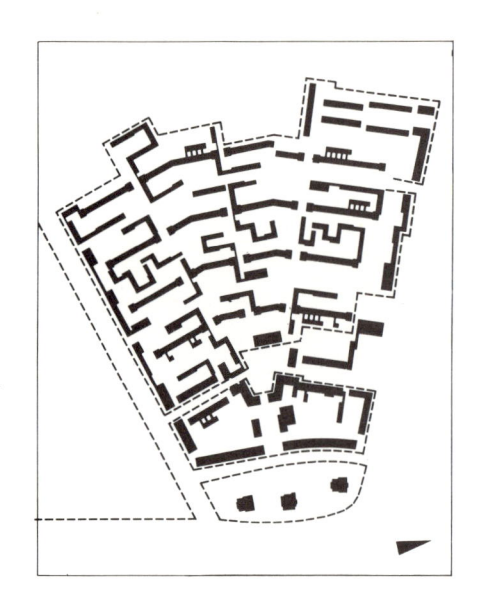

Erschließung

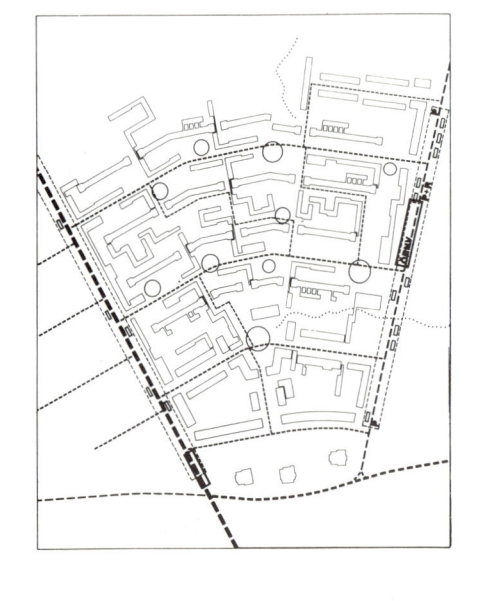

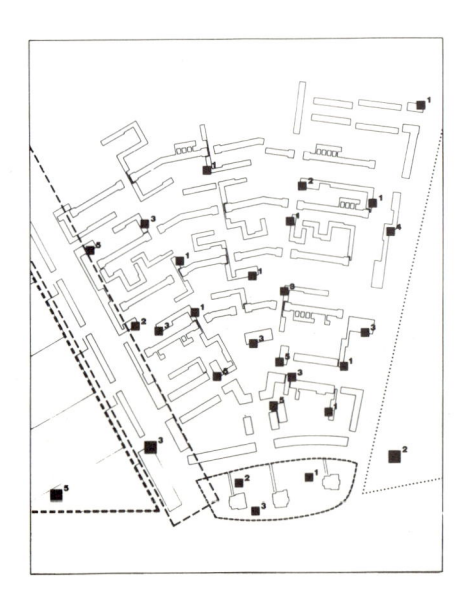

Sonderfunktionen
1 Wohnfolge
2 Freizeit
3 Dienstleistung
4 Verkehr
5 Gewerbe

Grundrißelemente

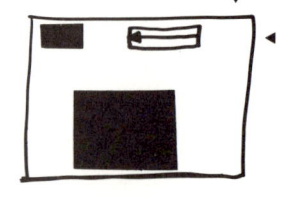

Grundrißeinheiten

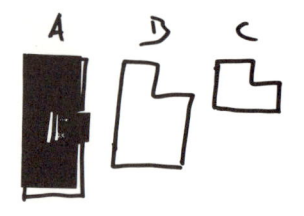

Grundrißoperationen

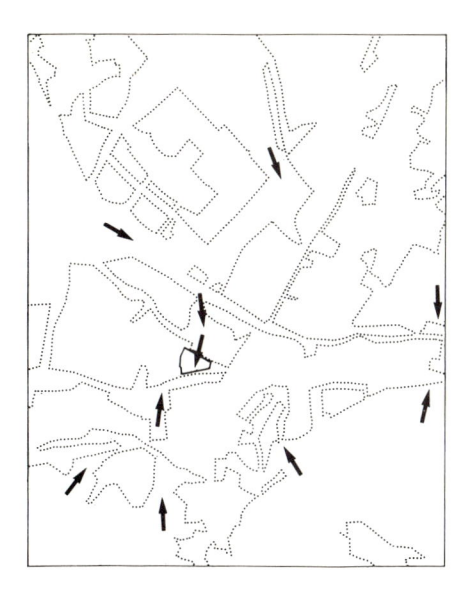

Vernetzung
regionaler Grünzüge

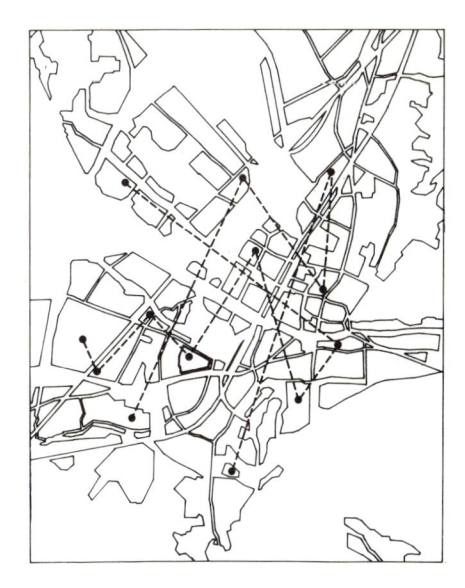

Dezentralisierung
der Stadt

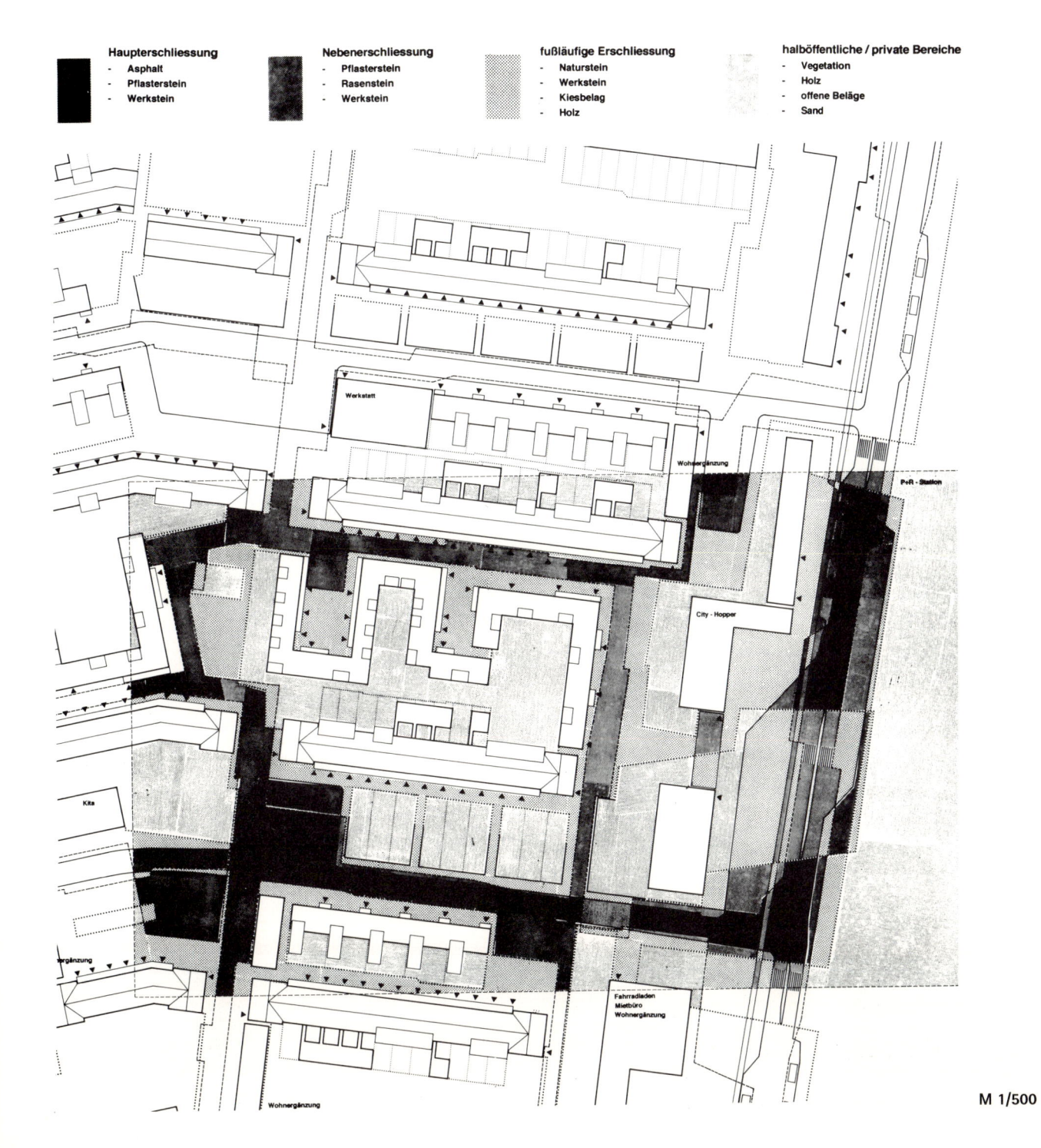

Haupterschliessung
- Asphalt
- Pflasterstein
- Werkstein

Nebenerschliessung
- Pflasterstein
- Rasenstein
- Werkstein

fußläufige Erschliessung
- Naturstein
- Werkstein
- Kiesbelag
- Holz

halböffentliche / private Bereiche
- Vegetation
- Holz
- offene Beläge
- Sand

M 1/500

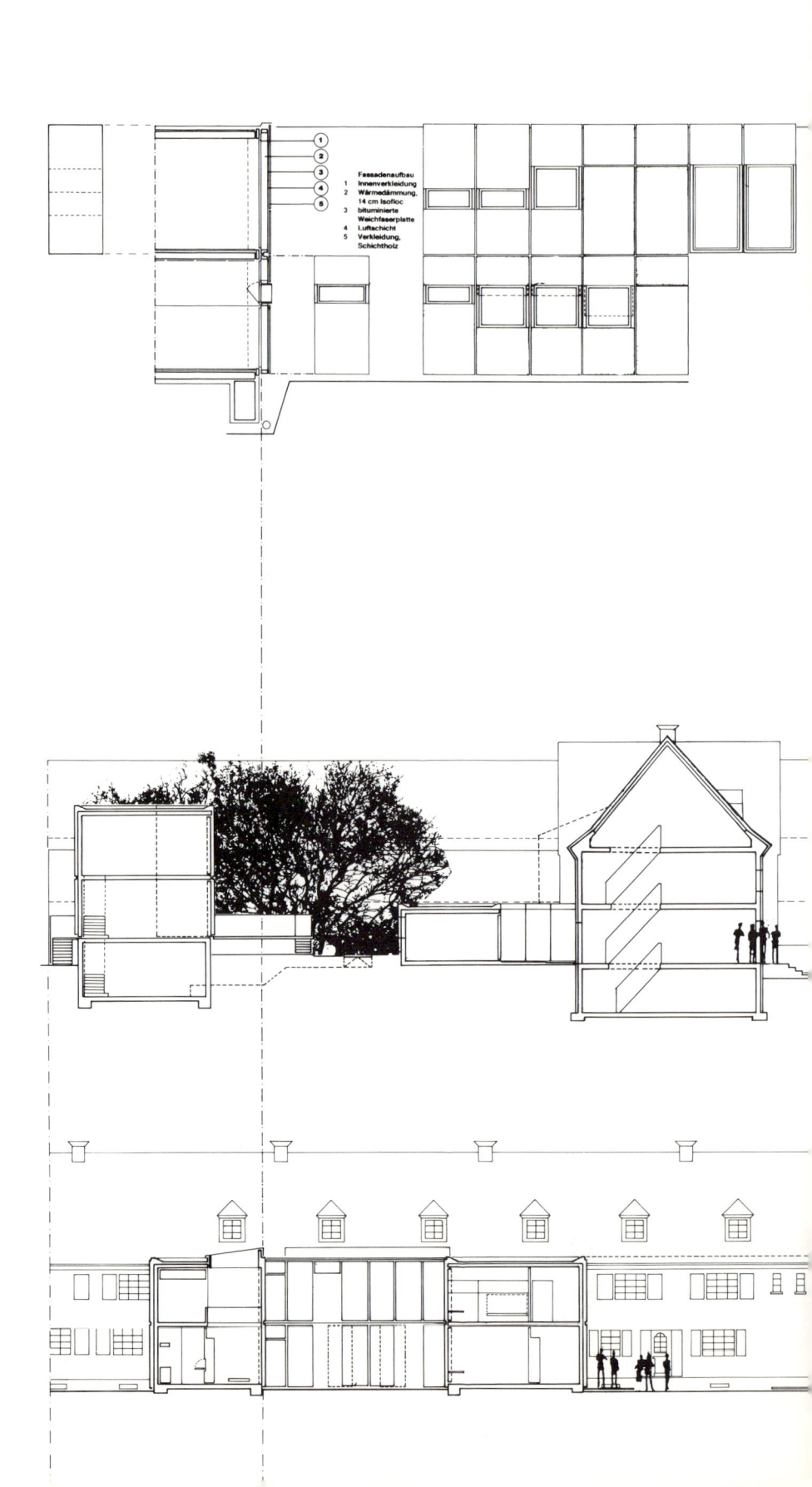

Fassadenaufbau
1 Innenverkleidung
2 Wärmedämmung,
  14 cm Isofloc
3 bituminierte
  Weichfaserplatte
4 Luftschicht
5 Verkleidung,
  Schichtholz

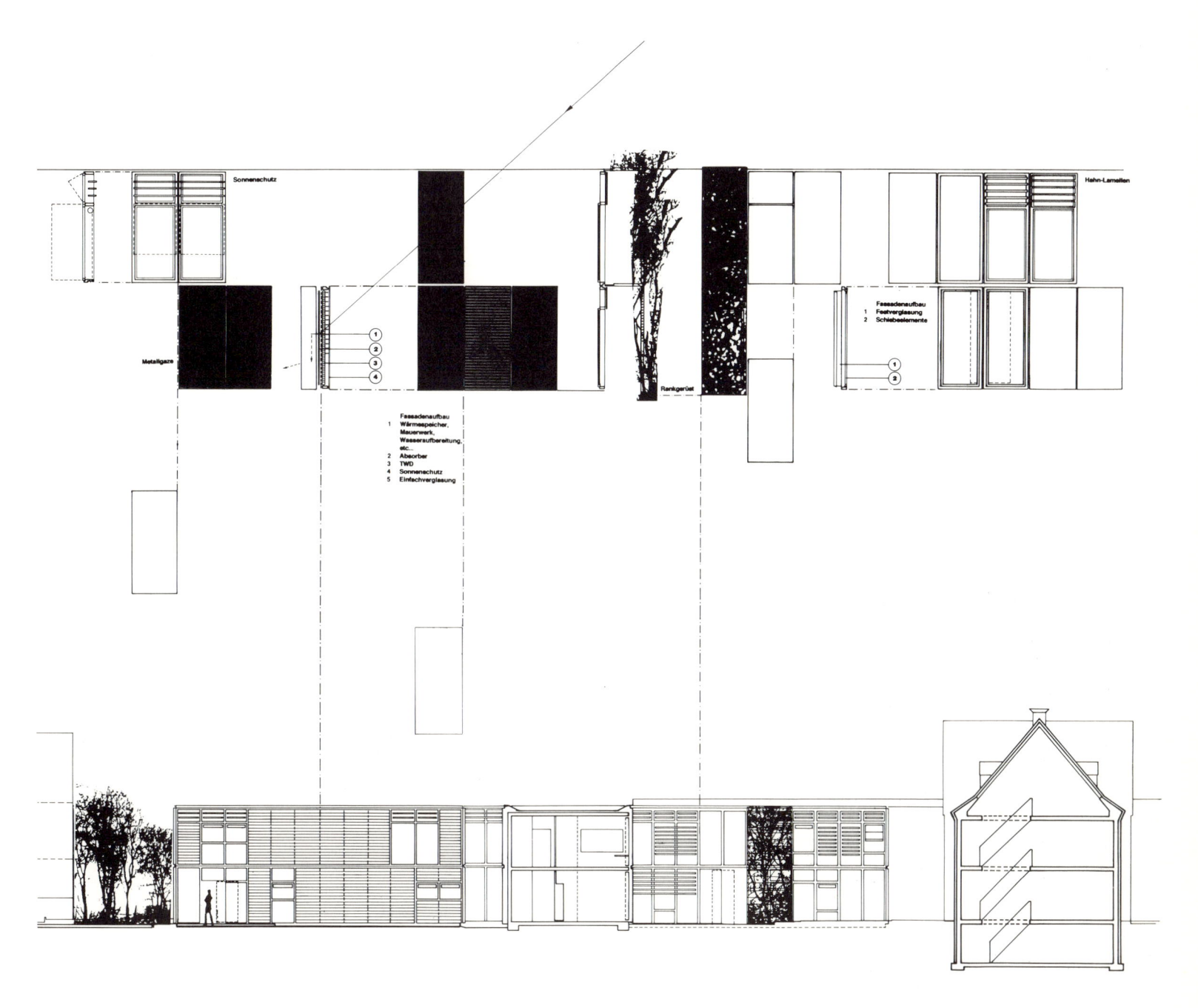

Schnitte M 1/300

Variable
Ausrichtung

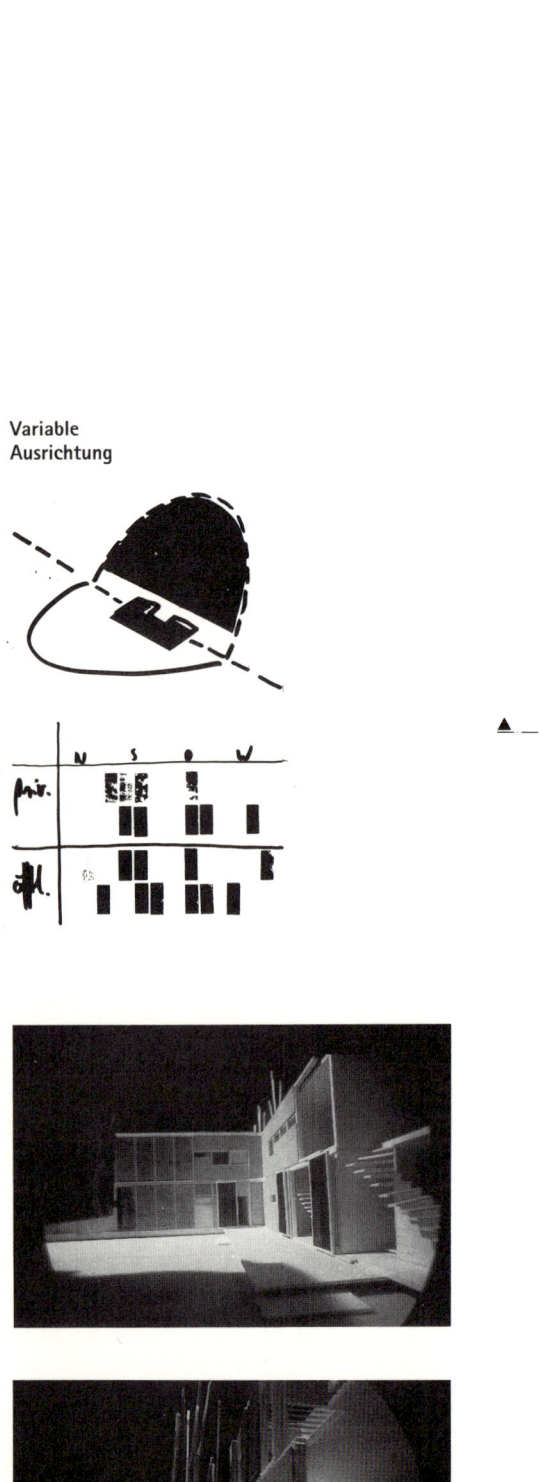

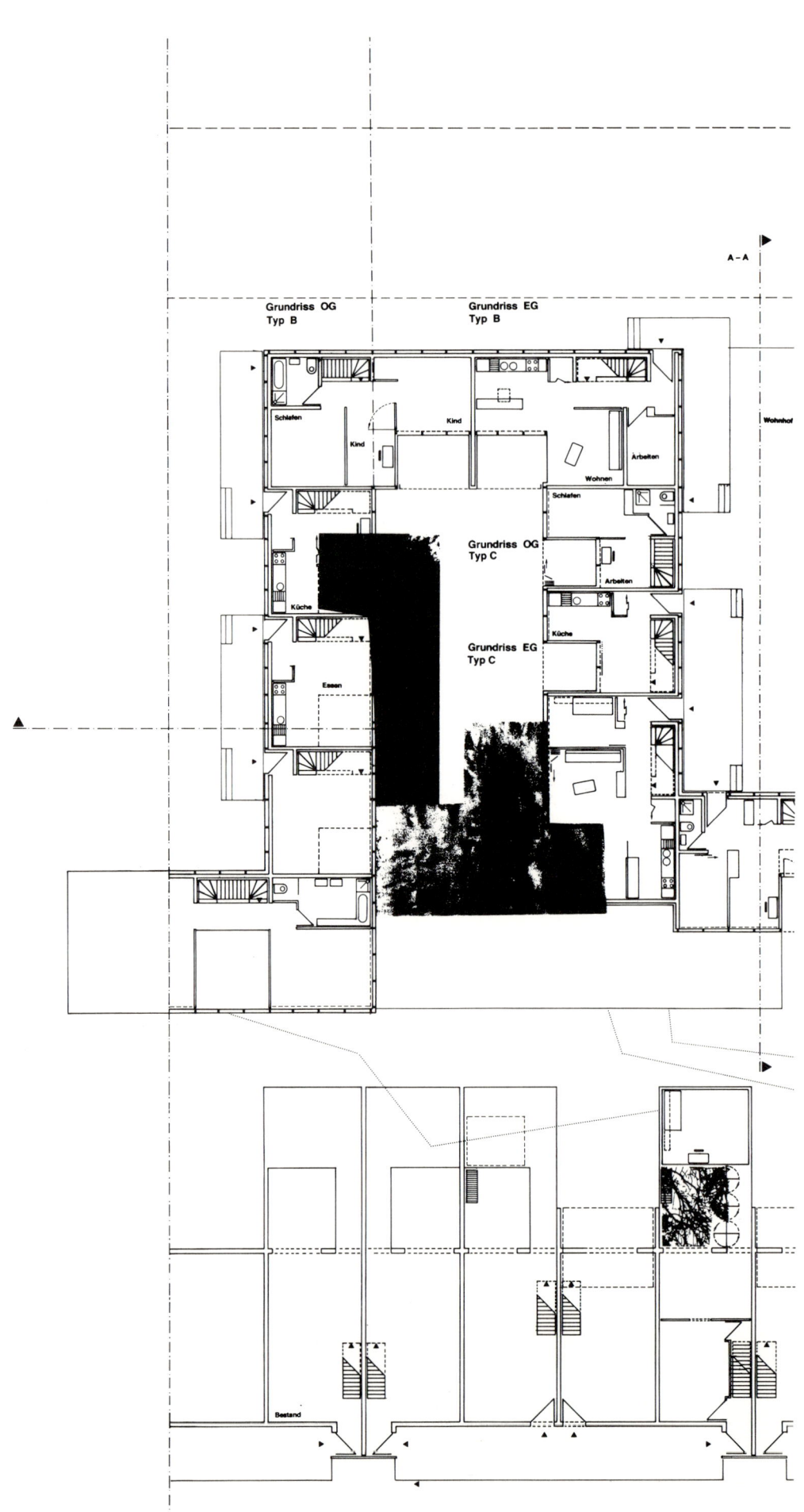

Grundriss OG
Typ B

Grundriss EG
Typ B

Grundriss OG
Typ C

Grundriss EG
Typ C

A – A

Schlafen
Kind
Kind
Arbeiten
Wohnen
Schlafen
Arbeiten
Küche
Küche
Essen

Wohnhof

Bestand

51

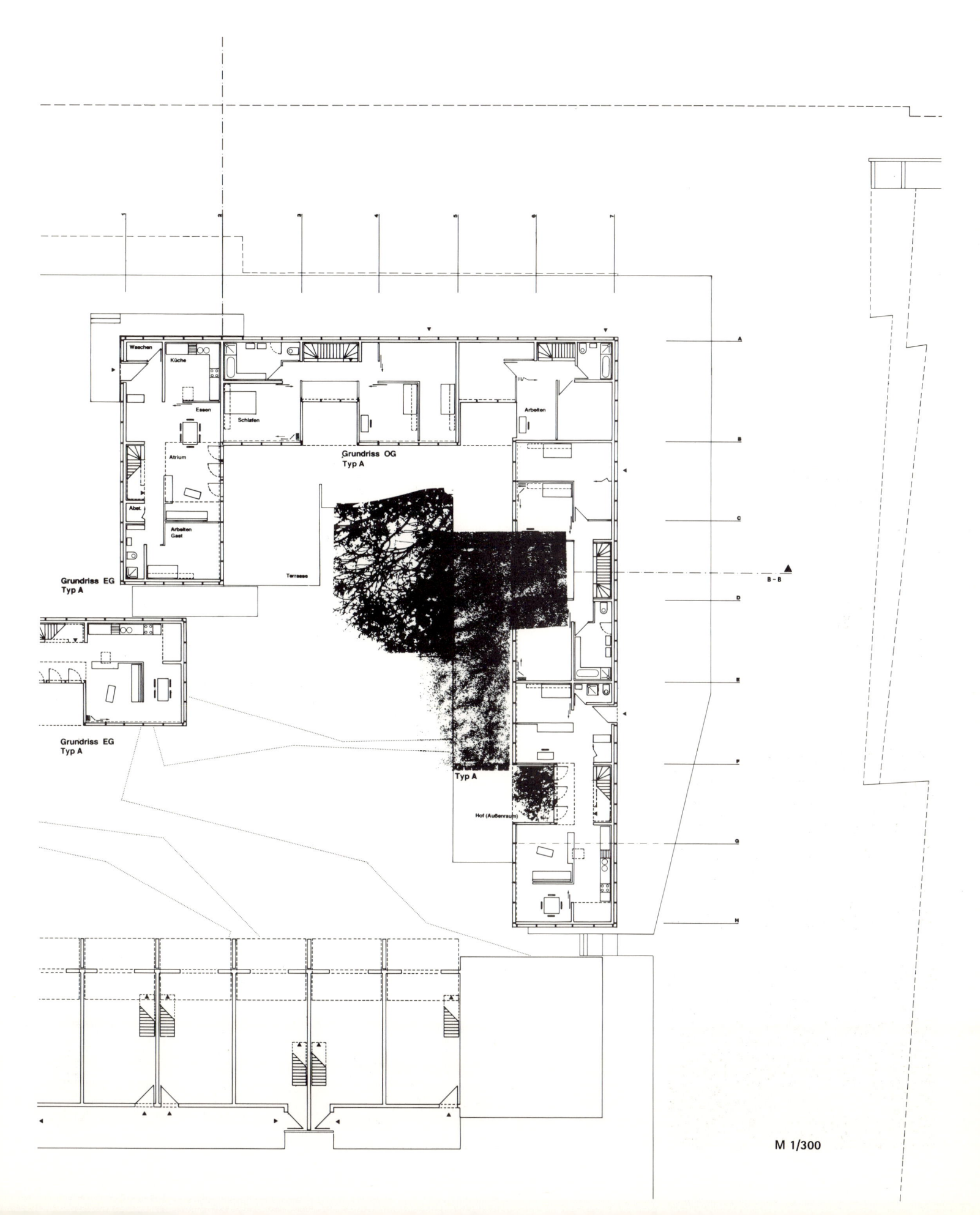

Grundriss OG
Typ A

Grundriss EG
Typ A

Waschen
Küche
Essen
Atrium
Abst.
Arbeiten Gast
Schlafen
Arbeiten
Terrasse

Grundriss EG
Typ A

Typ A

Hof (Außenraum)

A
B
C
B-B
D
E
F
G
H

M 1/300

Arndtstraße

Miriam Janssen

Verdichtungsstruktur

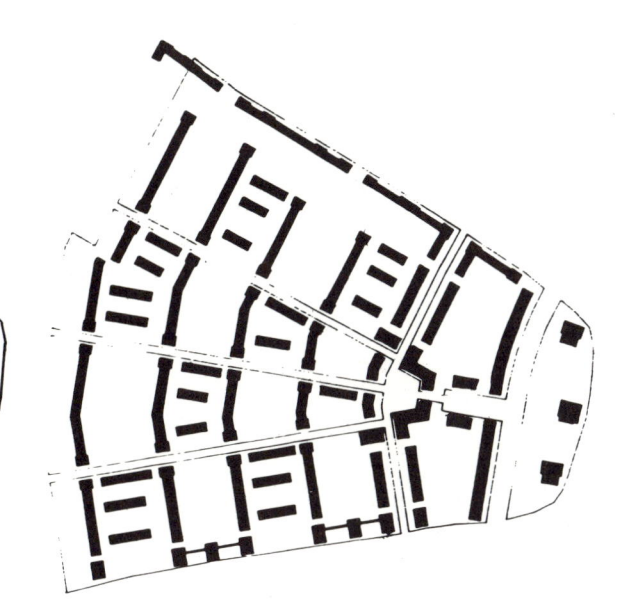

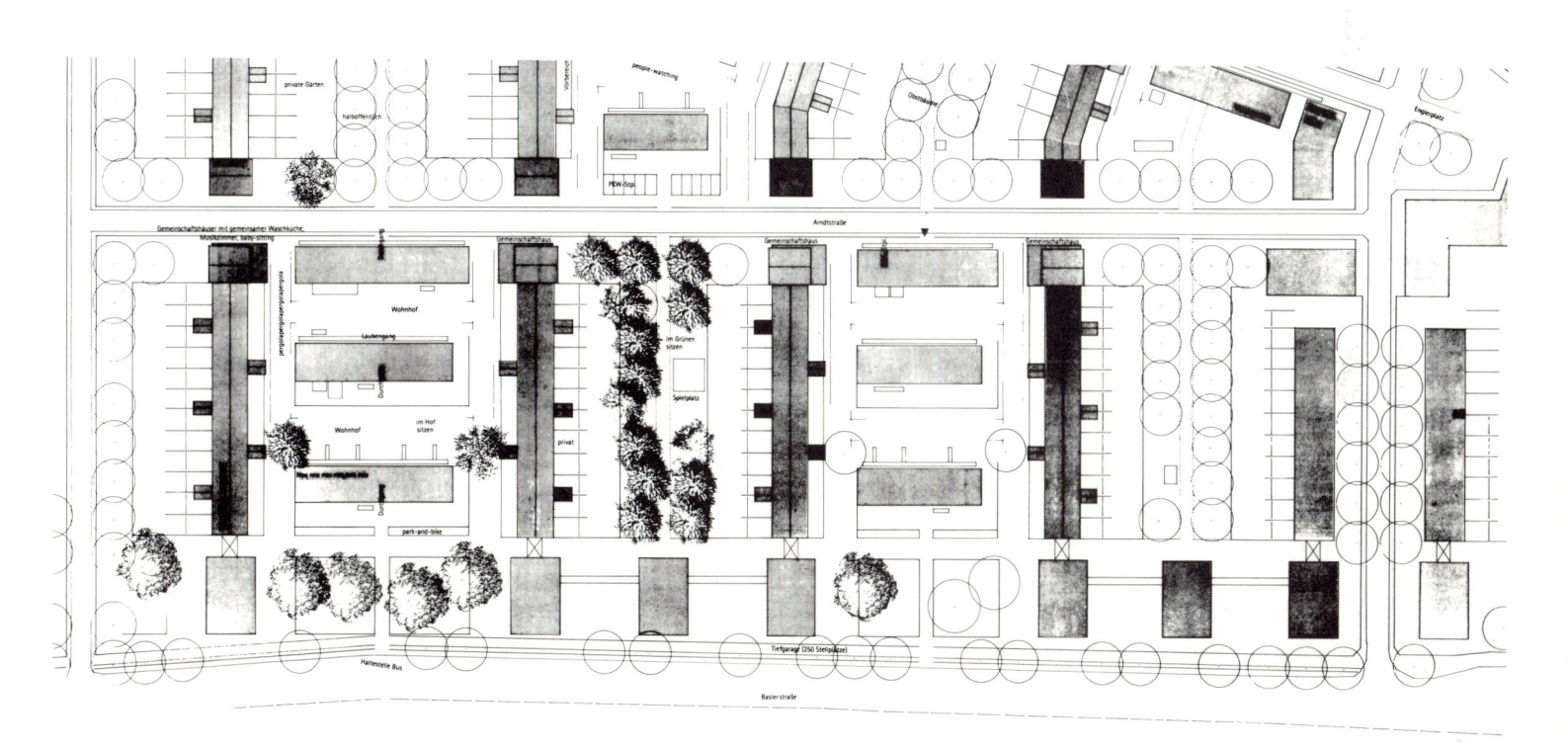

The community has been organised with a chess board pattern. Black represents high density buildings and white representing an absence of buildings. This concept strengthens the existing radial structure. Organised urban areas have been created to some degree. The green spaces are ordered as either public or private space. A gallery block structure houses the basic apartment type.

The resulting courtyards yield, in conjunction with existing buildings, small visible urban quarters.
The gallery blocks in the checkered construction pattern are easily coupled, both horizontally and vertically. The 3 to 4 story buildings stand on their own as independent elements within the community.

Wie ein Schachbrett wird die Siedlung in schwarze und weiße Felder eingeteilt. Schwarz und weiß steht für dicht bebaut und nicht bebaut. Mit diesem Konzept wird die Radialität der Gesamtfigur verstärkt. Es entstehen teilweise städtische Bereiche. Die grünen Bausteine gliedern sich in privates und öffentliches Grün. Als Grundtyp für die Wohnungen wird ein Laubengangtyp ausgewählt, der sich in Zeilenform in die Freibereiche stellt.
Die dadurch entstandenen Wohnhöfe ergeben mit den bestehenden Bauten kleine überschaubare Quartiere.
Die Schottenbauweise der Laubenganghäuser können auf einfachste Weise, vertikal und horizontal gekoppelt werden. Die dreigeschossigen - in Teilbereichen - viergeschossigen Häuser behaupten sich innerhalb der Siedlung als eigenständige Elemente.

54

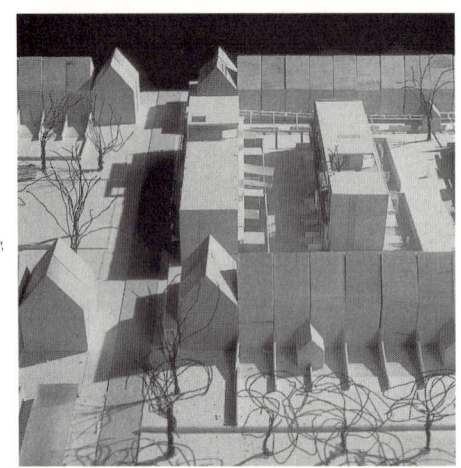

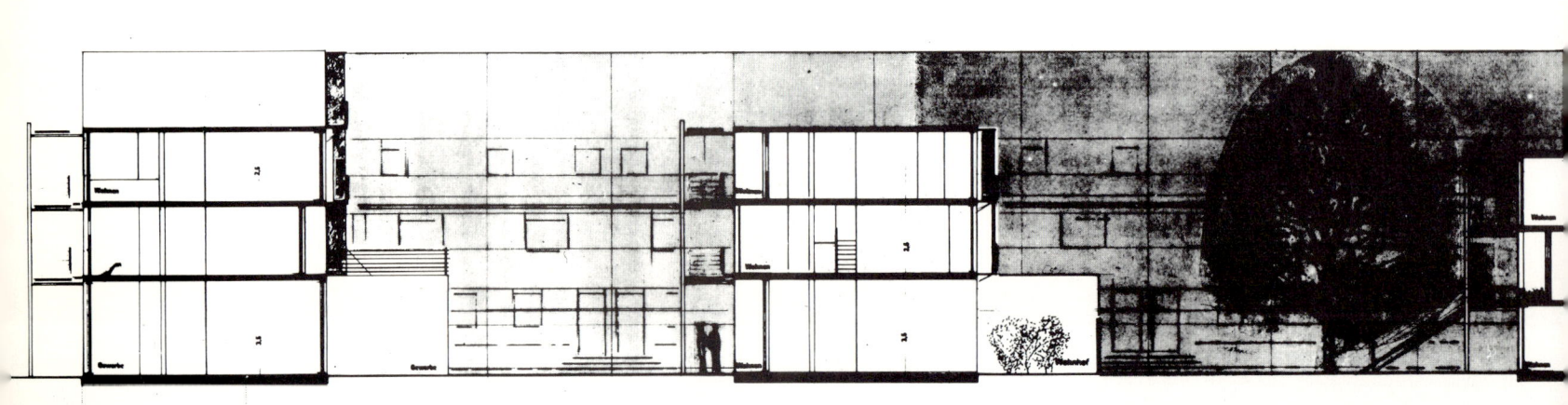

M 1/250

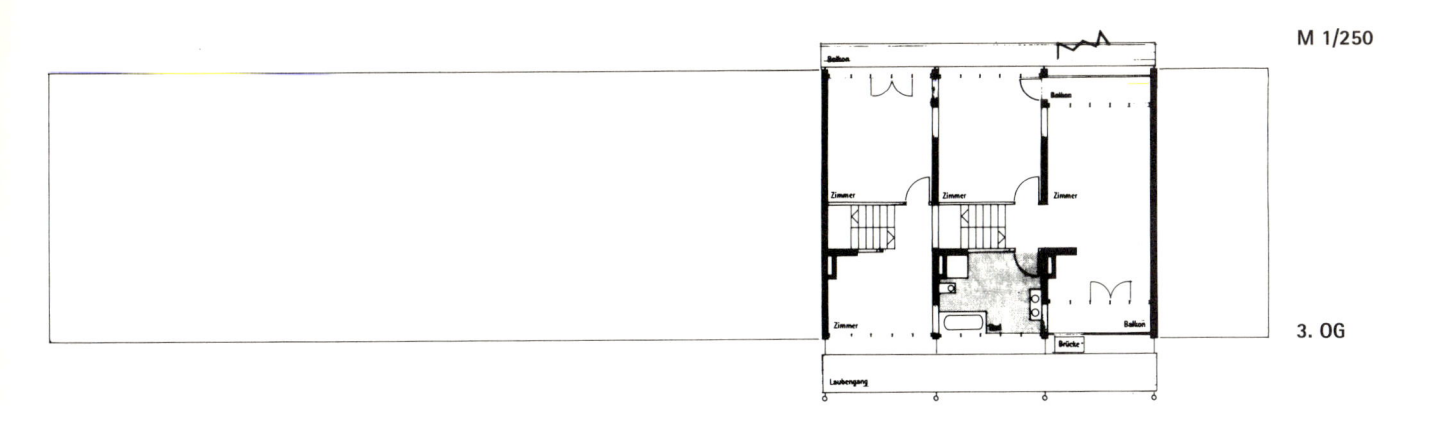

3. OG

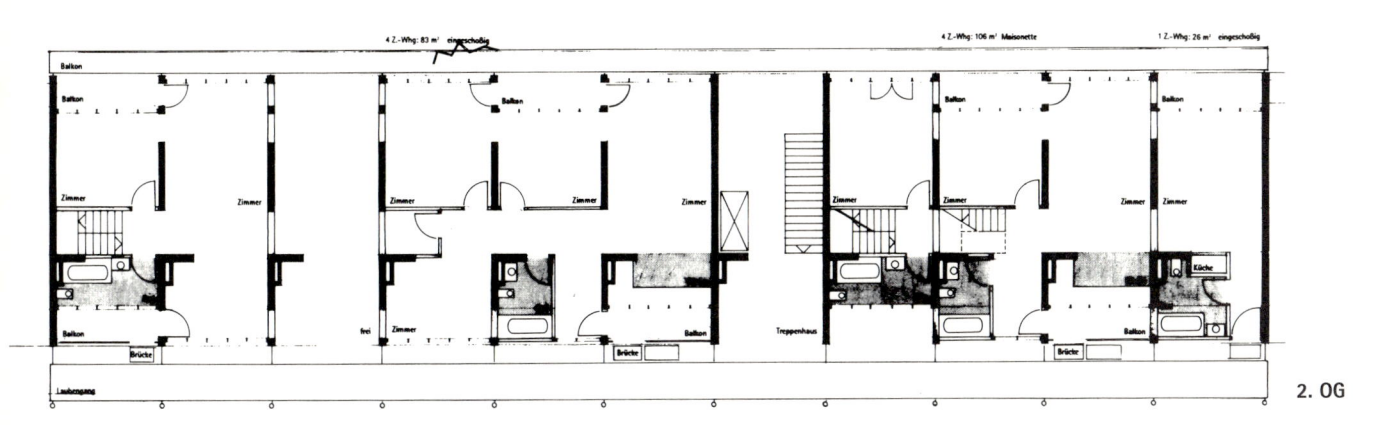

2. OG

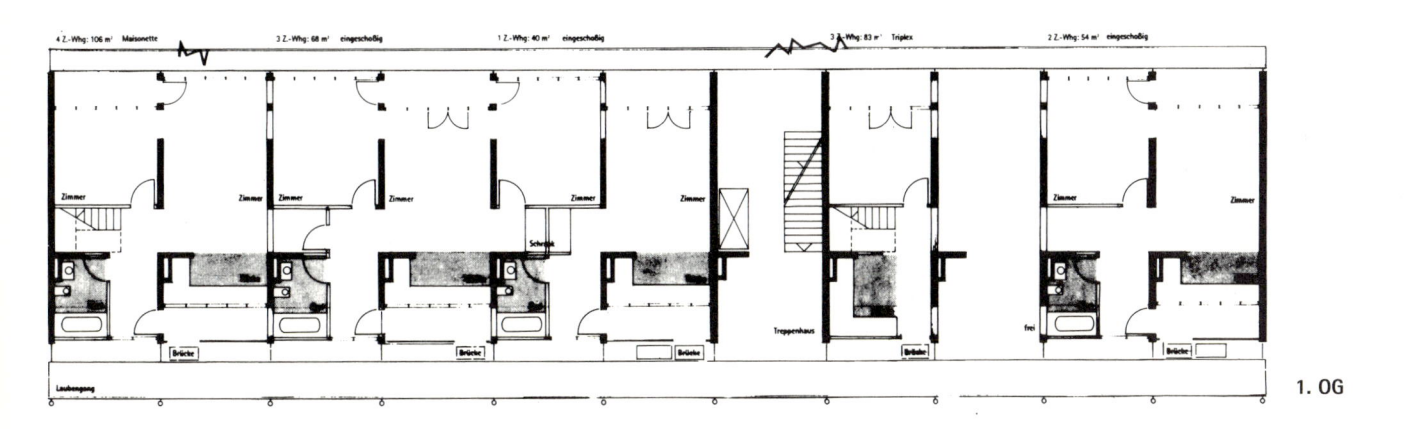

1. OG

Ansicht Süd

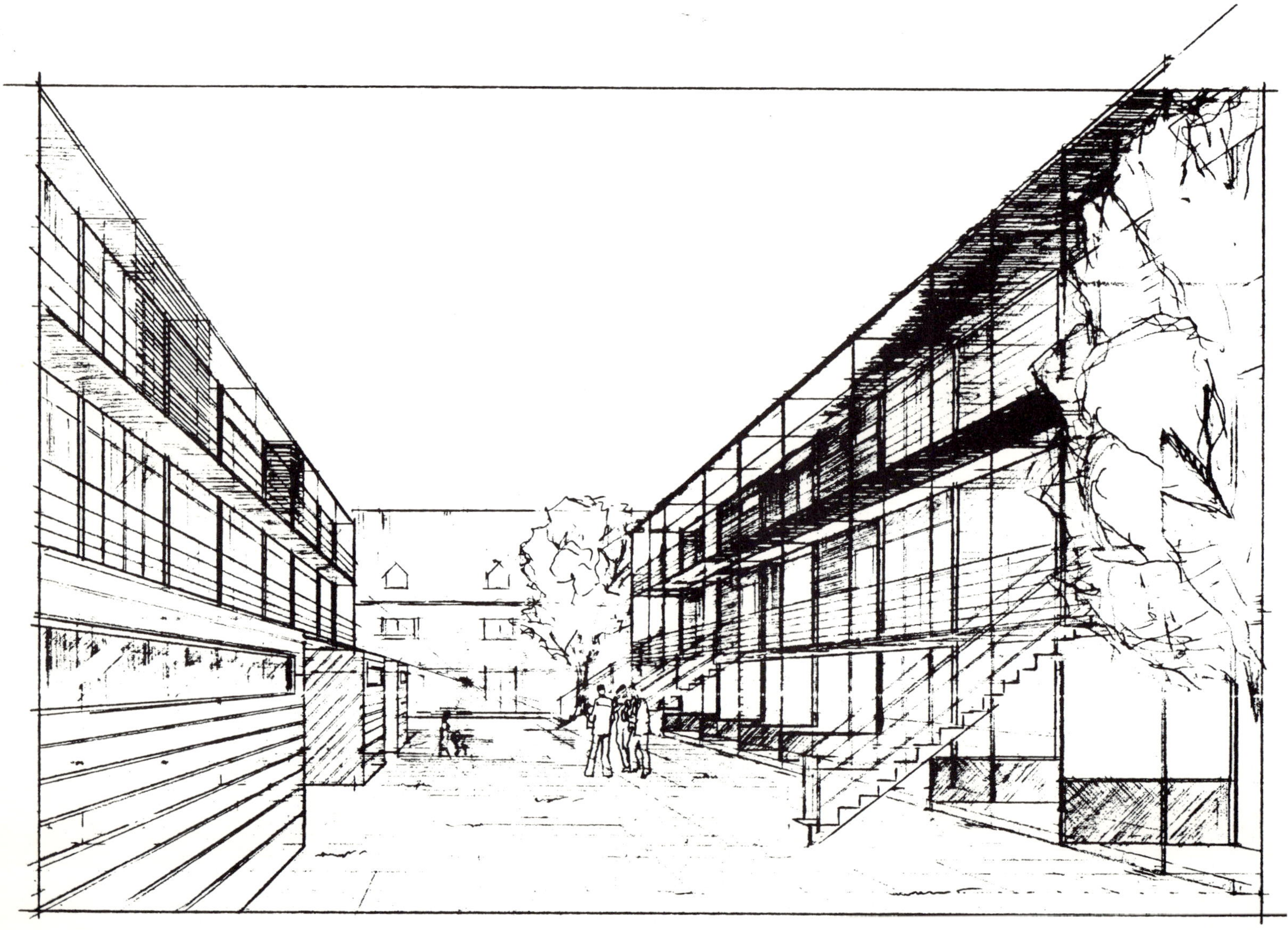

57

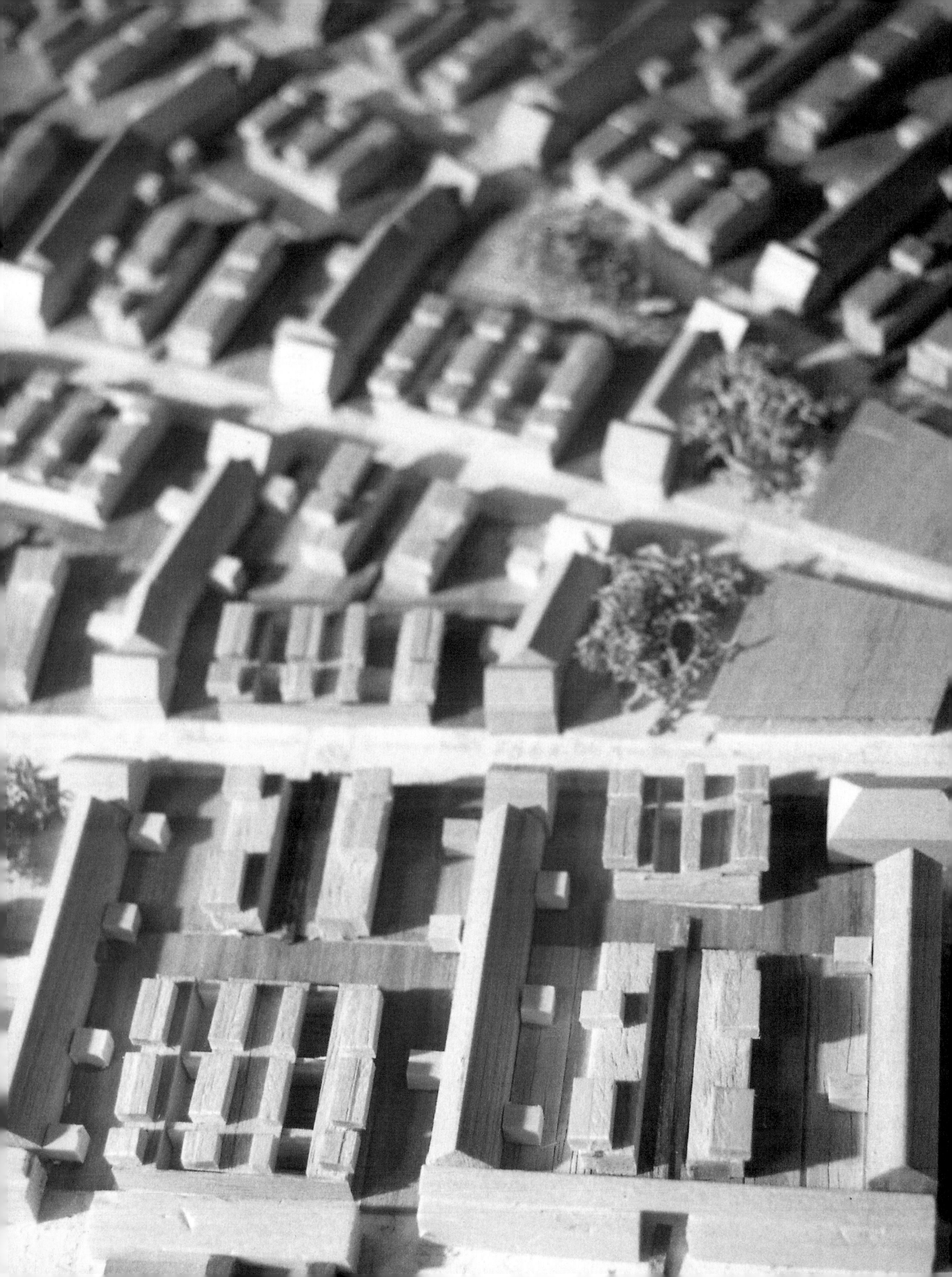

Astrid Kasper

Siedlungsstruktur

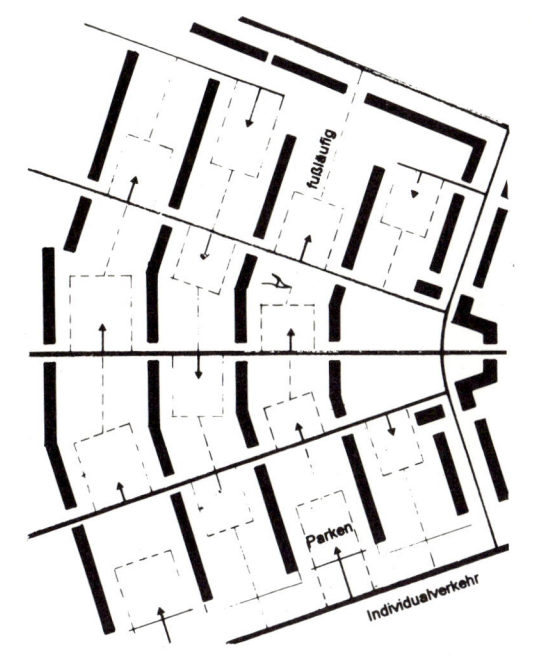

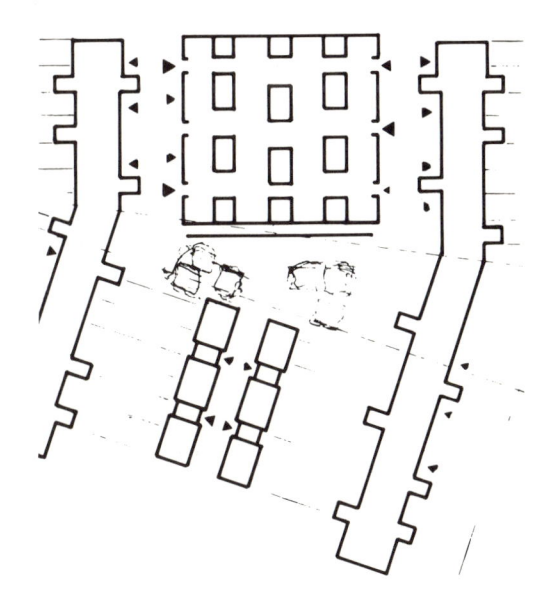

Erschließung

Das Erleben einer Stadt ist geprägt durch die Wahrnehmung d. Leeräume, nicht des Gebäude selbst.
S. Holl

Typologie

The frontage area between building rows serves as a catalyst for two different typologies: the courtyard house type as dense cluster and the row house type with connection to free spaces. The spatial order yields multiple access variations. The courtyard house type has built-in parking places.

The combination of 1 story courtyard house types with similar 2 and 3 story types creates interesting possibilities and varied spatially quality in living spaces. The row house type skillfully defines east - west orientation.

Die Zeilenzwischenräume der Siedlungsstruktur werden zum Impulsgeber zweier unterschiedlicher Typologien: die Hofhaustypologie als dichtes Cluster und Reihenhaustypologie mit der Verknüpfung der Freiräume. Die Anordnung ergibt sich aus der wechselseitigen Lage der Erschließung. Im Hoftyp sind die Stellplätze für die Pkw's mit eingebaut.

In Kombination von eingeschossigen Hofhaustypen mit zwei- bis dreigeschossigen ähnlicher Art ergeben sich interessante Kombinationsmöglichkeiten und räumlich differenzierten Wohnqualitäten. Die Reihenhaustypologie für die Gartenbereiche spielt geschickt die Ost- und Westorientierung aus.

60

M 1/1500

Gartentyp
Hoftyp

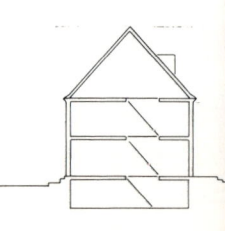

61

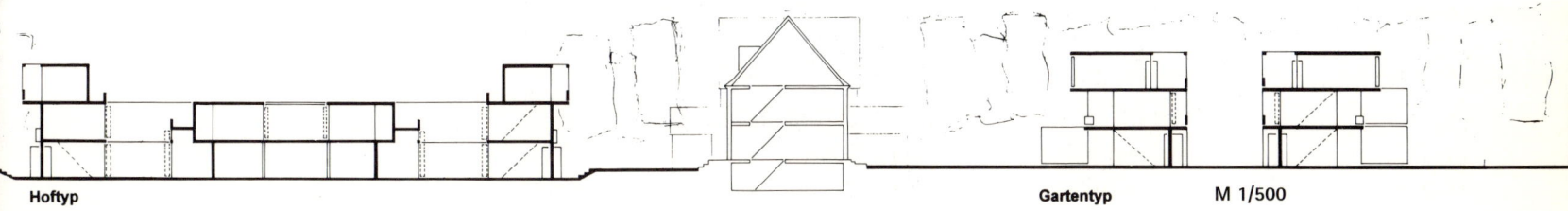

Hoftyp   Gartentyp   M 1/500

Hoftyp
M 1/500

Gartentyp

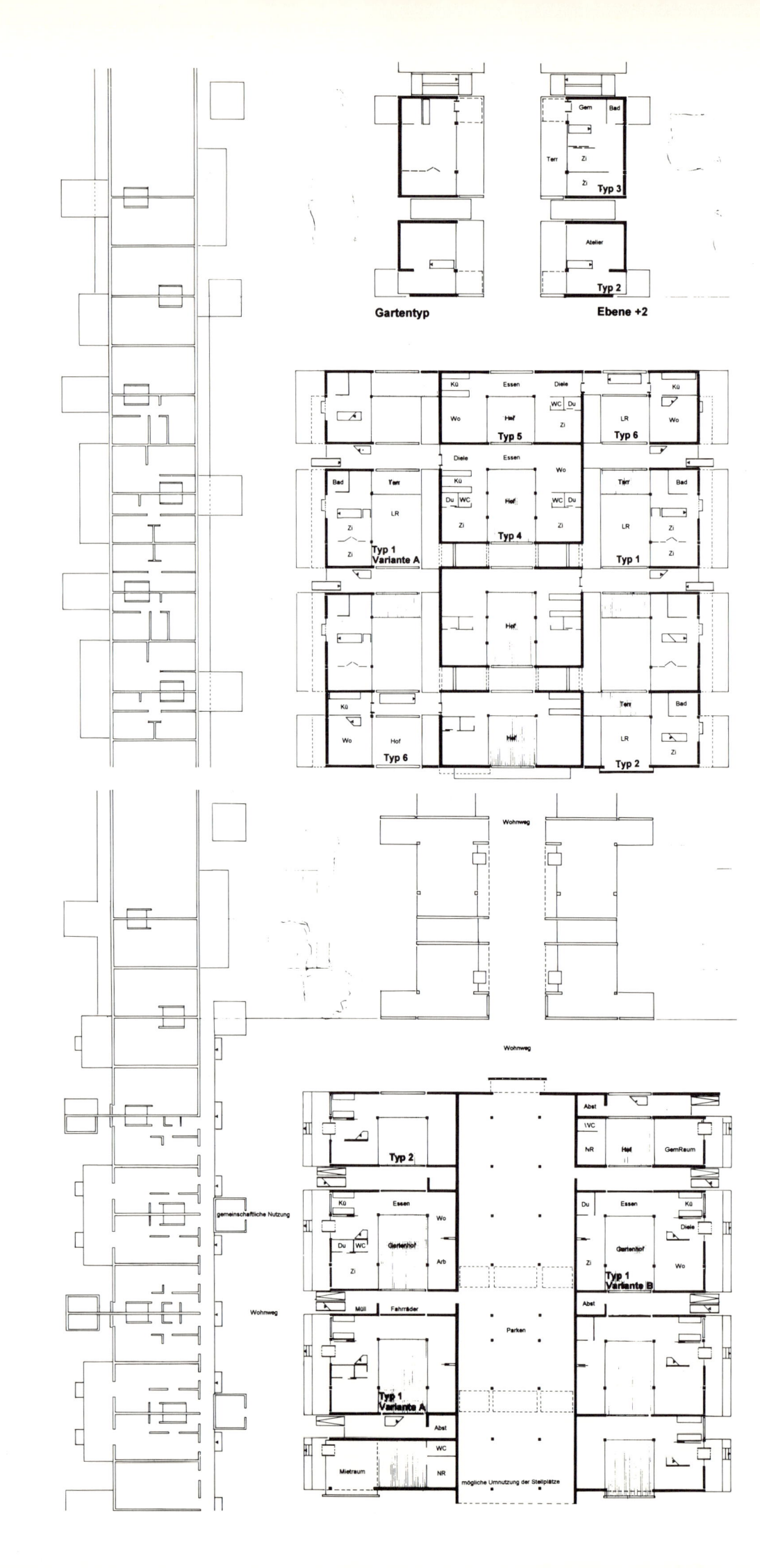

Ebene +2

Typ 3

Typ 2

Ebene +1

Ebene 0

Typ 2 Du Zi **Atelier**
Hoftyp **Ebene +2**

Gartentyp
M 1/500

Typ 2 Bad Arb Zi
Typ 1 Zi Bad Zi Zi

Ebene +1

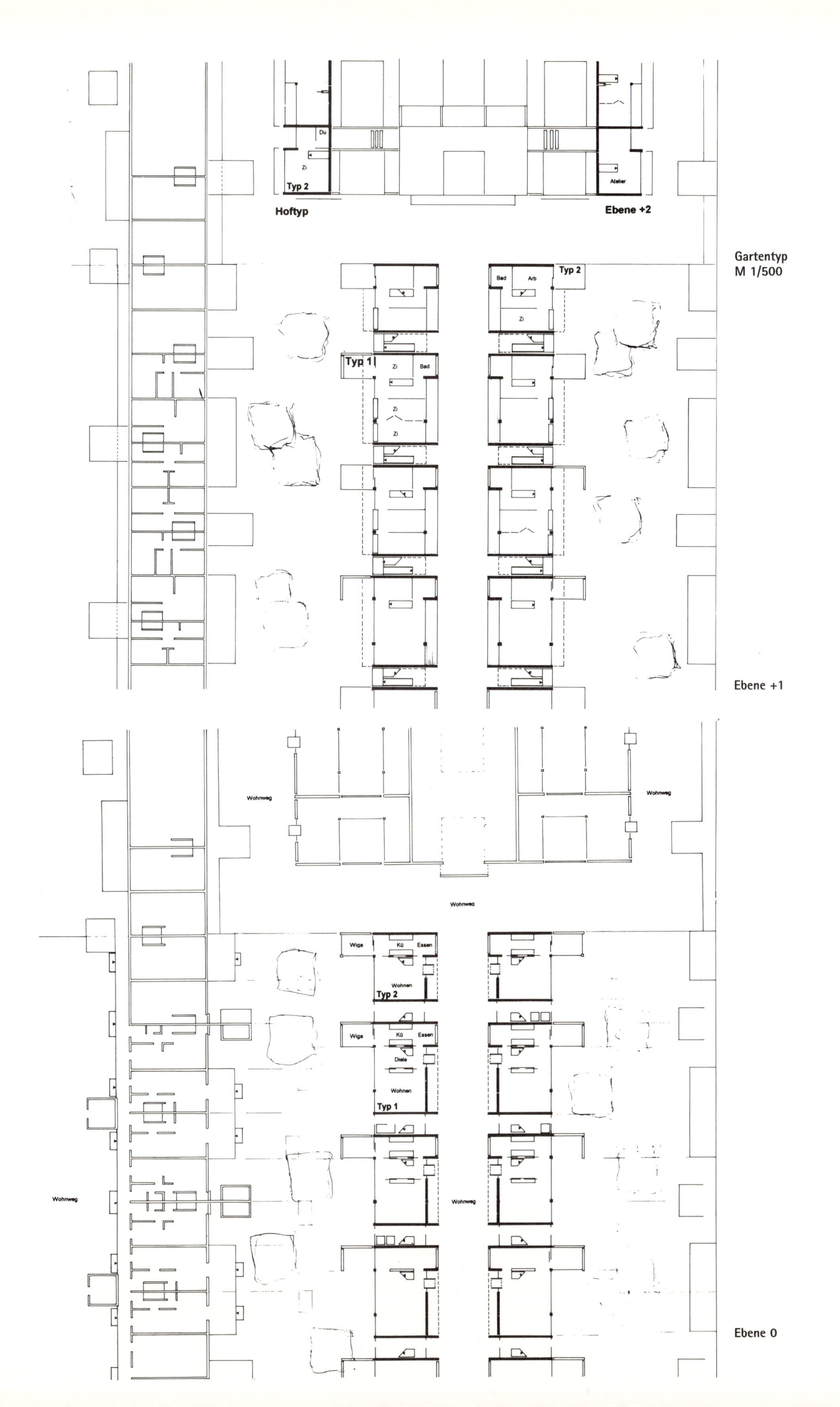

Wohnweg Wohnweg
Wohnweg

Wiga Kü Essen
Wohnen
Typ 2
Wiga Kü Essen
Diele
Wohnen
Typ 1

Wohnweg Wohnweg

Ebene 0

Hoftyp
M 1/300

64

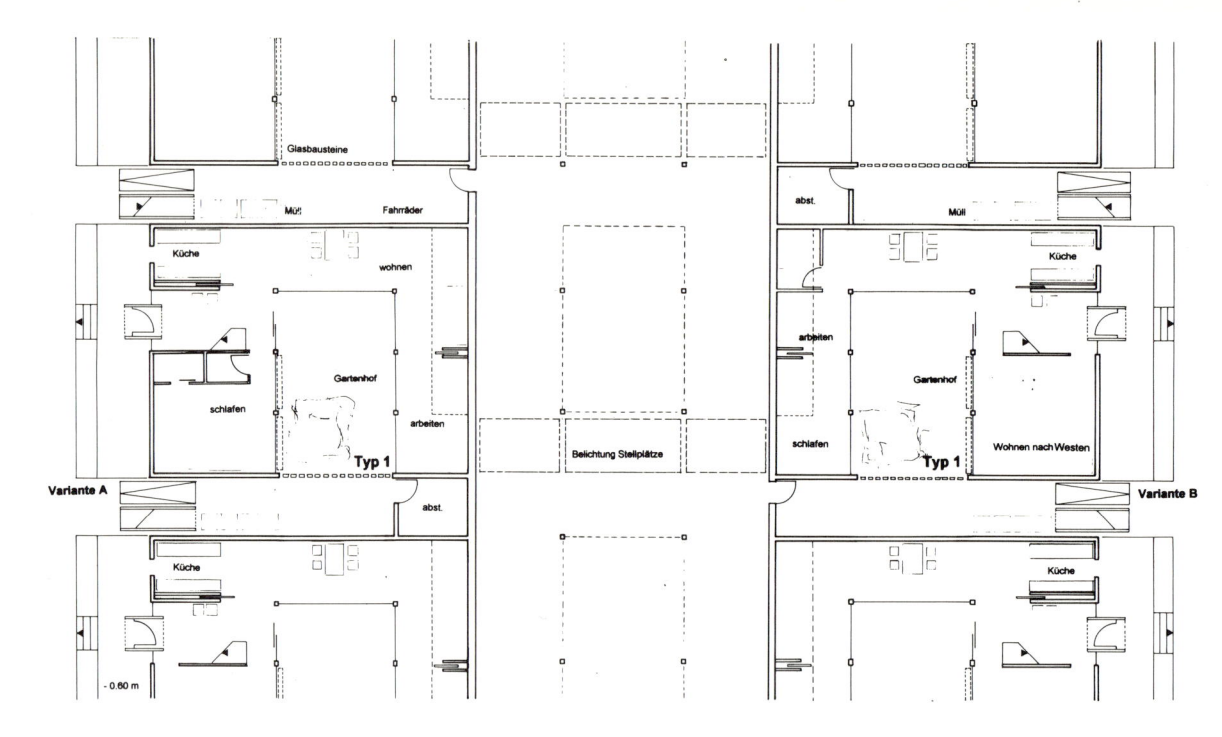

Ebene 0

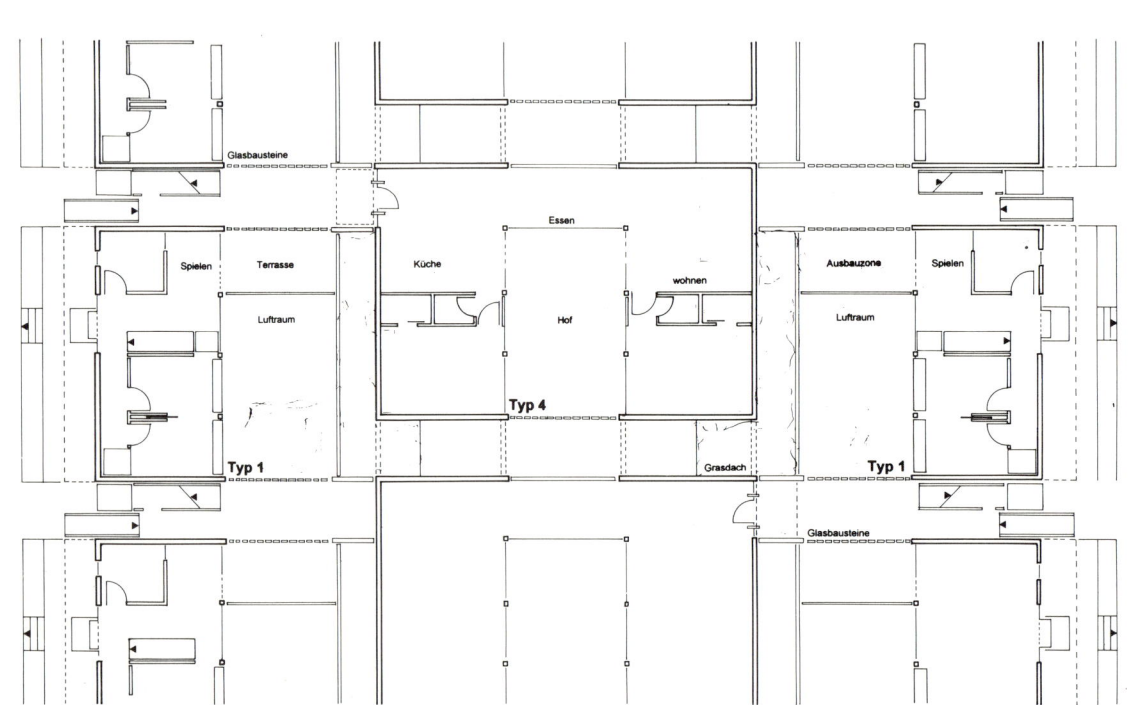

Ebene +1

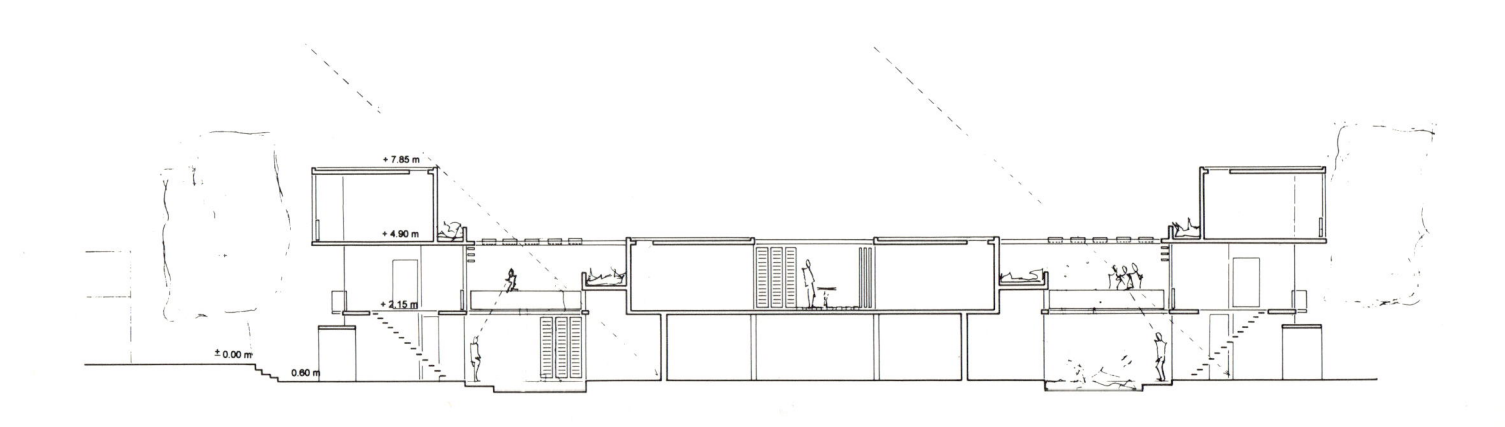

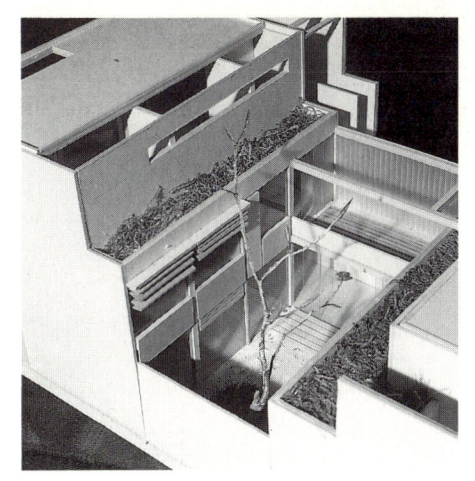

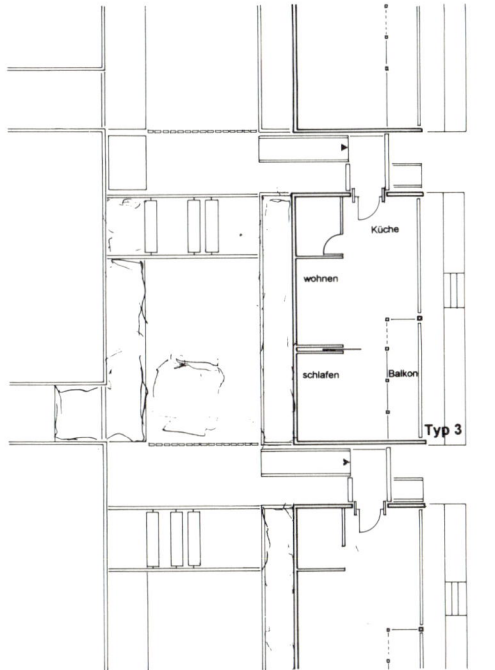

65

Ebene +2

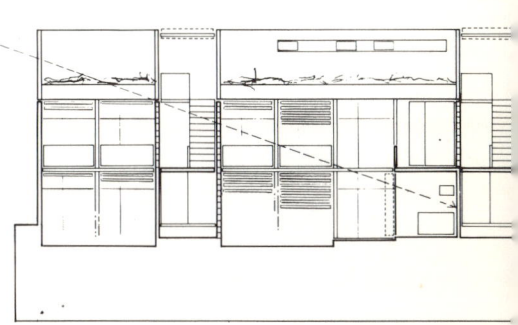

Typ 3

Küche
wohnen
schlafen
Balkon

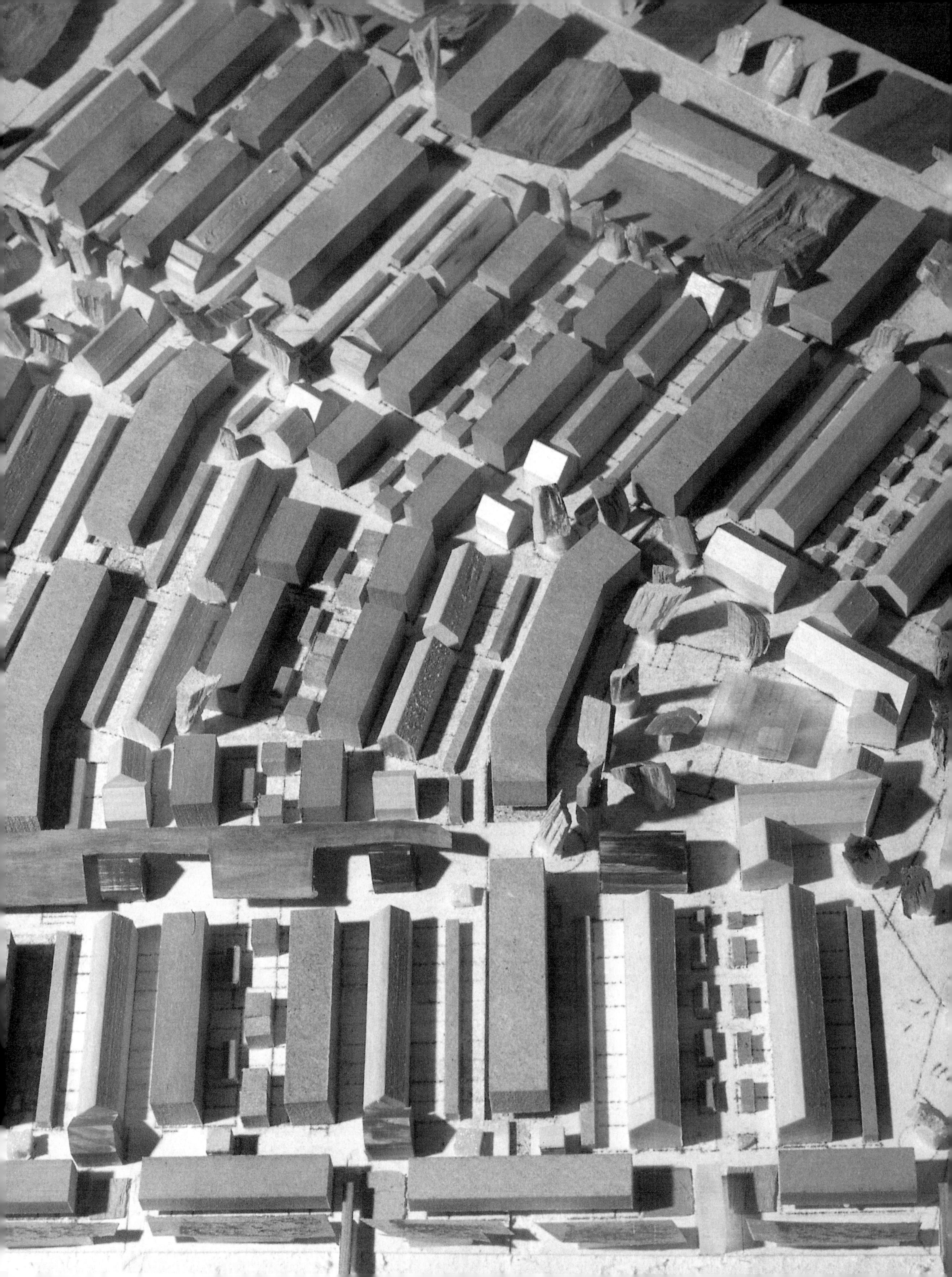

Susanne Klein

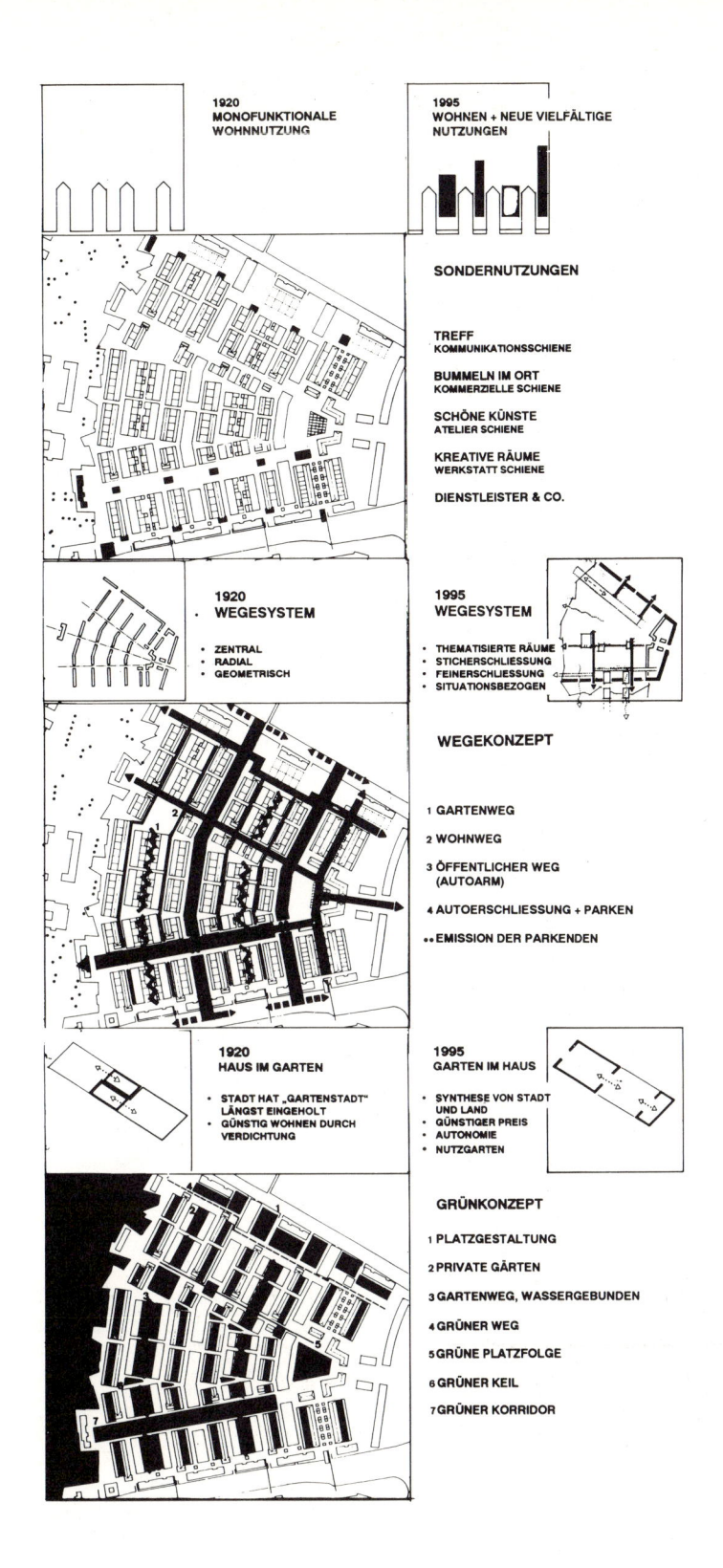

The land parcel structure serves as the basic pattern for the development. The existing structures are improved with the addition of a solarium while the parcels with existing segments of outer walls or sheds have been completed.
The housing concept for the new structures is defined, on one hand, by connecting together multiple green courtyard house types and on the other hand, by row houses raised on stilts placed over parking places. The possibilities in combining the courtyard/garden house type are quite promising.
In order to define the free space between blocks, the east - west oriented free space has been developed as a "creative space" with the corresponding activities.

Die Parzellenstruktur ist das Grundmodul für die neue Bebauungsstruktur. Die vorhandene Bebauung wird mit Wintergärten ergänzt, die Parzellen mit Mauern und kleinen Schuppen geschlossen.
Das Wohnkonzept der Neubauten wird einerseits von zusammenschaltbaren Gartenhofhäusern, andererseits von aufgestelzten Reihenhaustypen - unter denen die Pkw´s Platz haben - bestimmt. Die Kombinationsmöglichkeiten - besonders bei den Gartenhofhäusern versprechen Lebendigkeit.
Damit sind die Freiräume zwischen den Häusern definiert; die Ost - West orientierten Freibereiche werden als 'kreative Räume' mit entsprechenden Akitvitäten ausgelegt.

68

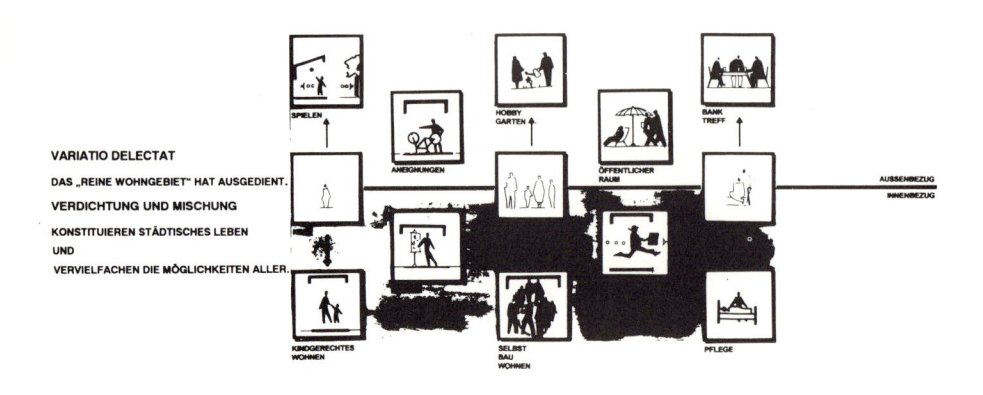

VARIATIO DELECTAT

DAS „REINE WOHNGEBIET" HAT AUSGEDIENT.

VERDICHTUNG UND MISCHUNG

KONSTITUIEREN STÄDTISCHES LEBEN

UND

VERVIELFACHEN DIE MÖGLICHKEITEN ALLER.

M 1/3000

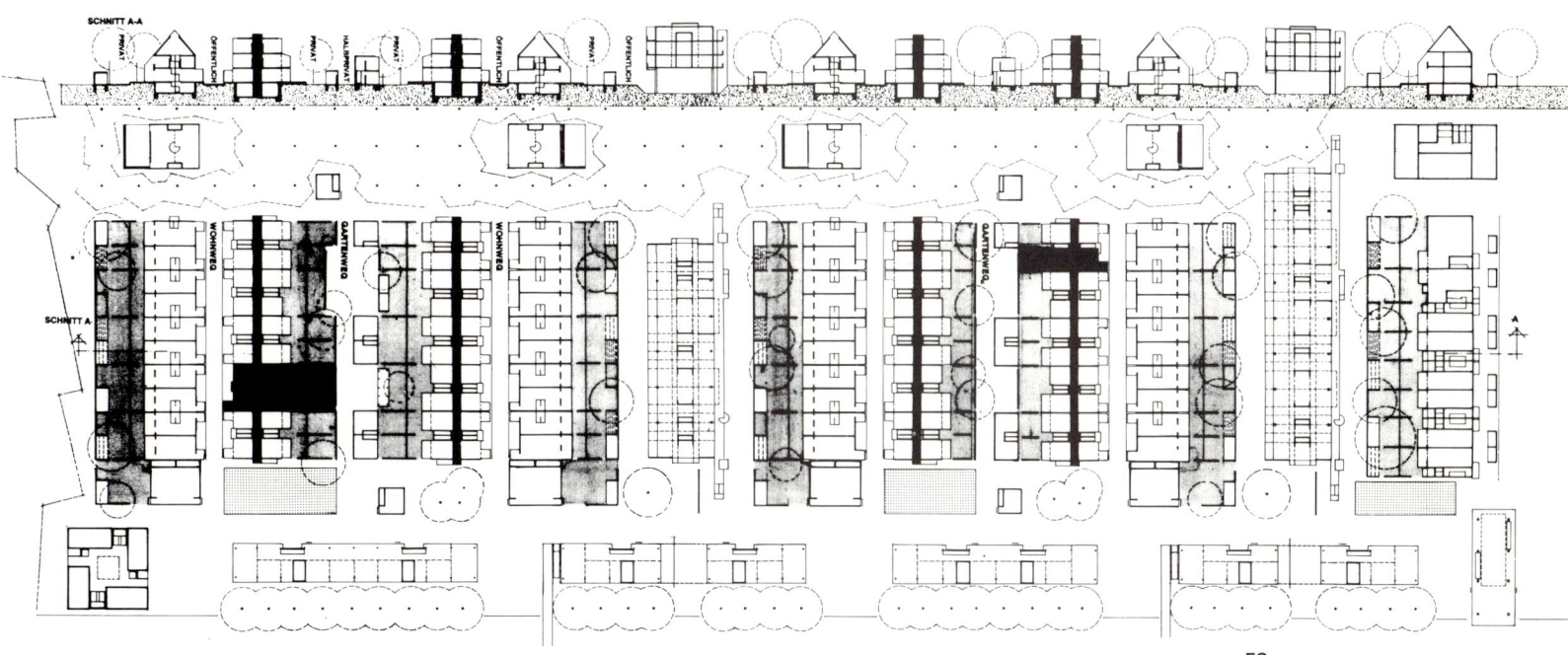

EG
M 1/1500

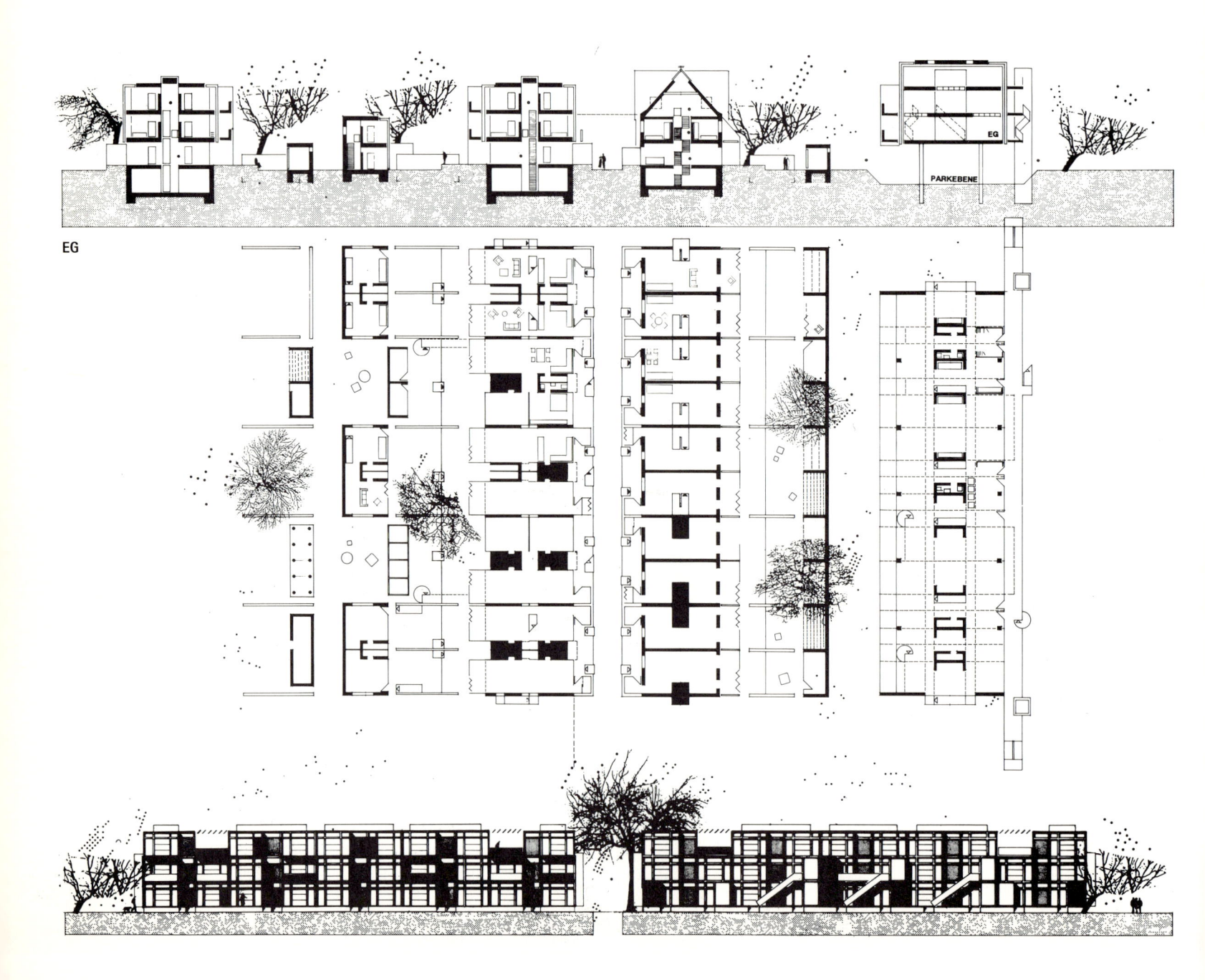

EG

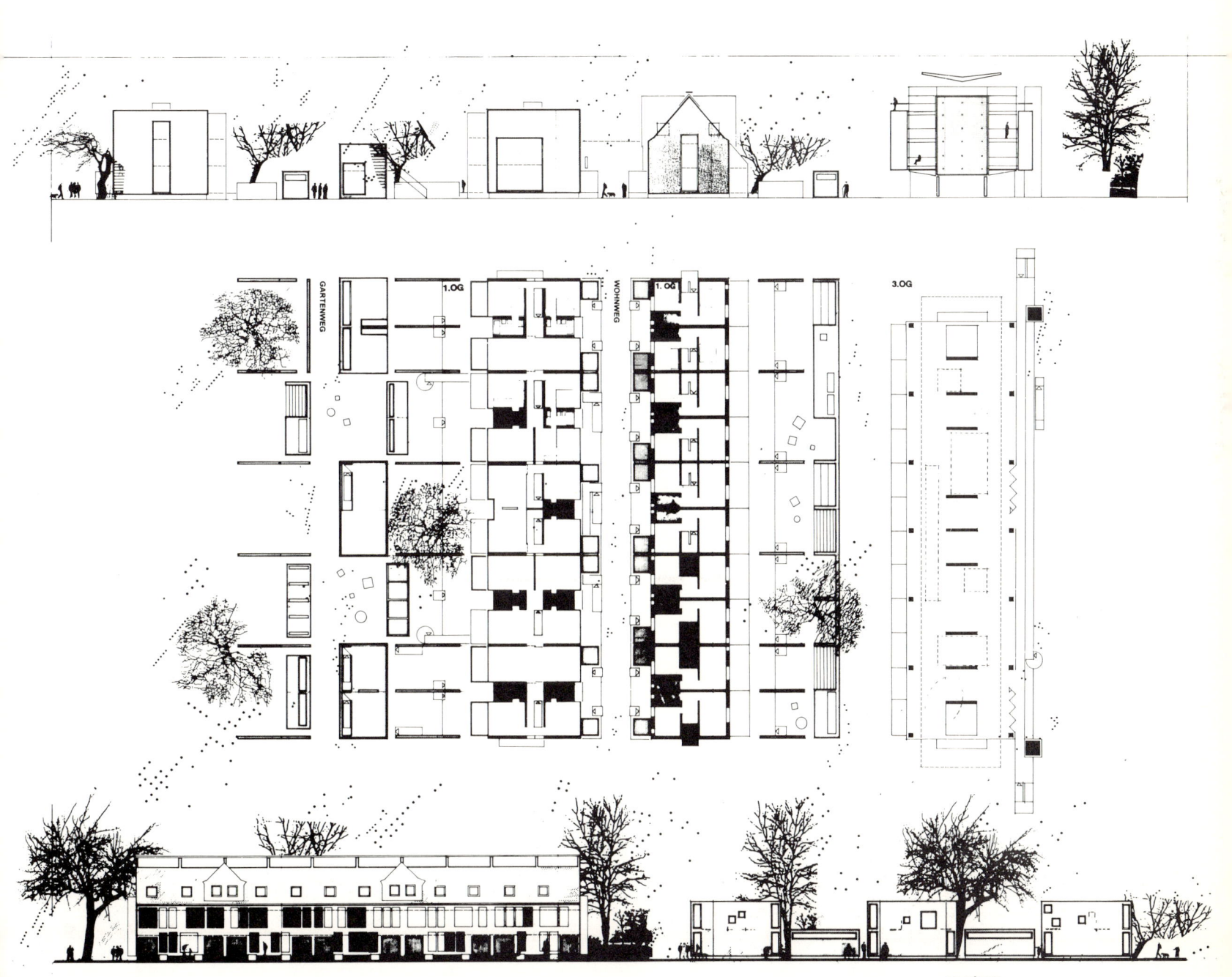

M 1/600

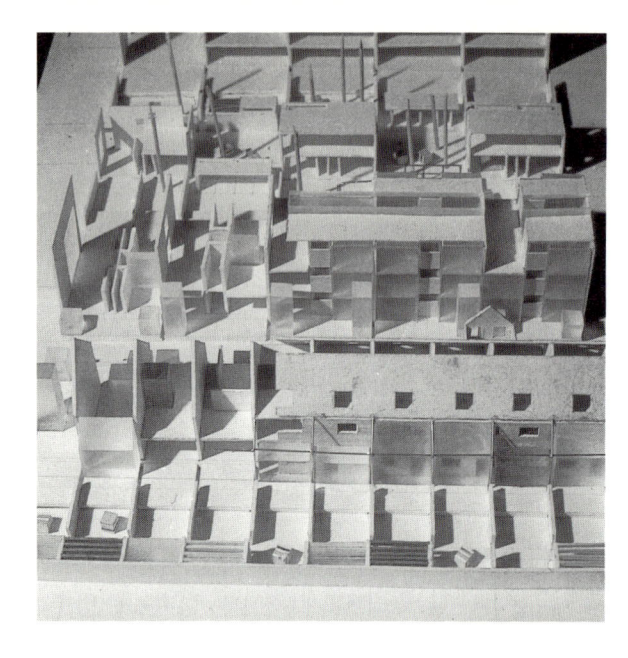

M 1/250

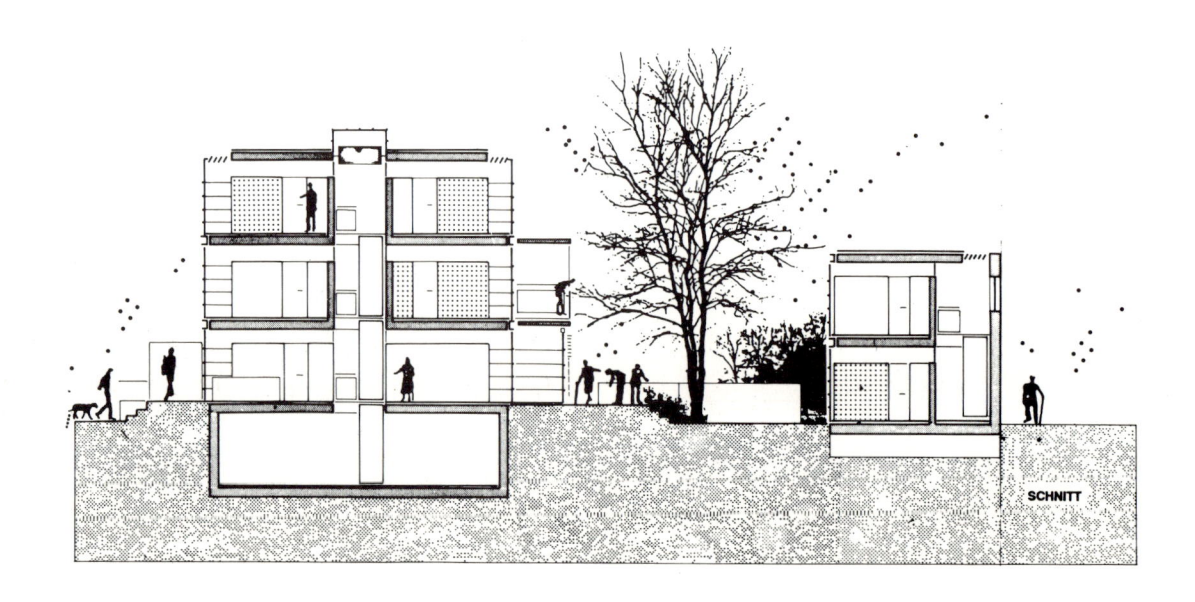

SCHNITT

Gartenseite   Wohnstraße

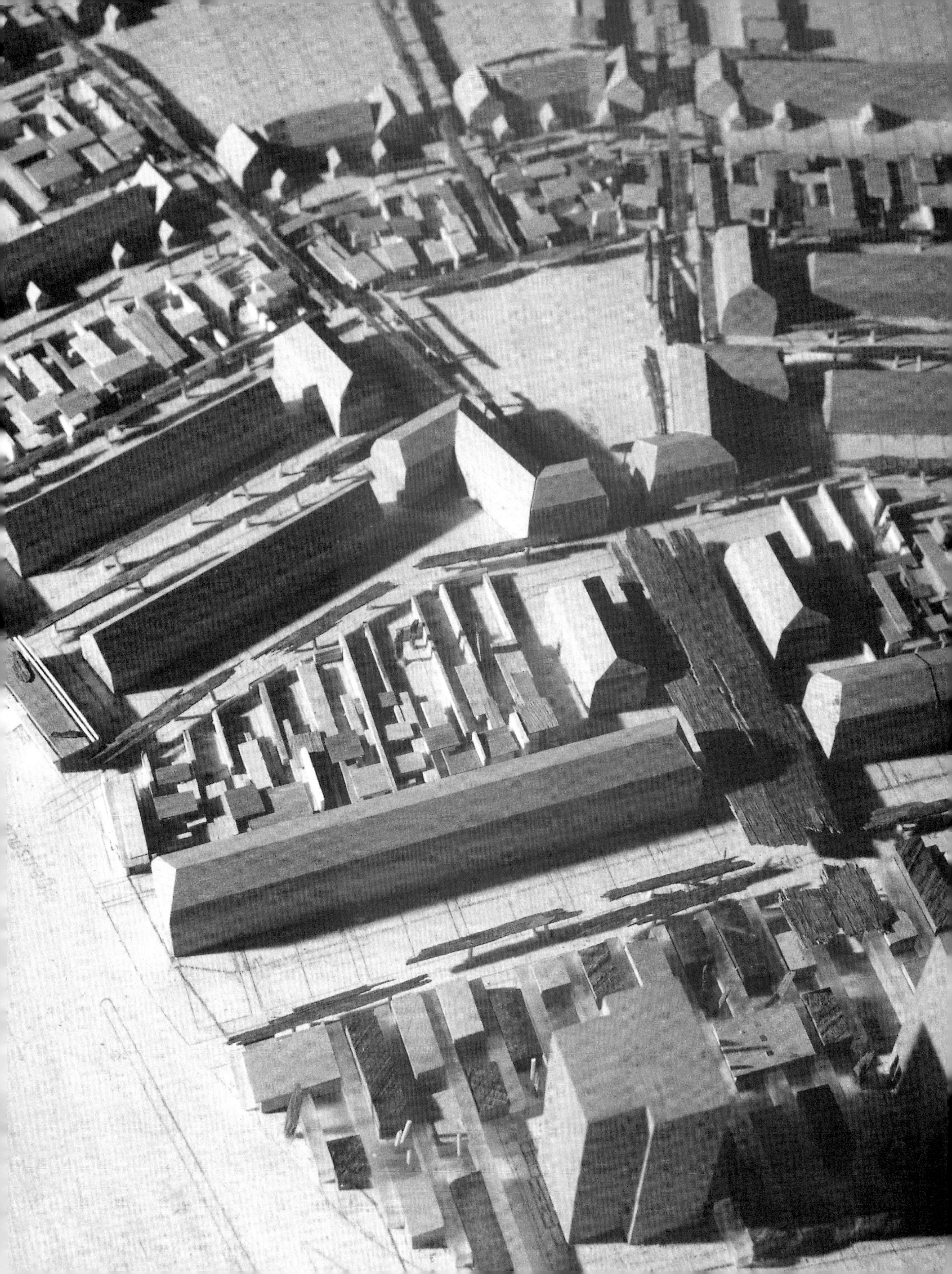

| Öffentlicher Raum | Grünkonzept | Zonierung | **Urs Klipfel** |

| Parzellierung | Wohnkonzept | Wachstum |

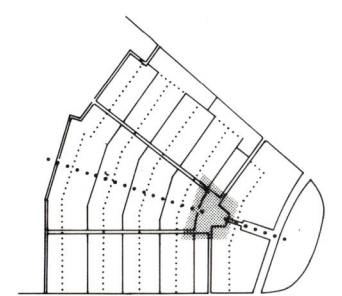

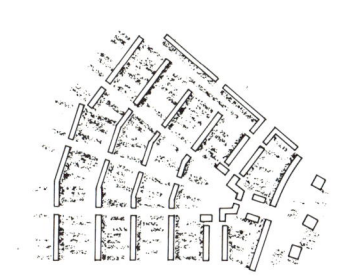

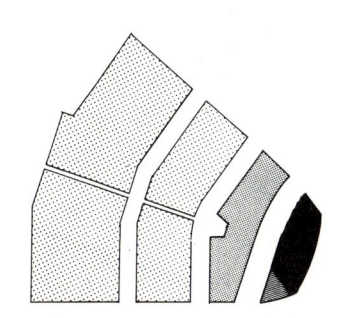

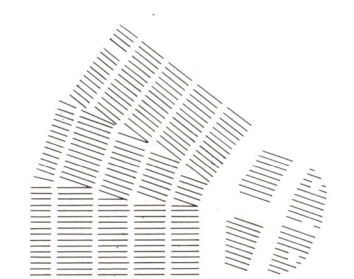

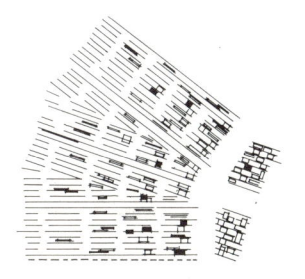

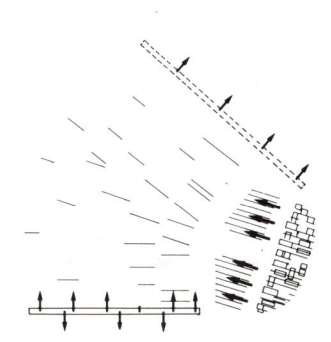

The cross-section of a tree trunk, the rings and core, signify the urban and typological concept. The core represents the growth center, the rings mirror the stationary structure (existing structures) and the tree bark as a field for action, growth and change. The basic principle is transformed through the following action active areas:

- the creative process symbolized as the market place, placed at the head of the community housing skilled trade shops, training centers, architectural and investment firms
- the small land parcels between blocks to be used as `Humus´ for new growth and change

Lively, varied house types with a simple wood frame construction, are the result of this extrordinary concept.

Das Bild einer Baumscheibe mit dem Kern und den Jahresringen als Metapher für das städtebauliche und typologische Konzept. Der Kern als Wachstumszelle, die Ringe für die feste Struktur (vorhandene Bebauung) und das `Fleisch´ als Aktionsfeld für Wachstum und Veränderung. Transformiert wird dieser Grundgedanke mit folgenden Aktionsfeldern:

- für den kreativen Prozess als Markt, im Kopf der Siedlung mit Handwerkstätten, Lehrbetrieben, Architektur- und Investitionsbüro
- für den eigentlichen Bauvorgang die Grundstücke zwischen den Häusern mit den schmalen Parzellen als `Humus´ für Wachstum und Veränderung.

Lebendige und variationsreiche Haustypen als einfachen Holzkonstruktionbaukasten ist die Konsequenz aus dieses außergewöhnliche Konzept.

76

M 1/1500

Parzelle

Schaltstreifen
Wohnstreifen
Schaltstreifen

Elemente

Wohnzimmer Schlafzimmer Eßzimmer Küche Bad Zimmer Erschließung Atrium

Typologien

Starter
1. Ausbaustufe
2. Ausbaustufe
Obergeschoß

X-TYP
Zimmer und Atrium diagonal versetzt

Schenkendorfstraße

Starter
1. Ausbaustufe
2. Ausbaustufe
Obergeschoß

J-TYP
Wechsel von Innen- und Außenraum

Starter
1. Ausbaustufe
2. Ausbaustufe
Obergeschoß

U-TYP
Atrium U-förmig umbaut

Starter
1. Ausbaustufe
2. Ausbaustufe
Obergeschoß

L-TYP
Zimmer aufgereiht

L-TYP	
Grundstück	250 m²
Whg. EG	134 m²
GRZ	0,64

JAPANISCHER TYP	
Grundstück	230 m²
Whg. EG	111 m²
Whg. EG + OG	150 m²
GRZ	0,48
GFZ	0,65

U-TYP	
Grundstück	227 m²
Whg. EG	150 m²
Whg. OG	190 m²
GRZ	0,66
GFZ	0,84

DOPPEL X - TYP	
Grundstück	420 m²
Whg. EG	260 m²
Whg. EG + OG	320 m²
GRZ	0,62
GFZ	0,76

U-TYP	
Grundstück	210 m²
Whg. EG	139 m²
Whg. EG + OG	179 m²
GRZ	0,66
GFZ	0,85

L-TYP	
Grundstück	205 m²
Whg. EG	67,6 m²
Whg. EG + OG	85,6 m²
GRZ	0,33
GFZ	0,42

M 1/500

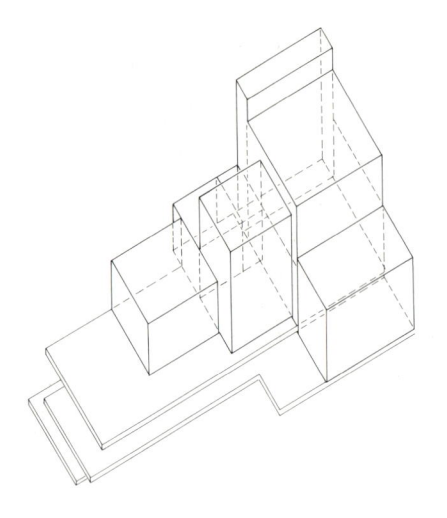

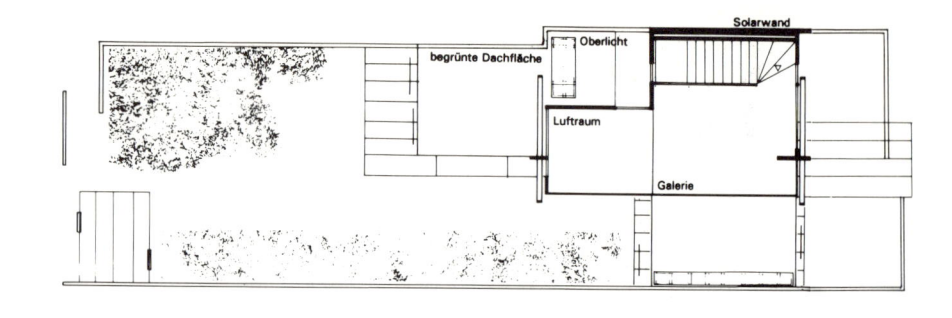

Raumgefüge

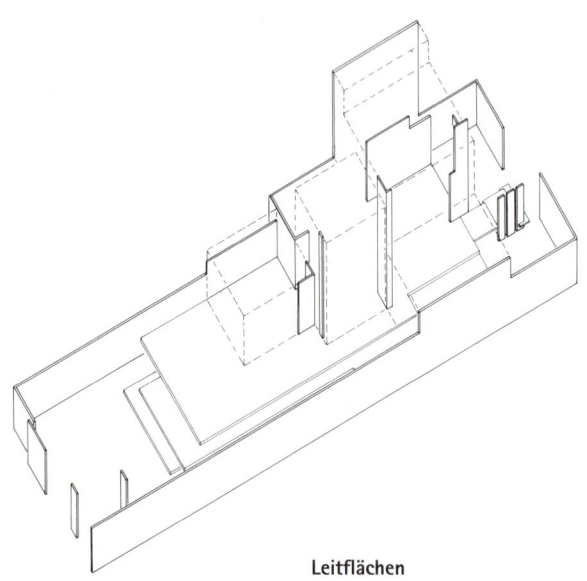

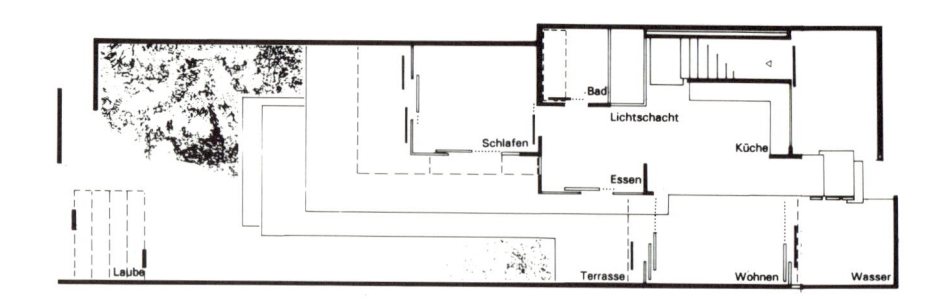

Leitflächen

Komposition

OG

EG

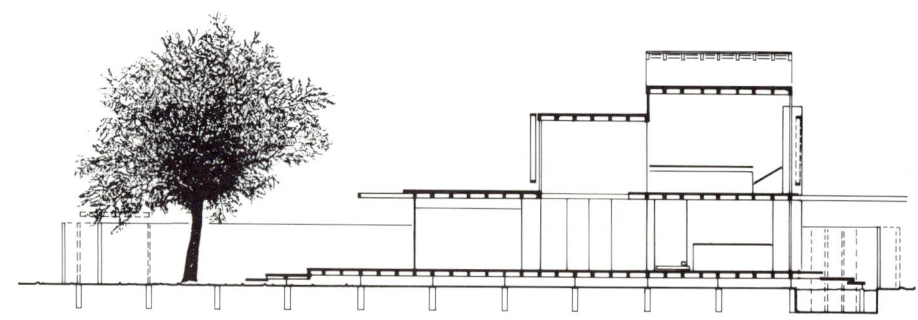

M 1/250

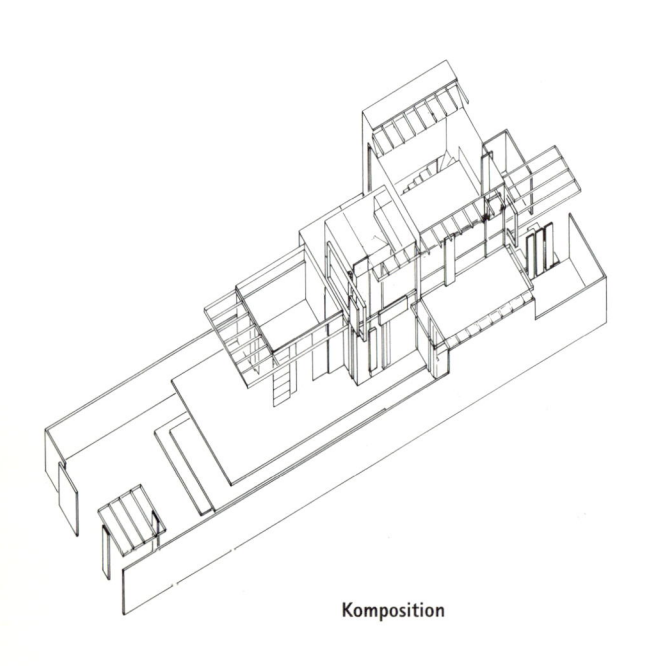

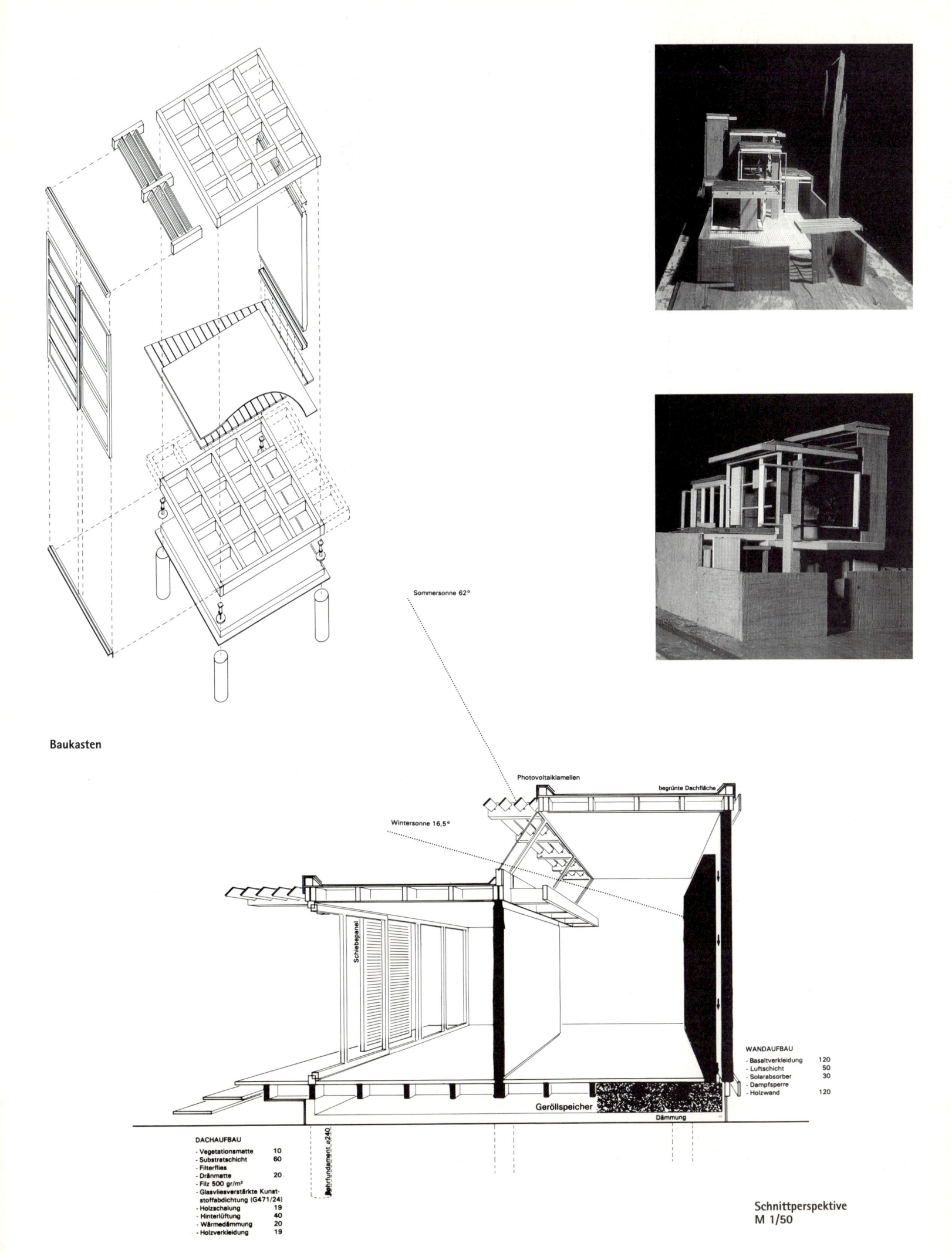

Baukasten

Sommersonne 62°

Photovoltaiklamellen   begrünte Dachfläche

Wintersonne 16,5°

Schiebepanel

WANDAUFBAU
- Basaltverkleidung 120
- Luftschicht 50
- Solarabsorber 30
- Dampfsperre
- Holzwand 120

Geröllspeicher   Dämmung

Bohrfundament ø240

DACHAUFBAU
- Vegetationsmatte 10
- Substratschicht 60
- Filterflies
- Drännmatte 20
- Filz 500 gr/m²
- Glasvliesverstärkte Kunst-
  stoffabdichtung (G471/24)
- Holzschalung 19
- Hinterlüftung 40
- Wärmedämmung 20
- Holzverkleidung 19

Schnittperspektive
M 1/50

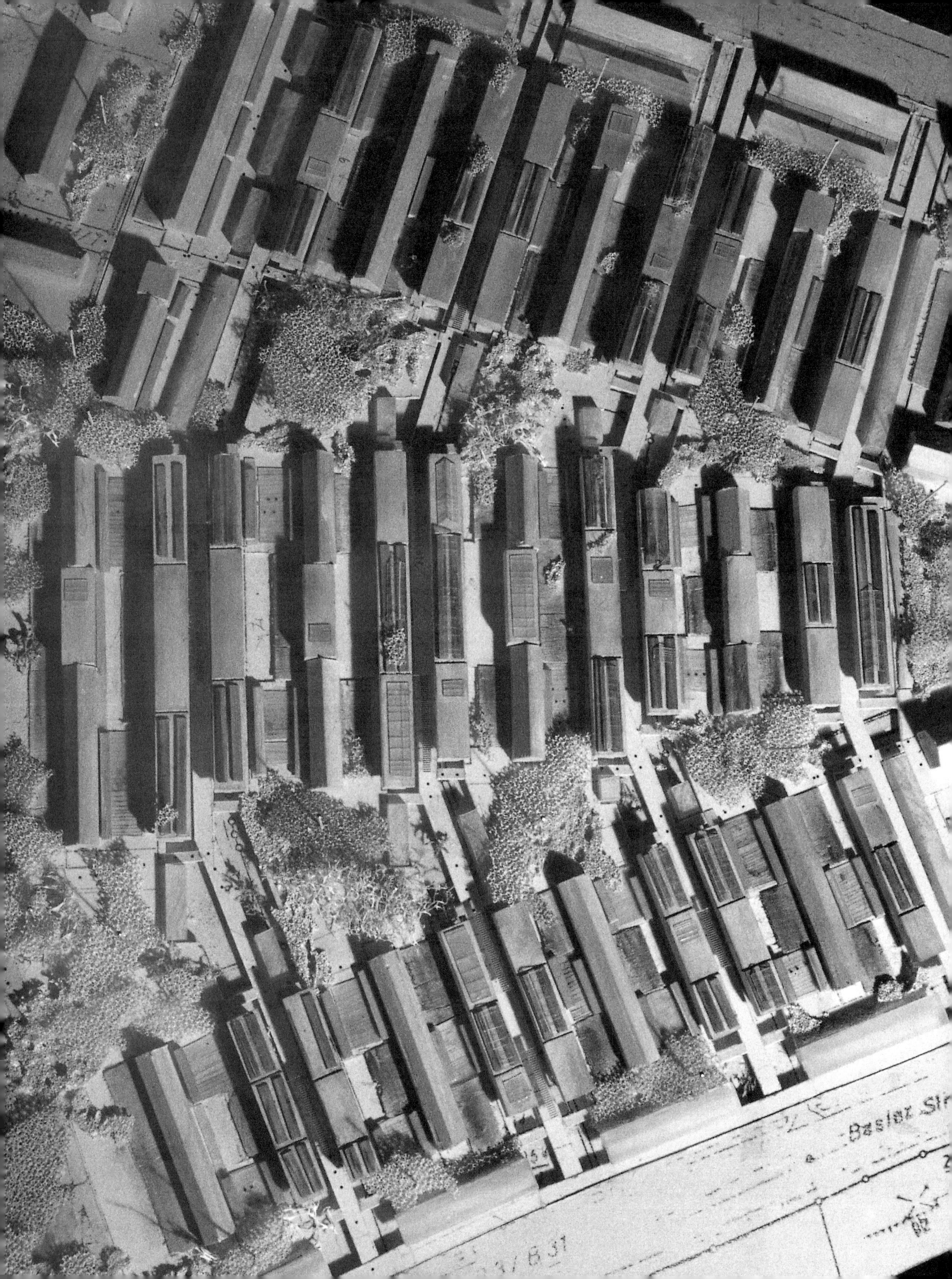
Basler Str

Ellen Kloft

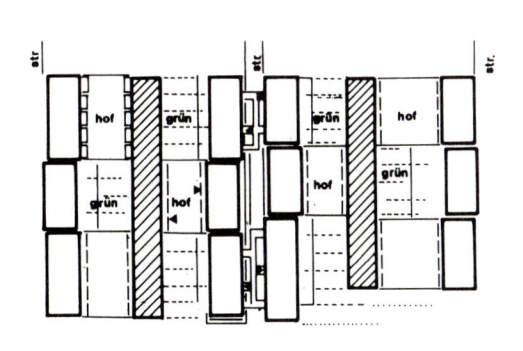

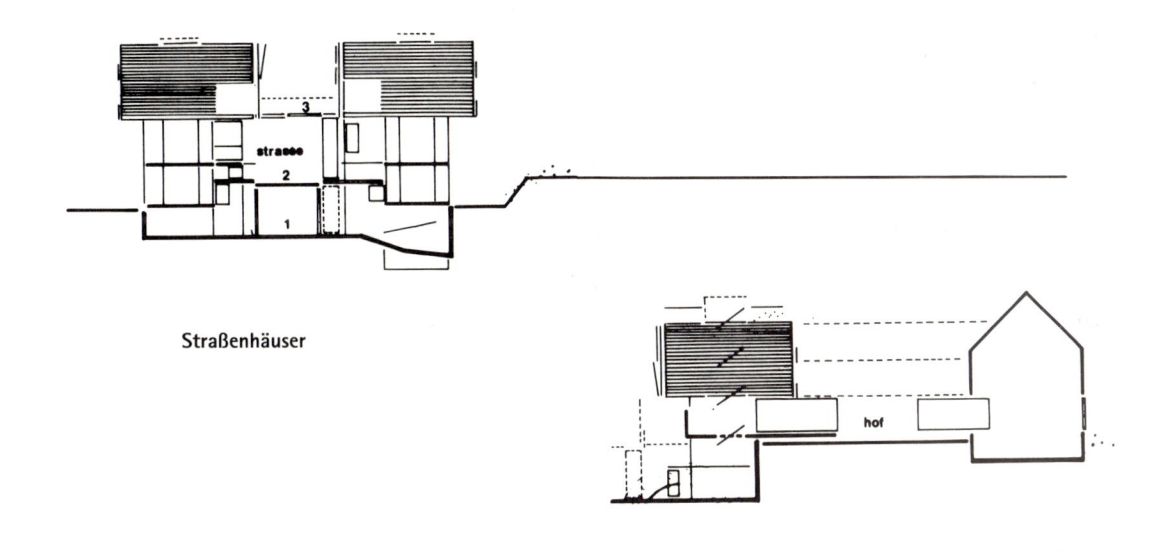

Straßenhäuser

Hofhäuser

The garden city center has been forced further and further towards the city center over the past 100 years. Subsequently, the character of the garden city has become more city-like. The urban concept results from this background.

Both of the two house types have been planned above a subway development which is partially two levels, not only solving the traffic problem but also establishing the subway as a volumetric element. The buildings placed above the subway, with up to 4 stories, skillfully connect interior and exterior spaces. The floor plan areas are dependent upon the existing structures. The concept also suggests exchanging parts of existing buildings with the new design, giving the whole concept a vital function.

The concept which initially seems odd and rigid finds resolution in the complexity of the community and creates exciting spaces for public activities.

Die Gartenstadt ist über den Zeitraum von fast hundert Jahren mehr und mehr ins Zentrum gerückt. Die Gartenstadt ist daher im Charakter mehr der Stadt zuzuordnen. Das ist der Anlass ein städtisches Konzept zu verfolgen.

Die beiden Haustypen sind über einem - teilweise - zweigeschossigem Subway entwickelt der nicht nur die Probleme des ruhenden Verkehrs löst sondern auch als Werk- und Kellerebene funktioniert. Die darüber aufgesetzten - bis viergeschossigen - Häuser verknüpfen geschickt die Innen- und Aussenräume. Die Hausgrößen sind an der vorhandene Baustruktur orientiert. Der Vorschlag daß die vorhandenen Häuser in Teilen auch durch neue ausgetauscht werden könnten gibt dem Gesamtkonzept eine vitale Wendung.

Das zunächst rigide anmutende Konzept löst sich an den `Knicken´ der Siedlung auf und läßt spannungsvolle Räume für öffentliche Aktivitäten entstehen.

84

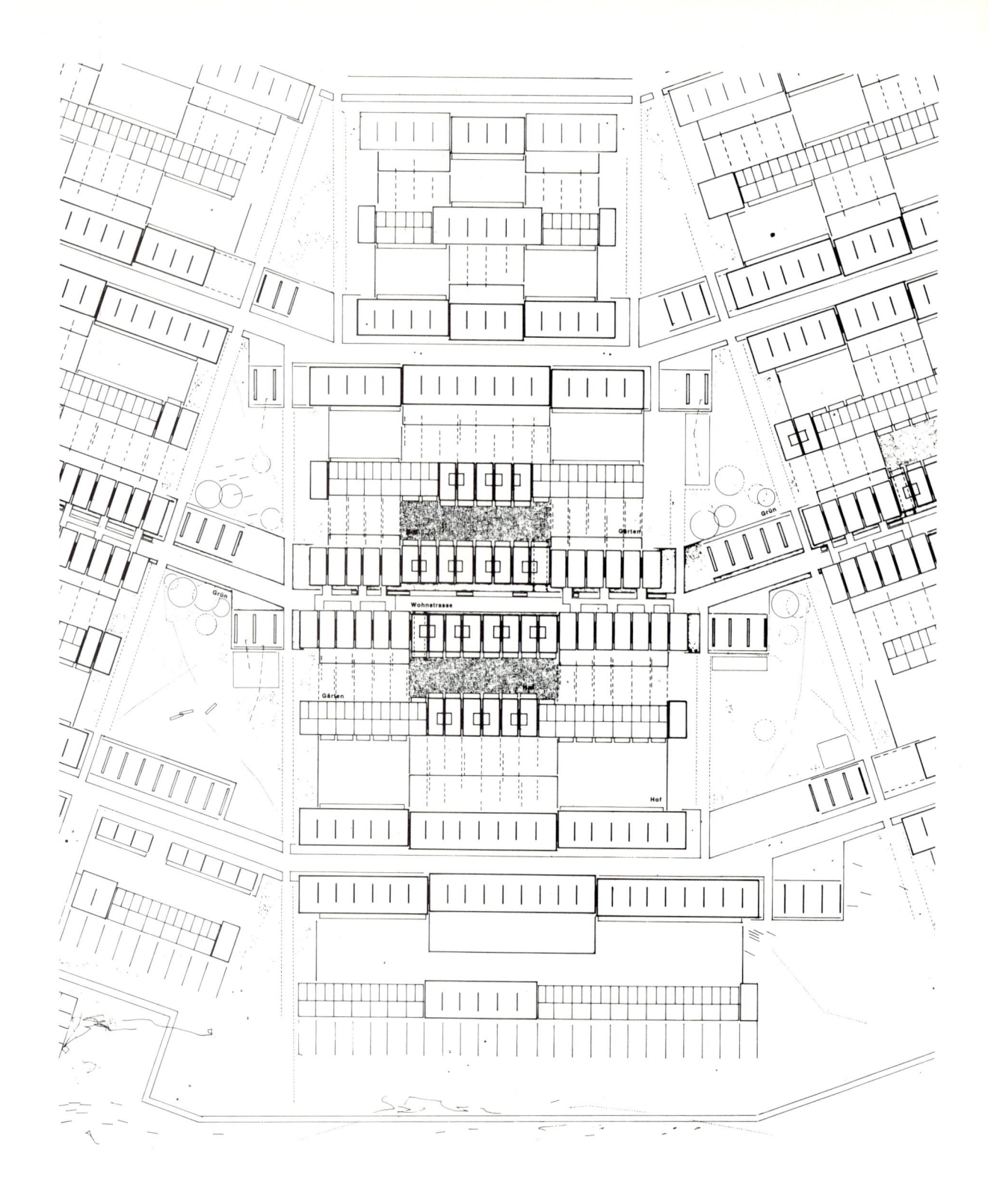

M 1/1500

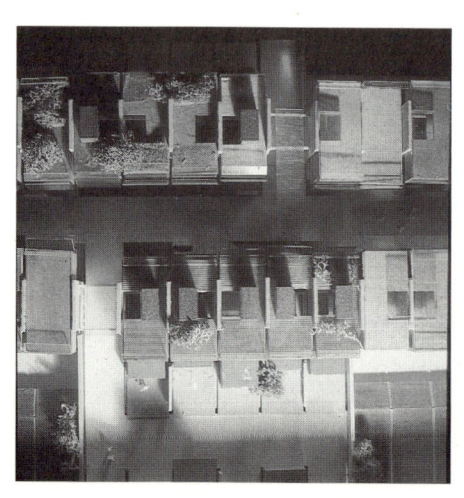

85

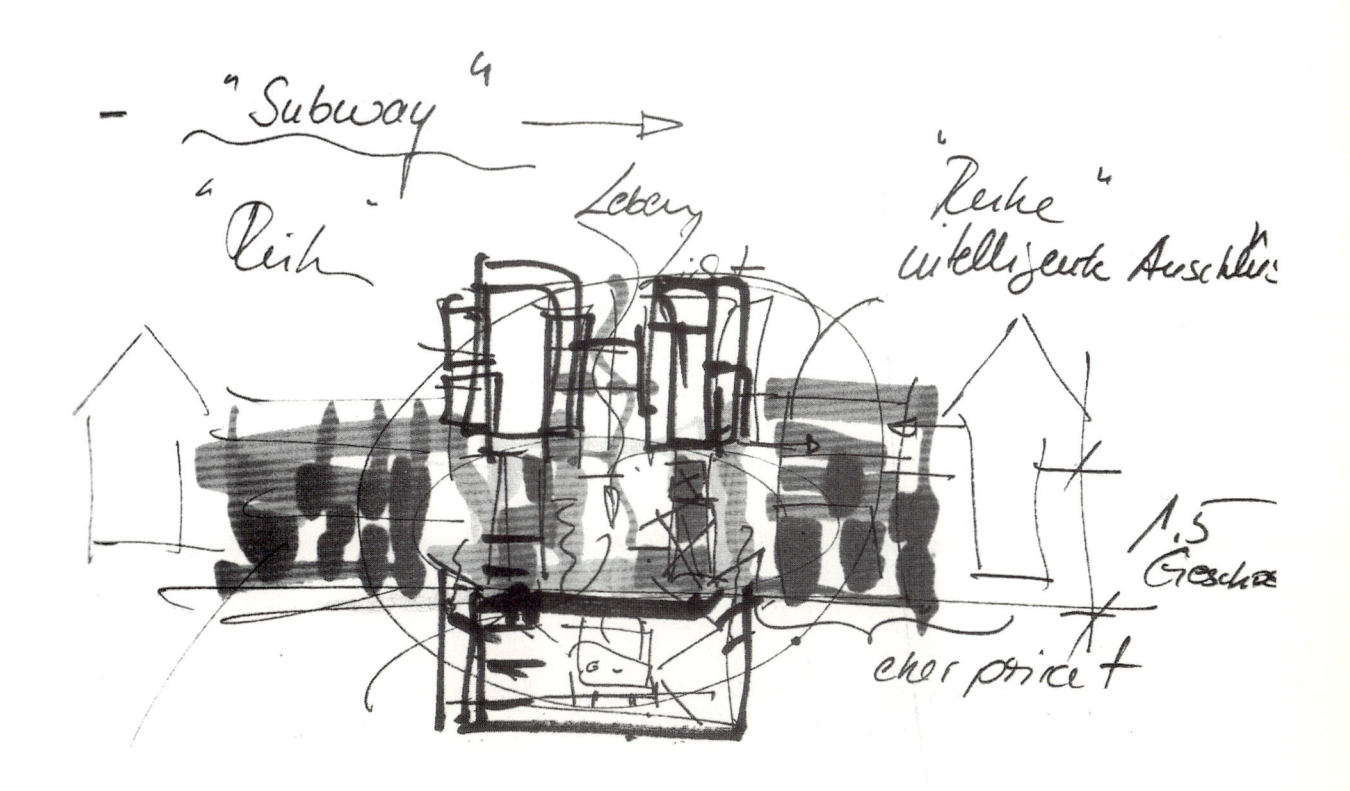

86

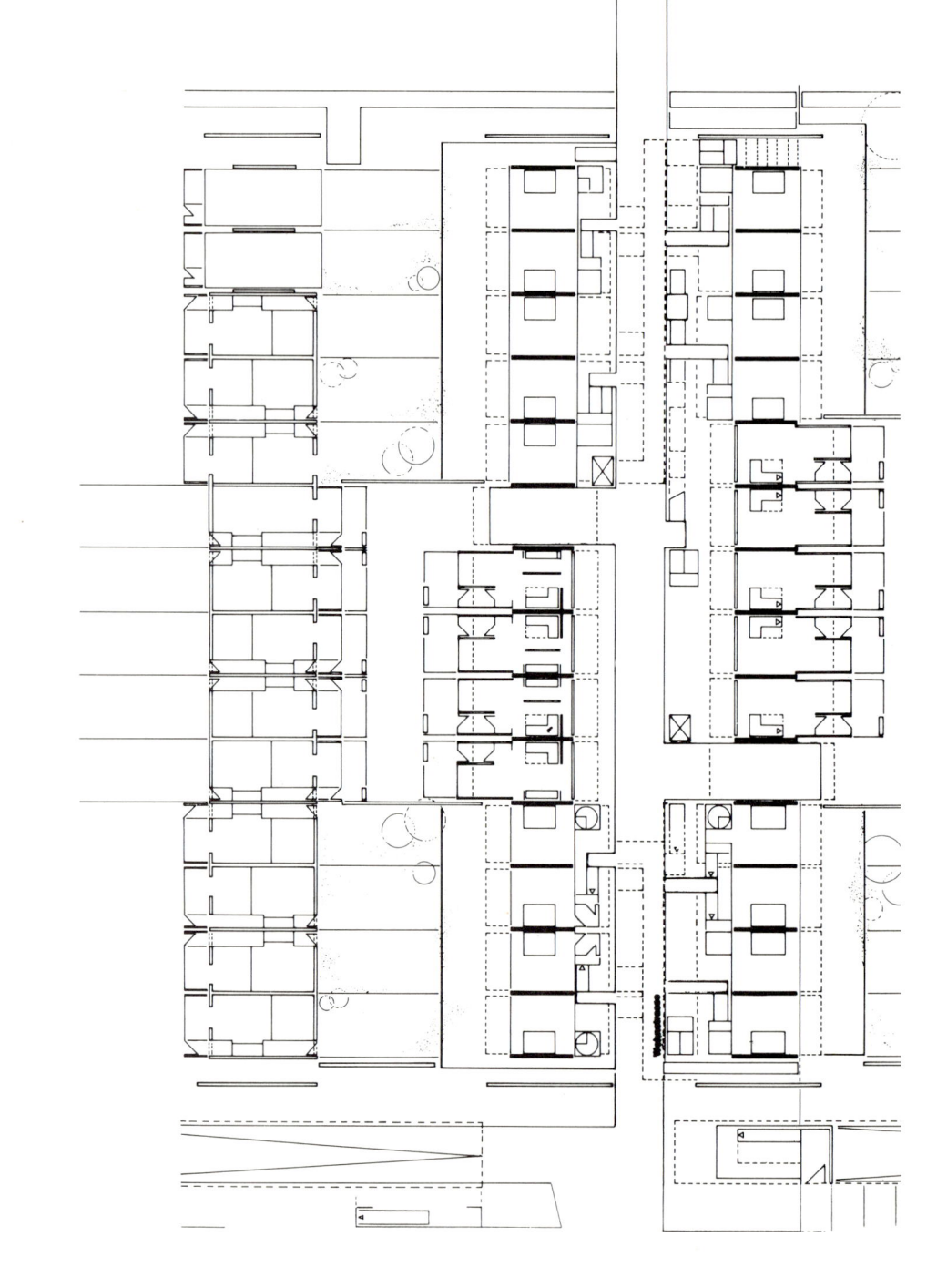

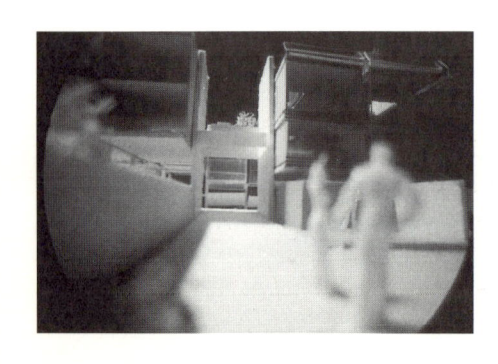

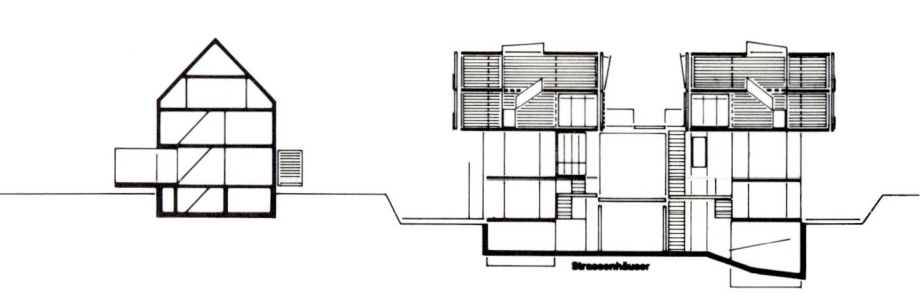

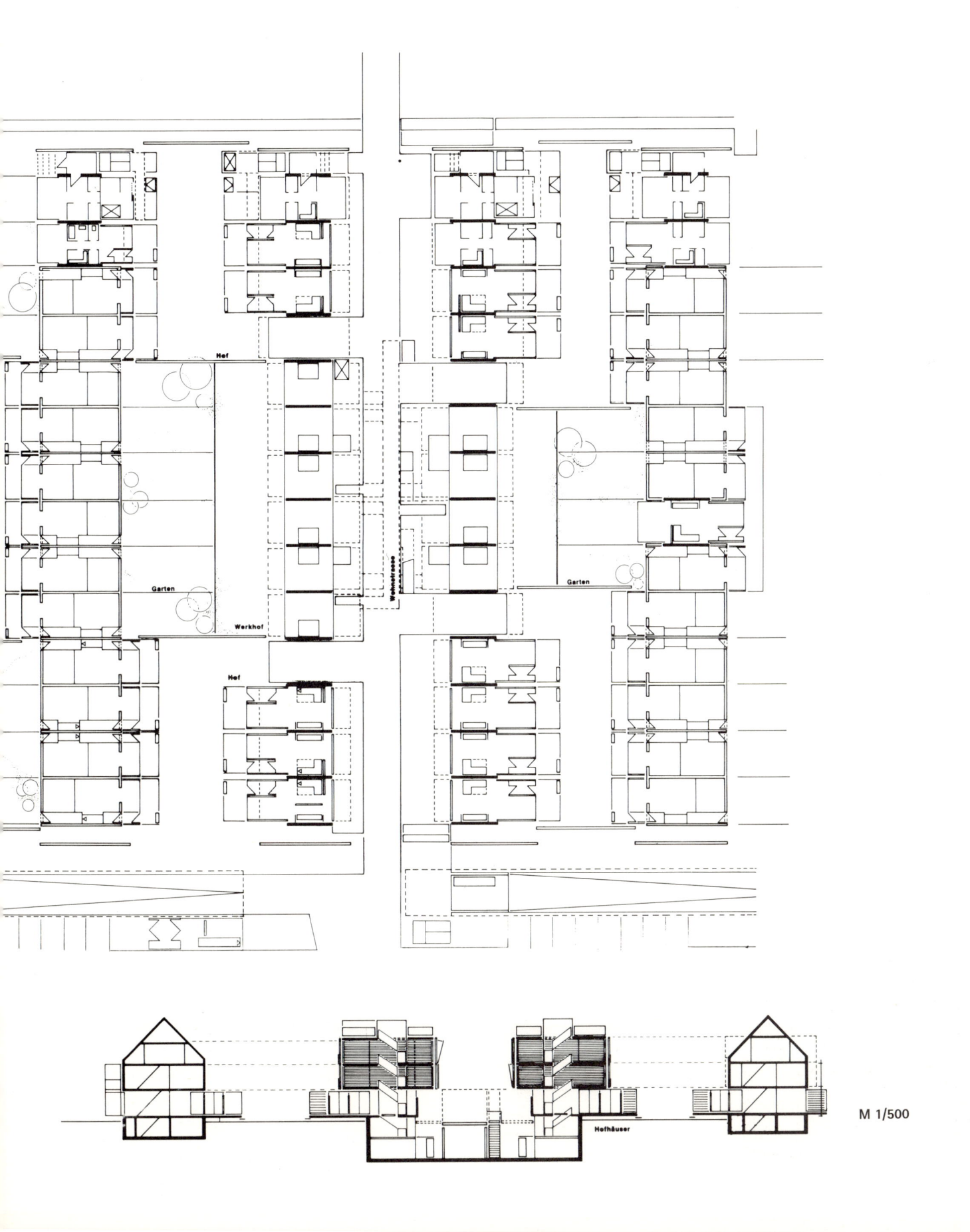

M 1/500

Hofhaus	Parken ——————————— Keller ——————————— Ebene Hof

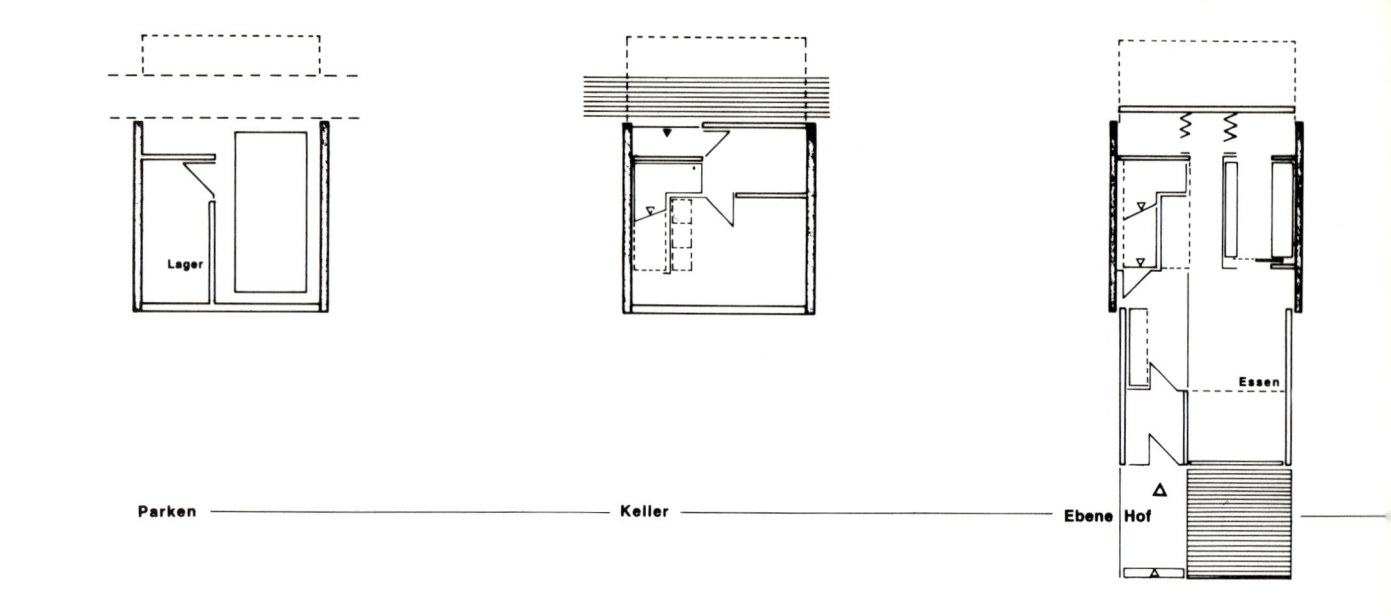

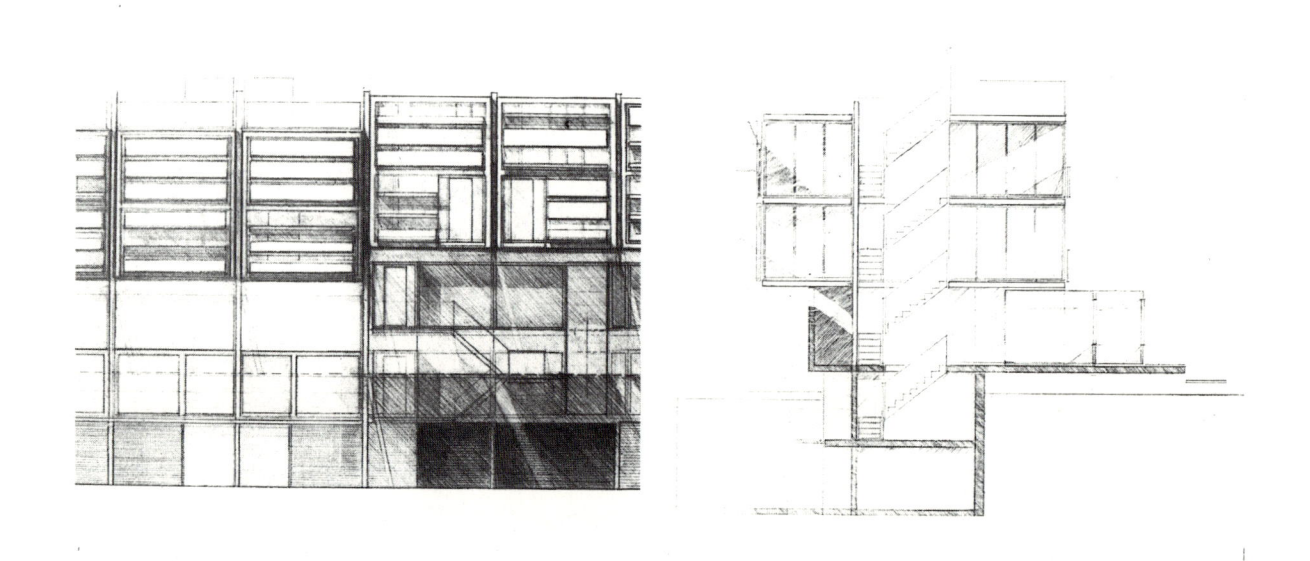

Straßenhaus	Untere Ebenen ··

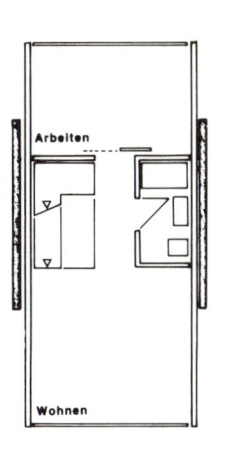

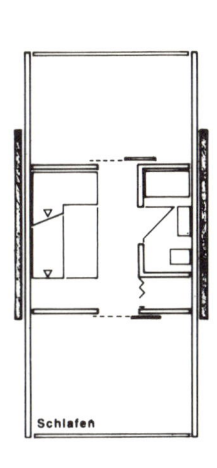

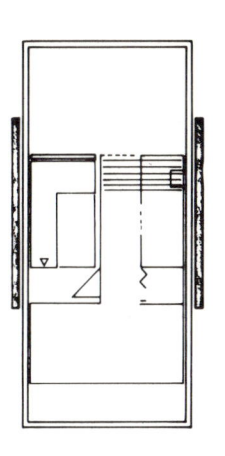

| Eben 1 | Ebene 2 | Dachterrasse |

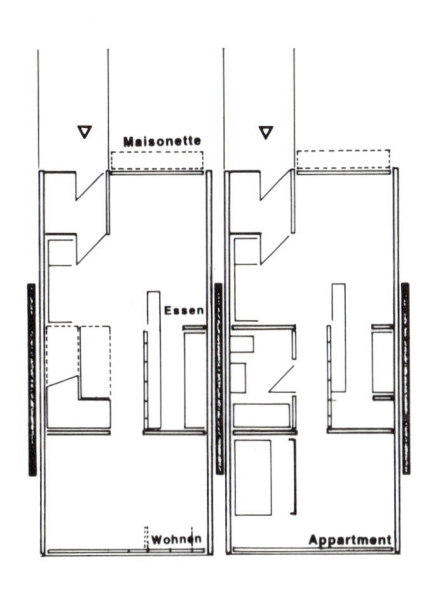

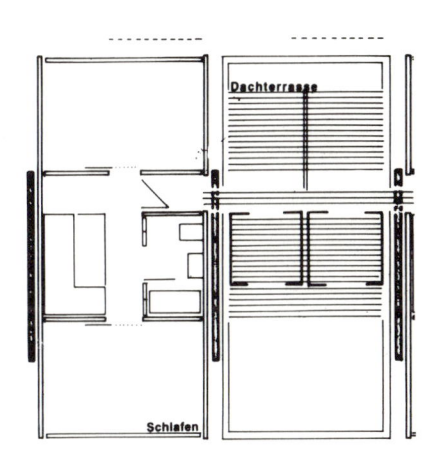

Arbeiten — Wohnen | Schlafen

| Ebene 1 1/2 | Ebene 2 1/2 | M 1/200

Maisonette — Essen — Wohnen — Appartment

Dachterrasse — Schlafen

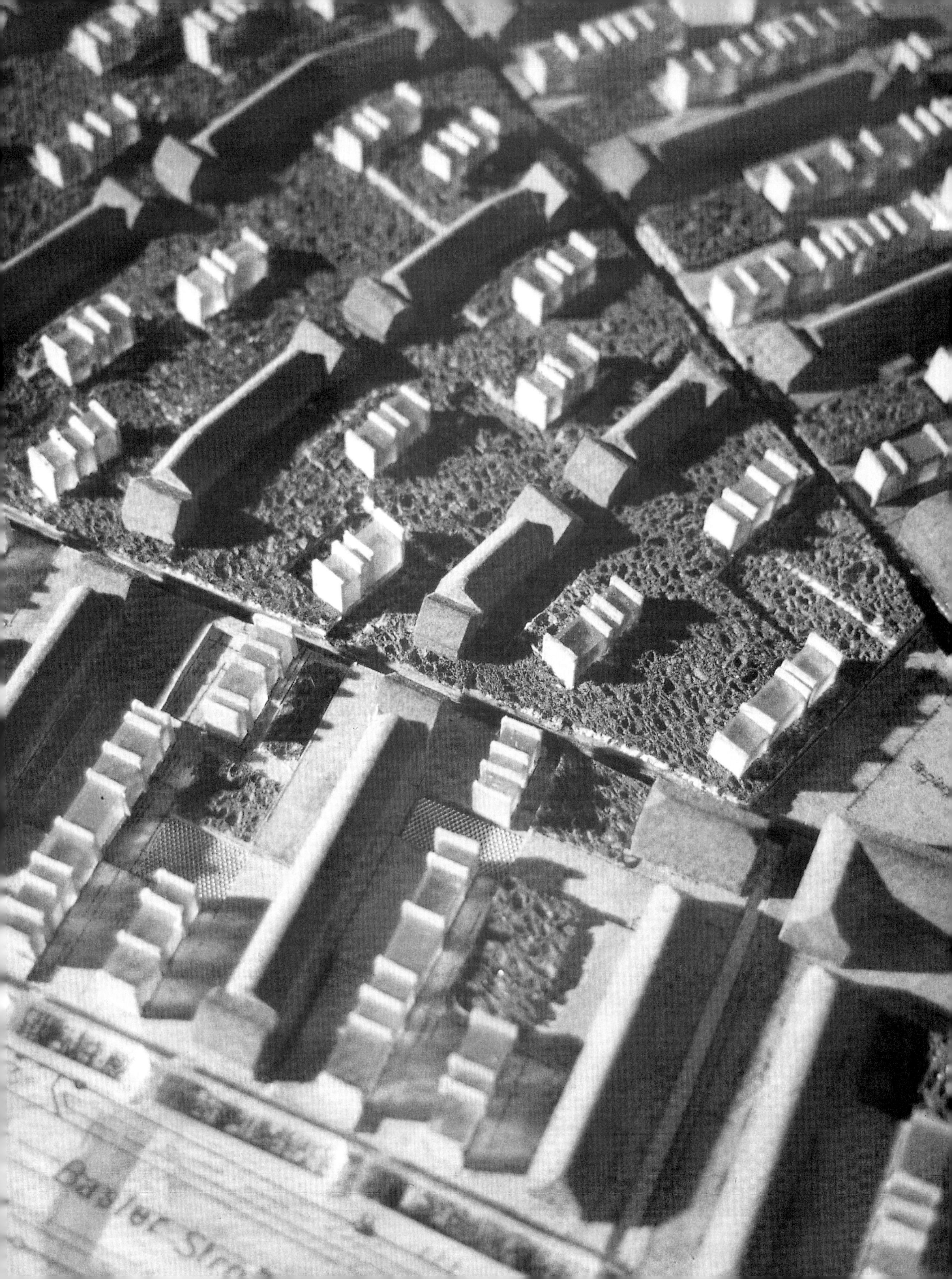
Basler

Stefan Kornwinkel

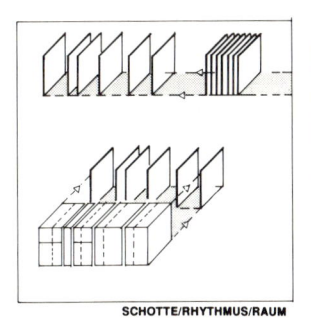

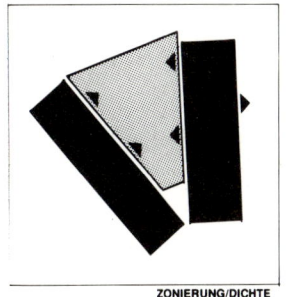

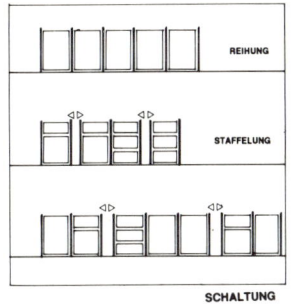

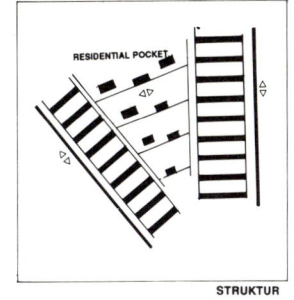

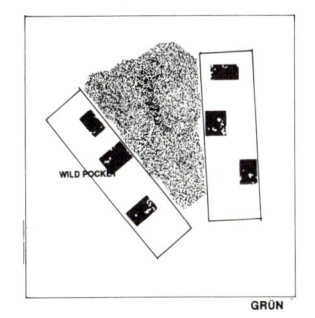

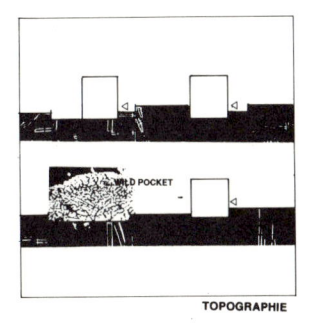

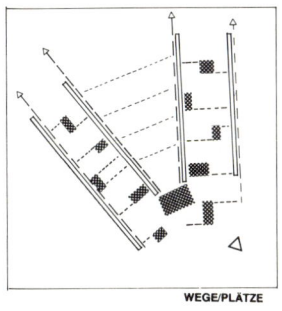

SCHOTTE/RHYTHMUS/RAUM	ZONIERUNG/DICHTE
REIHUNG / STAFFELUNG / SCHALTUNG	STRUKTUR
	GRÜN
TOPOGRAPHIE	WEGE/PLÄTZE

The location plan has been divided into two different areas: high density on the bordering areas and a medium density green space in the center. The terrain therefore, organises the free spaces. Transportation systems planned subterraneously exhibit no visible added advantage. The new block developments are designed with varying checkered spaces that also organise new housing types.

Das Gebiet wird in zwei verschiedene Bereiche aufgeteilt: hochverdichtet an den Rändern und eine grüne Mitte mit weniger Verdichtung. Die Geländemodellierungen ordnen dabei die Freiräume. Der Verkehr wird in die untere Ebene verlegt ohne daß dabei sichtbare Vorteile gewonnen werden. Die neue Zeilenbebauung wird mit unterschiedlichen Schottenabständen, die auch die Haustypen bestimmen neu geordnet.

92

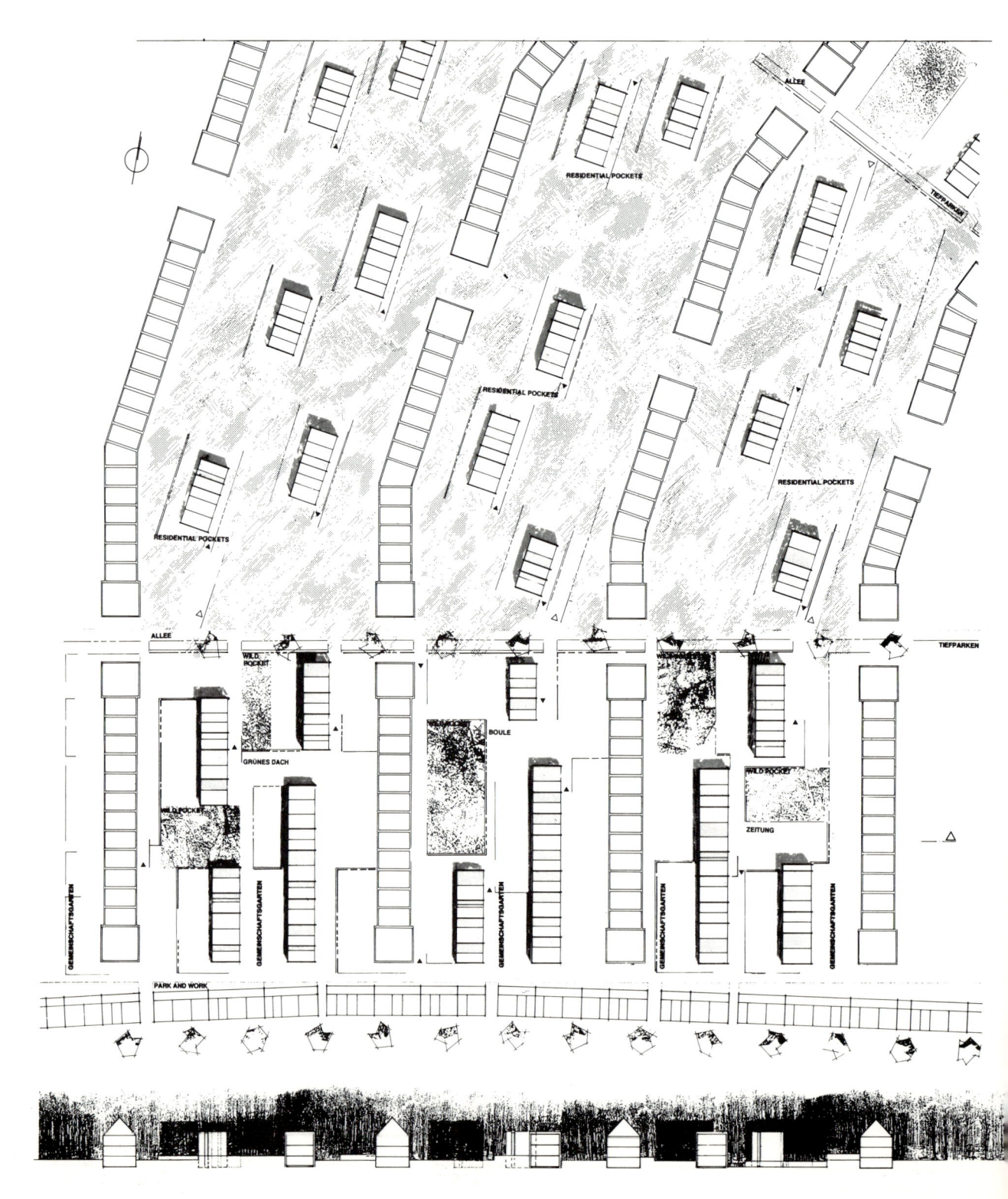

M 1/1500

Ebene +1.40
M 1/500

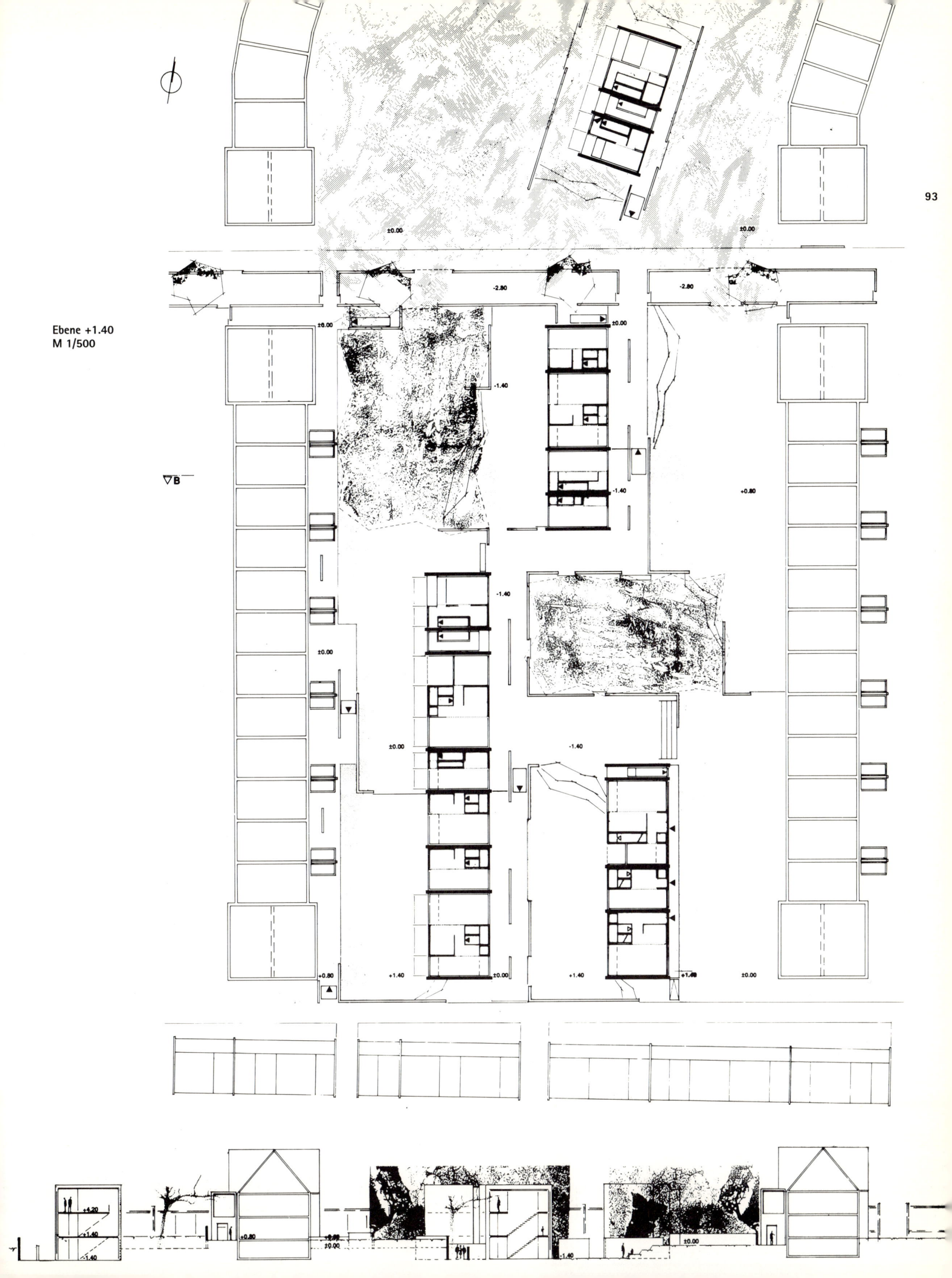

94

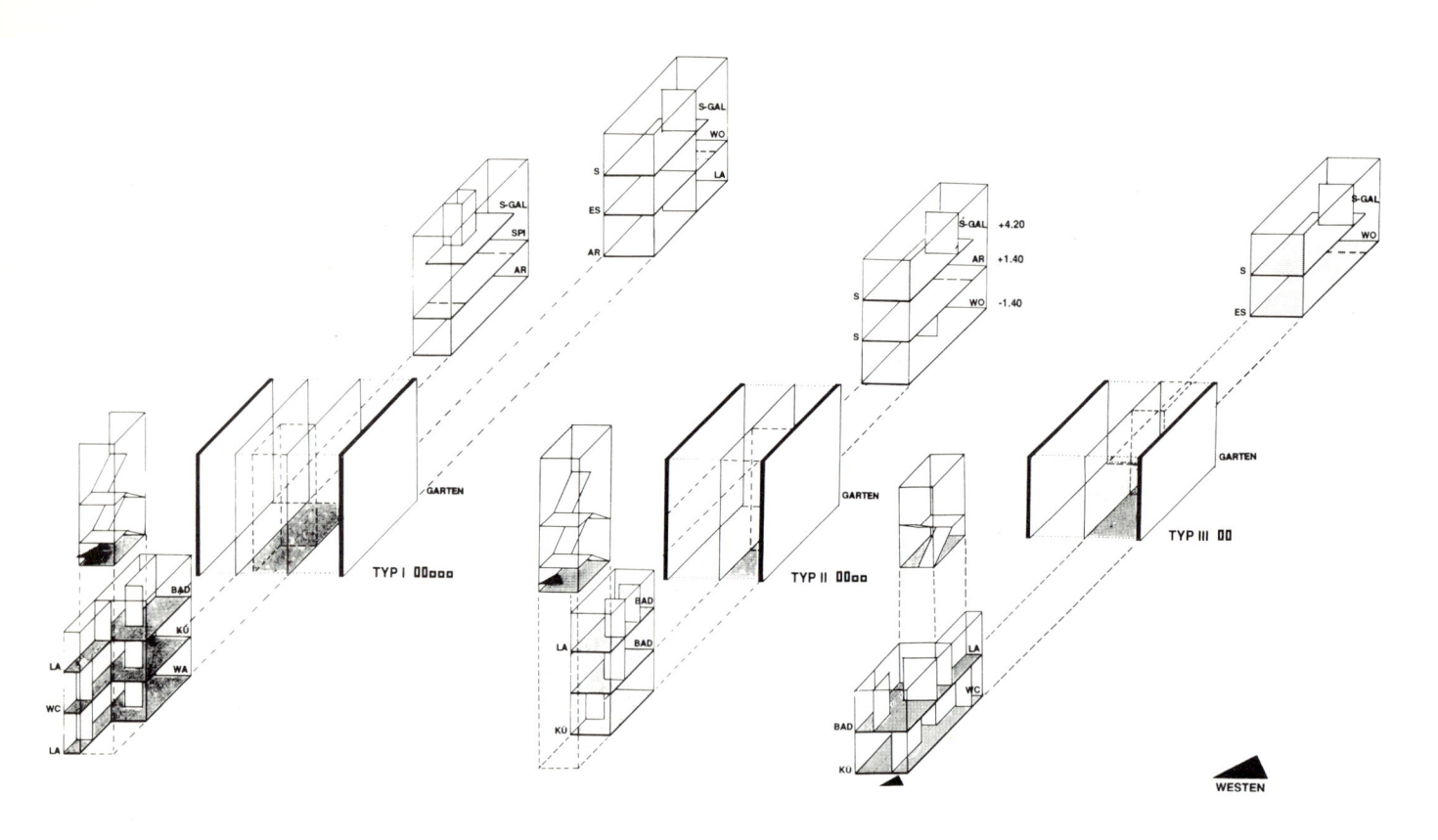

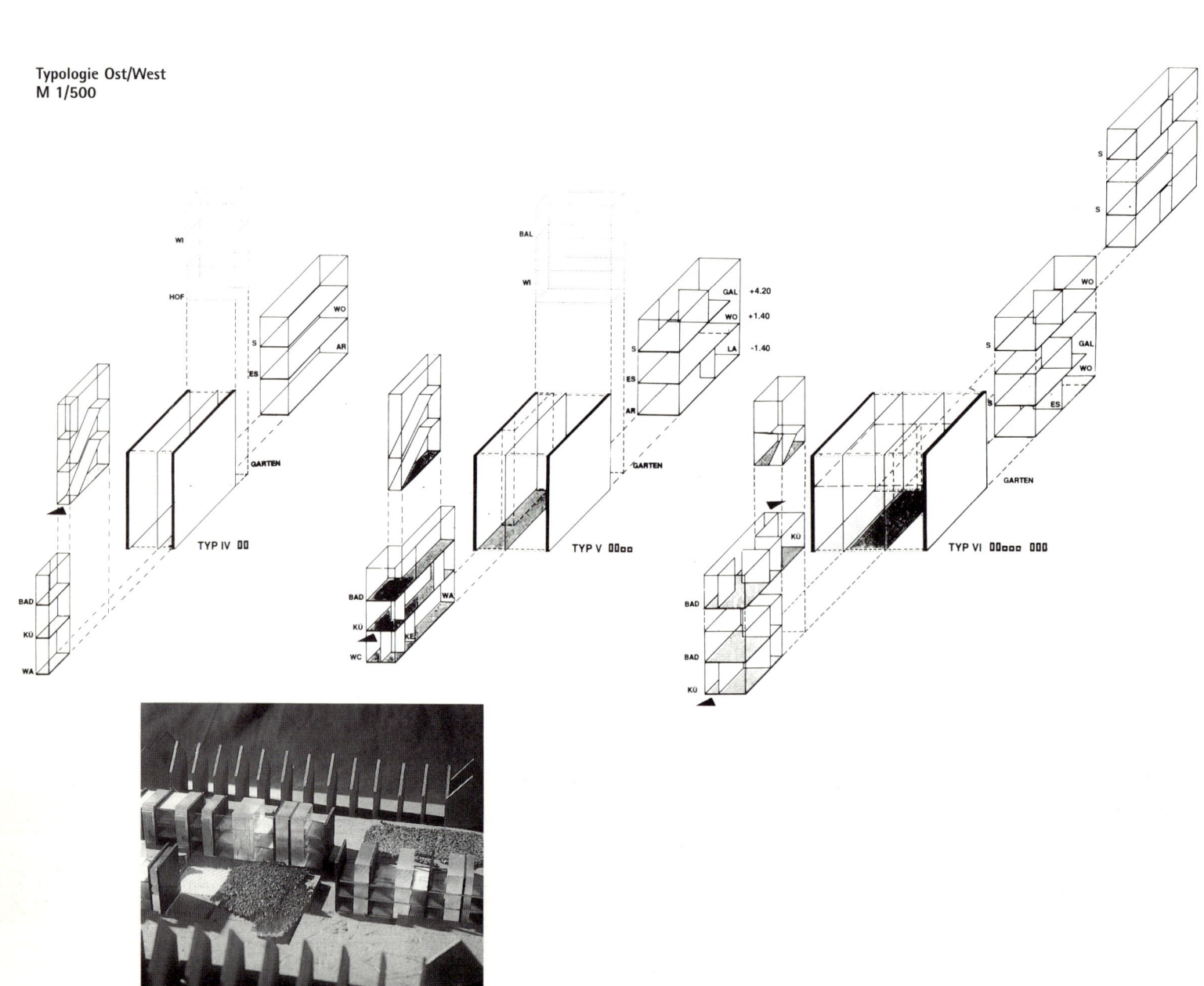

Typologie Ost/West
M 1/500

Ebene + 4.20
M 1/500

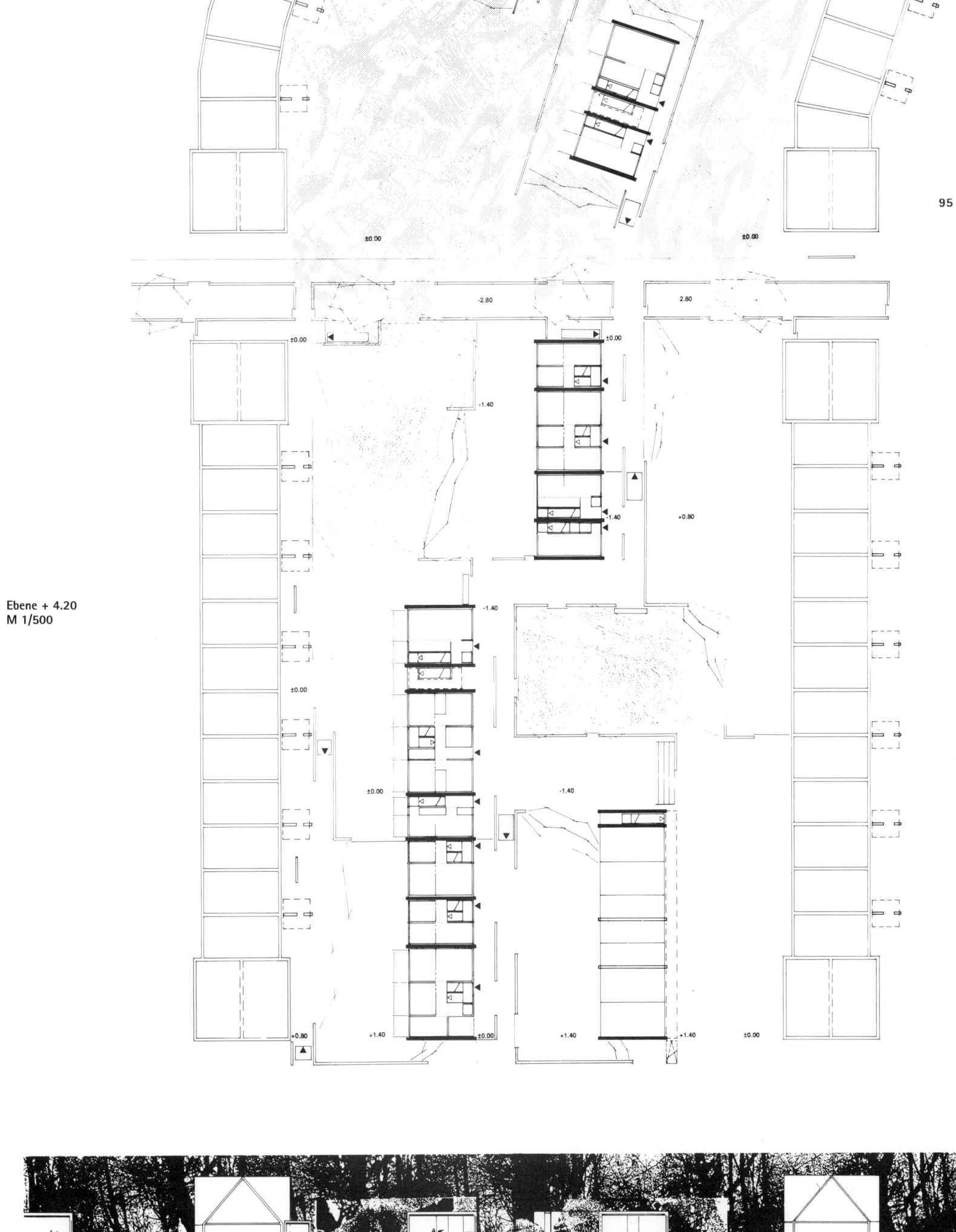

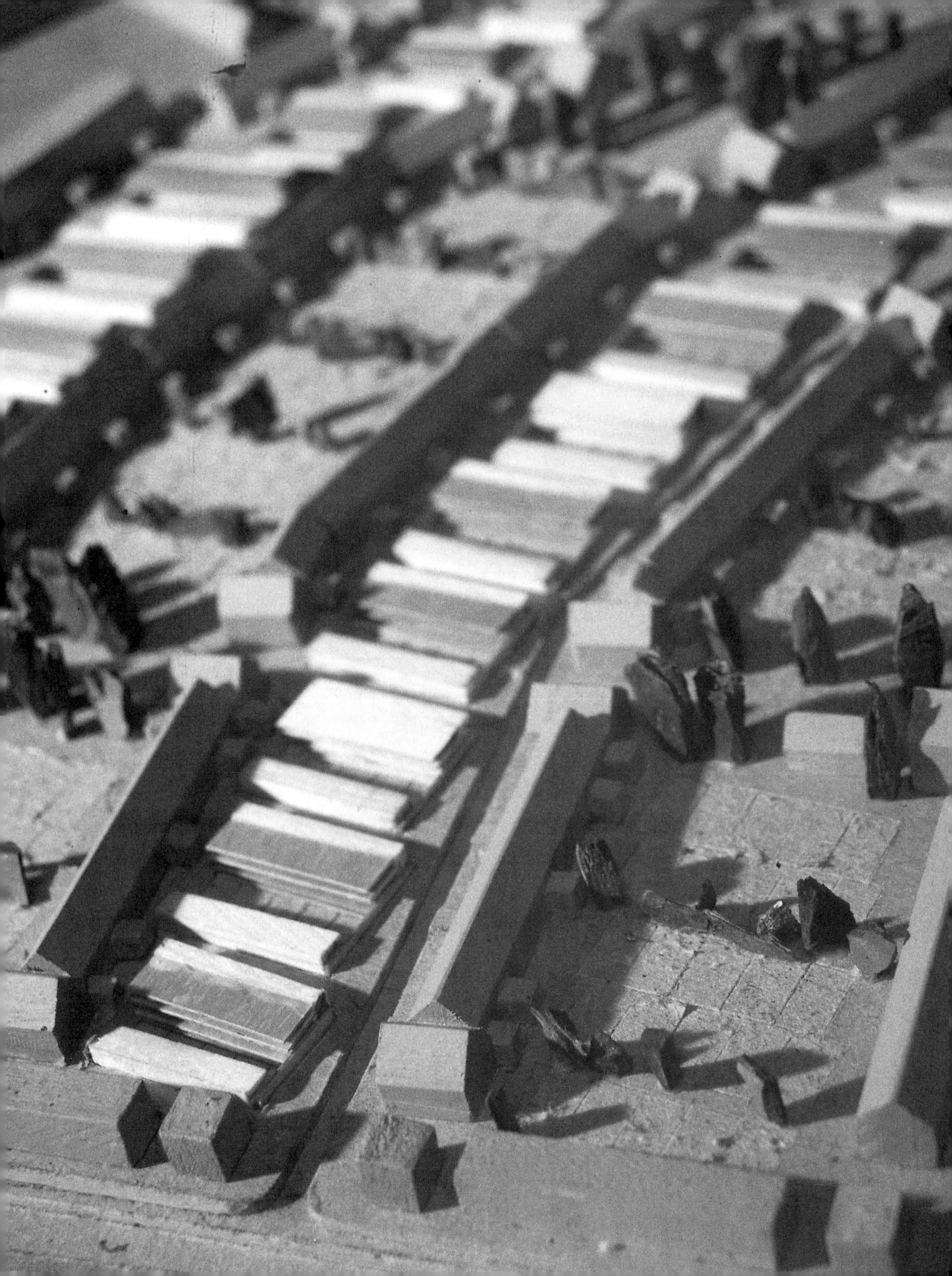

Monika Kreutzer

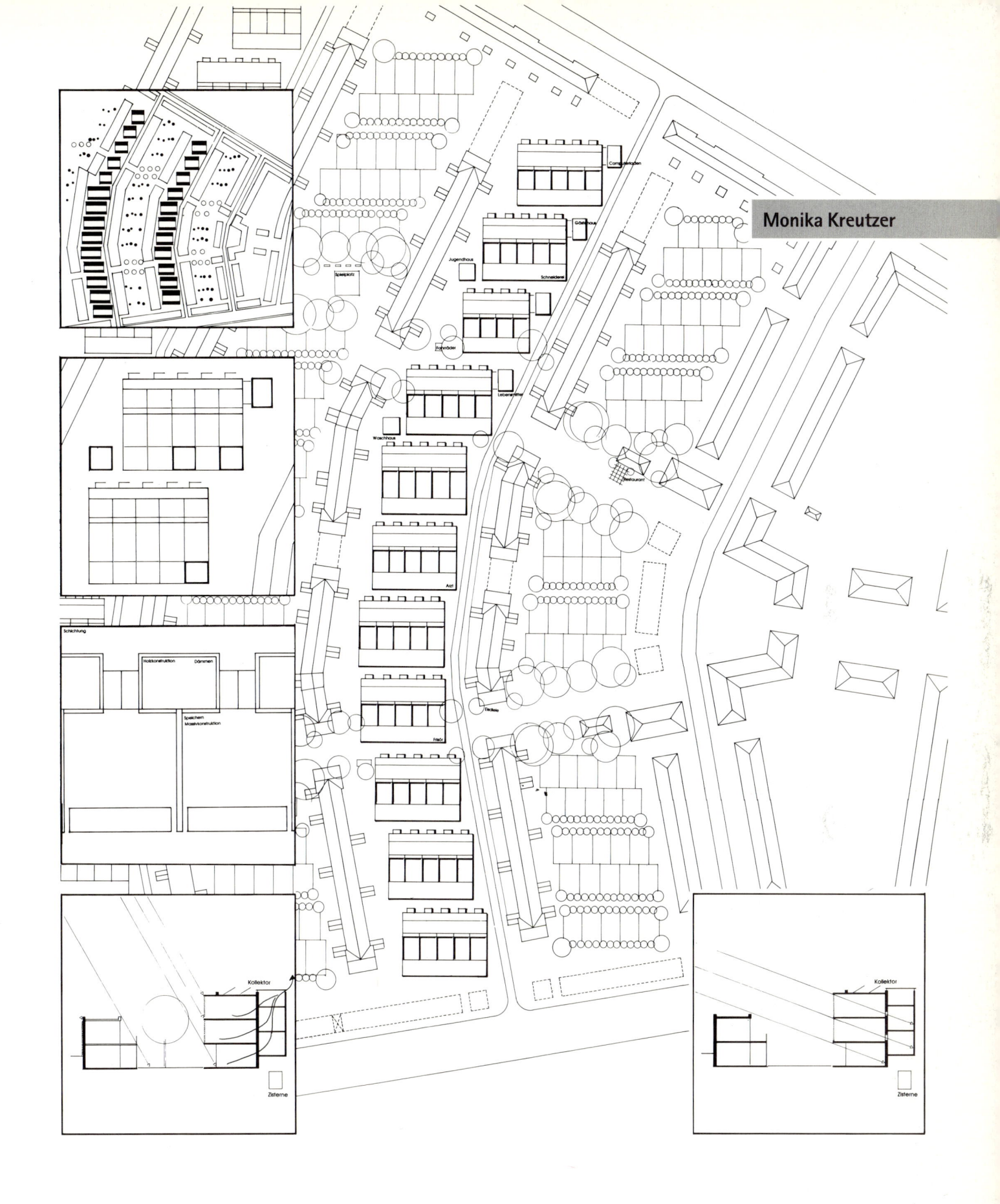

The restructuring of the community has been determined upon cardinal direction. The new buildings have been given a southern orientation. The previous access areas have been used in increasing population density. The yard areas have also been ordered upon cardinal direction.

Die Neustrukturierung der Gartenstadt wird von der Himmelsrichtung bestimmt. Dabei wird für die Neubauten einer Südausrichtung der Gebäude den Vorzug gegeben. Die ehemaligen Erschließungsbereiche werden für die Verdichtung herangezogen. Die Gartenbereiche werden ebenfalls nach der Himmelrichtung neu ausgerichtet.

Kindergarten   Wohnen Einkaufe

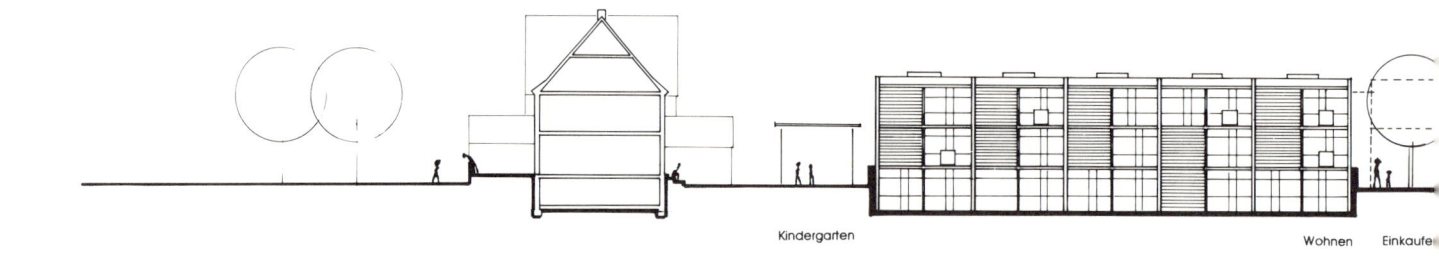

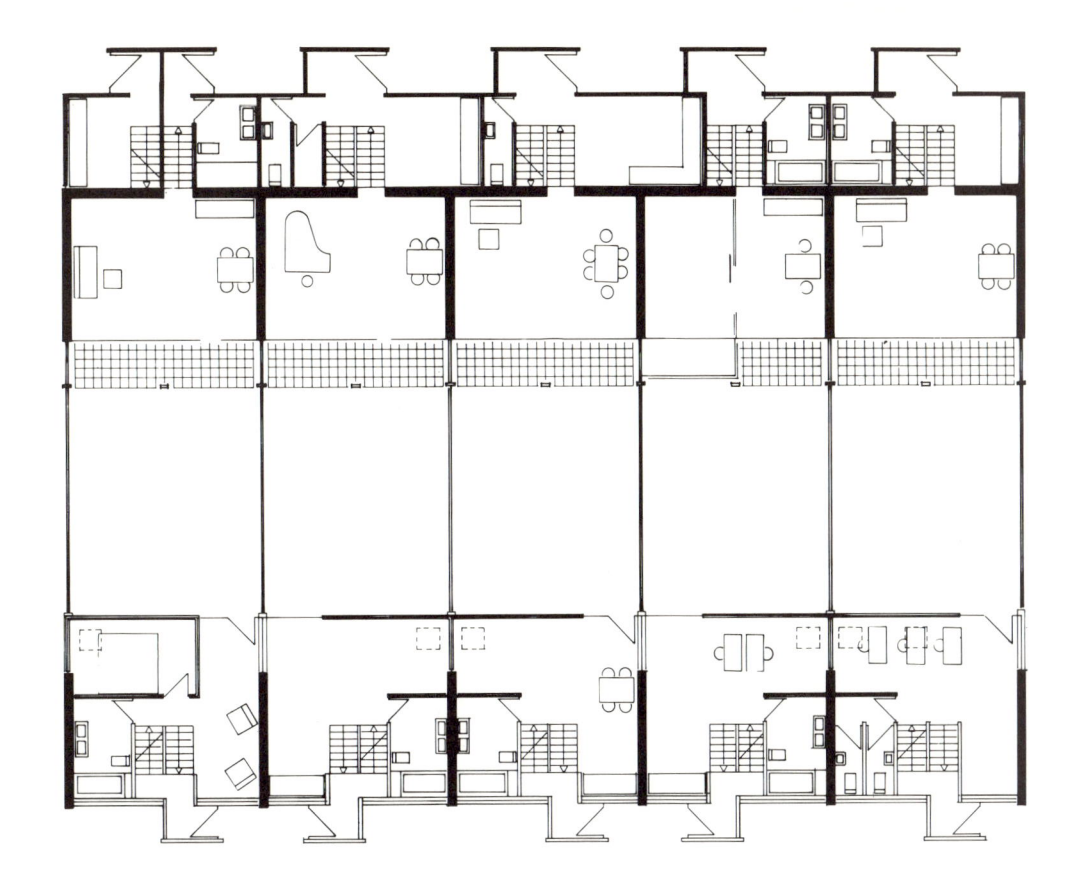

EG

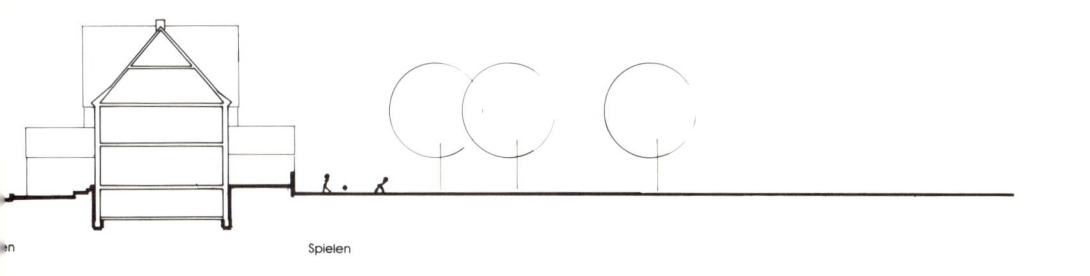

Spielen

M 1/500

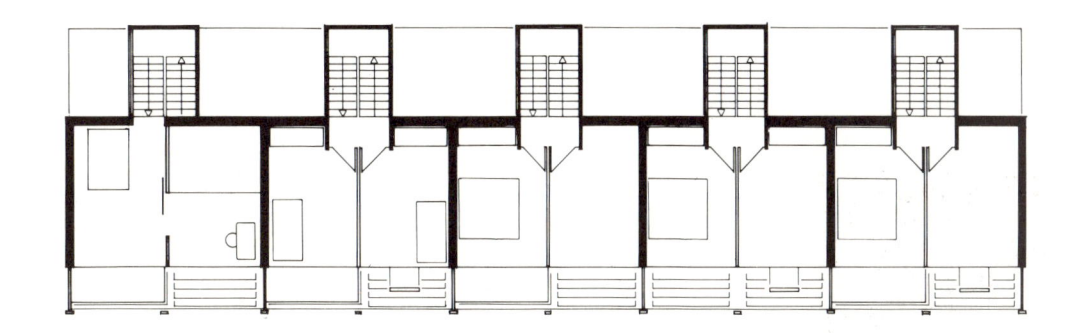

2. OG
großes Haus

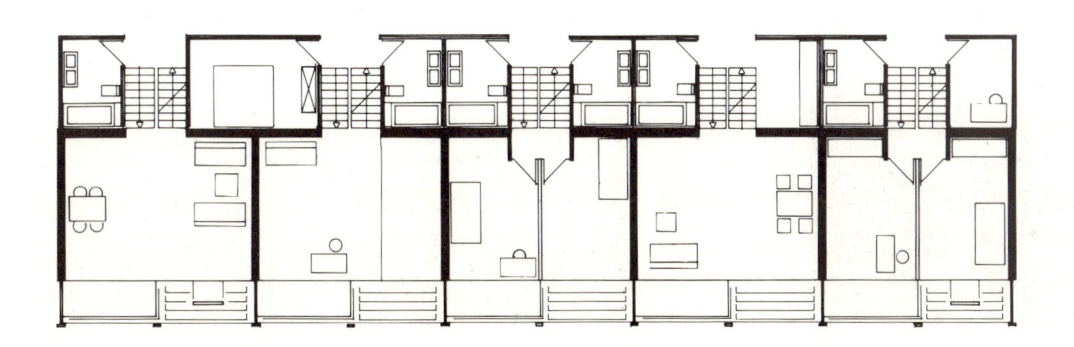

1. OG
großes Haus

99

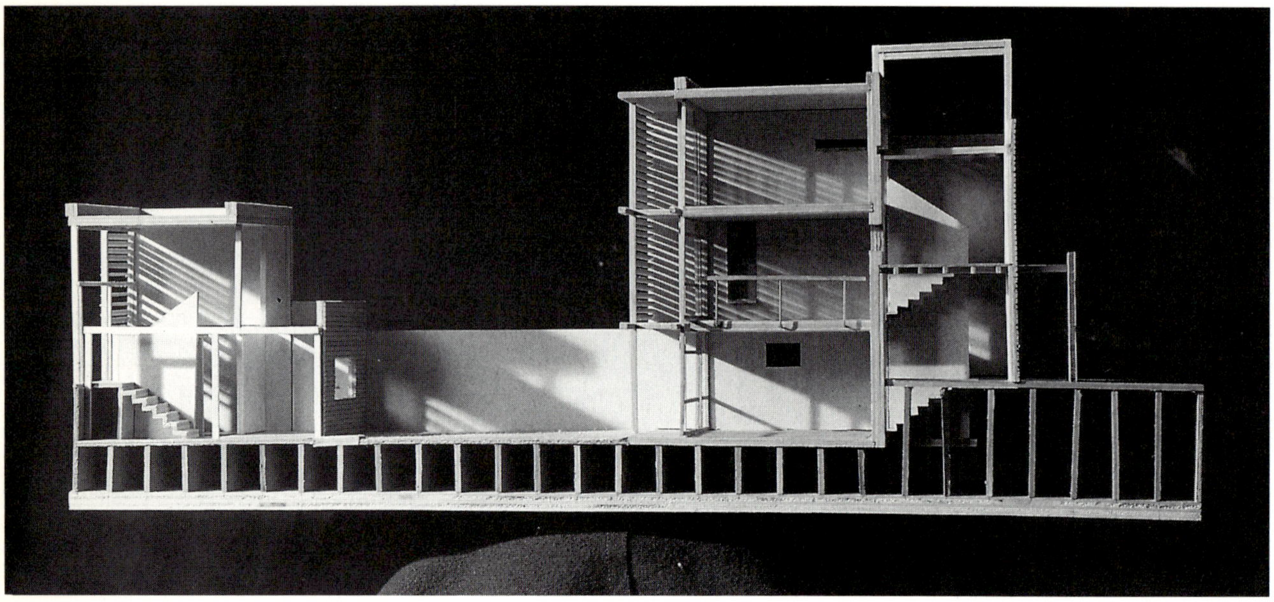

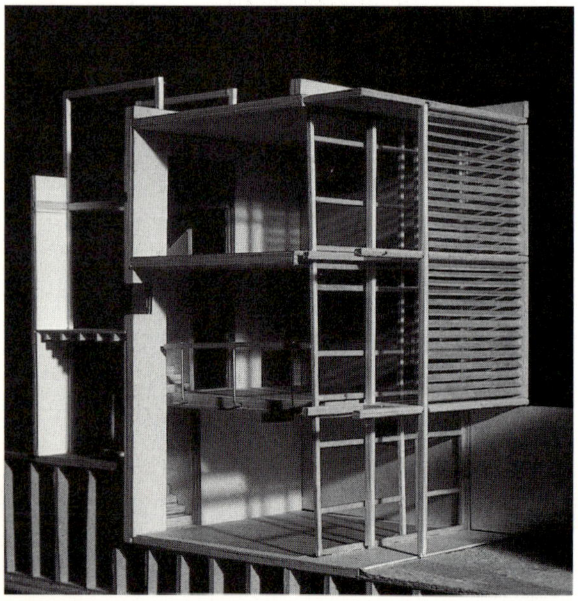

M 1/500

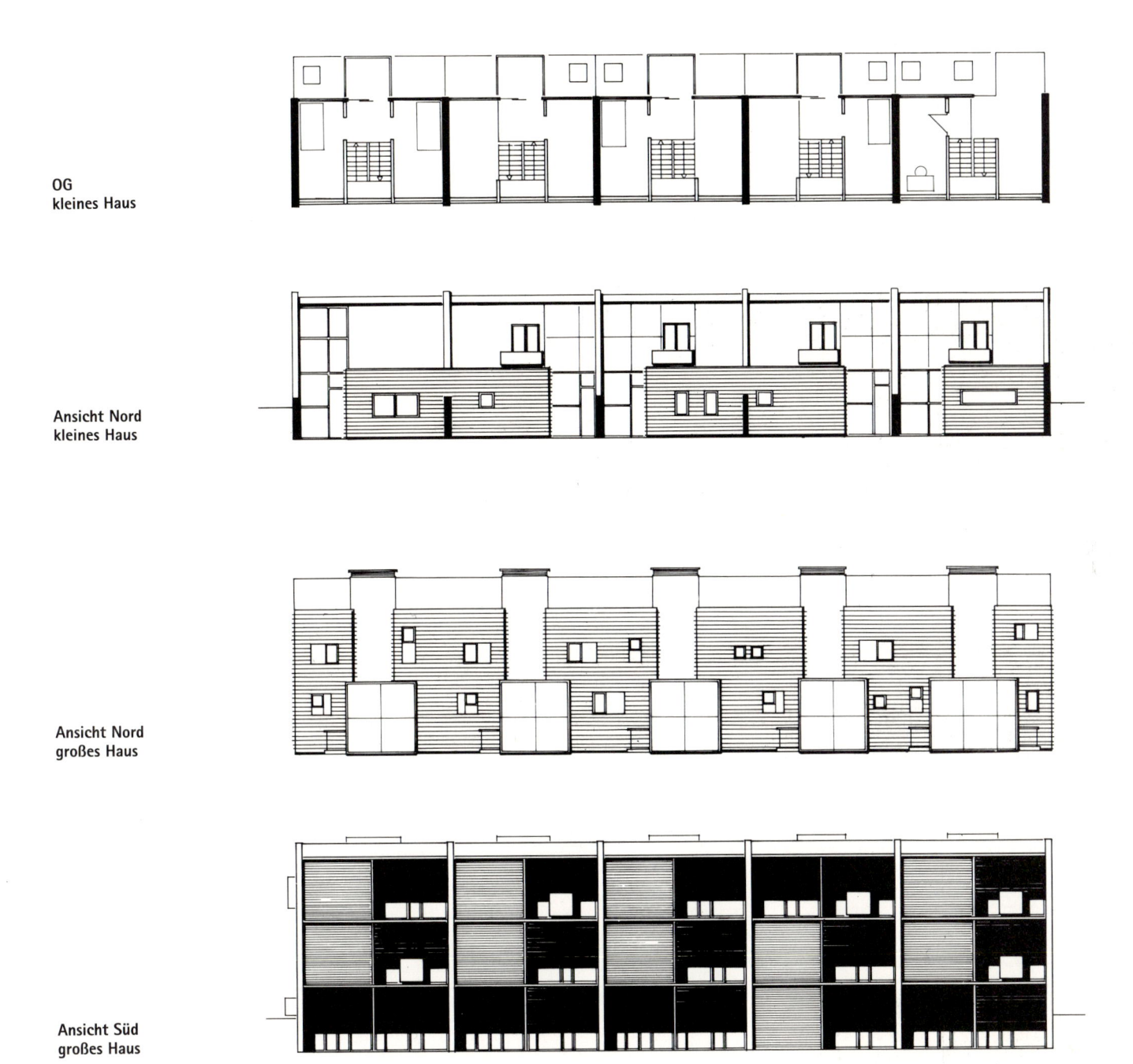

101

OG
kleines Haus

Ansicht Nord
kleines Haus

Ansicht Nord
großes Haus

Ansicht Süd
großes Haus

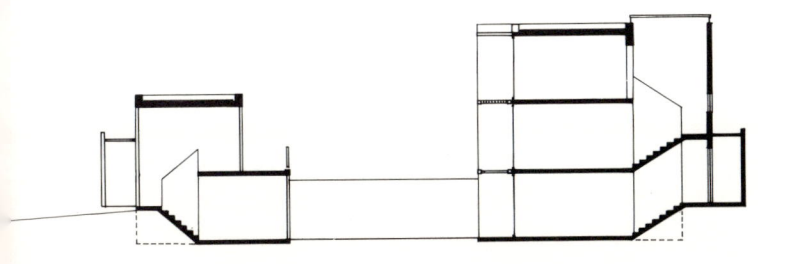

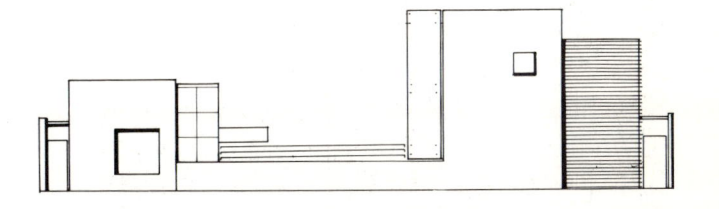

Ansicht Ost

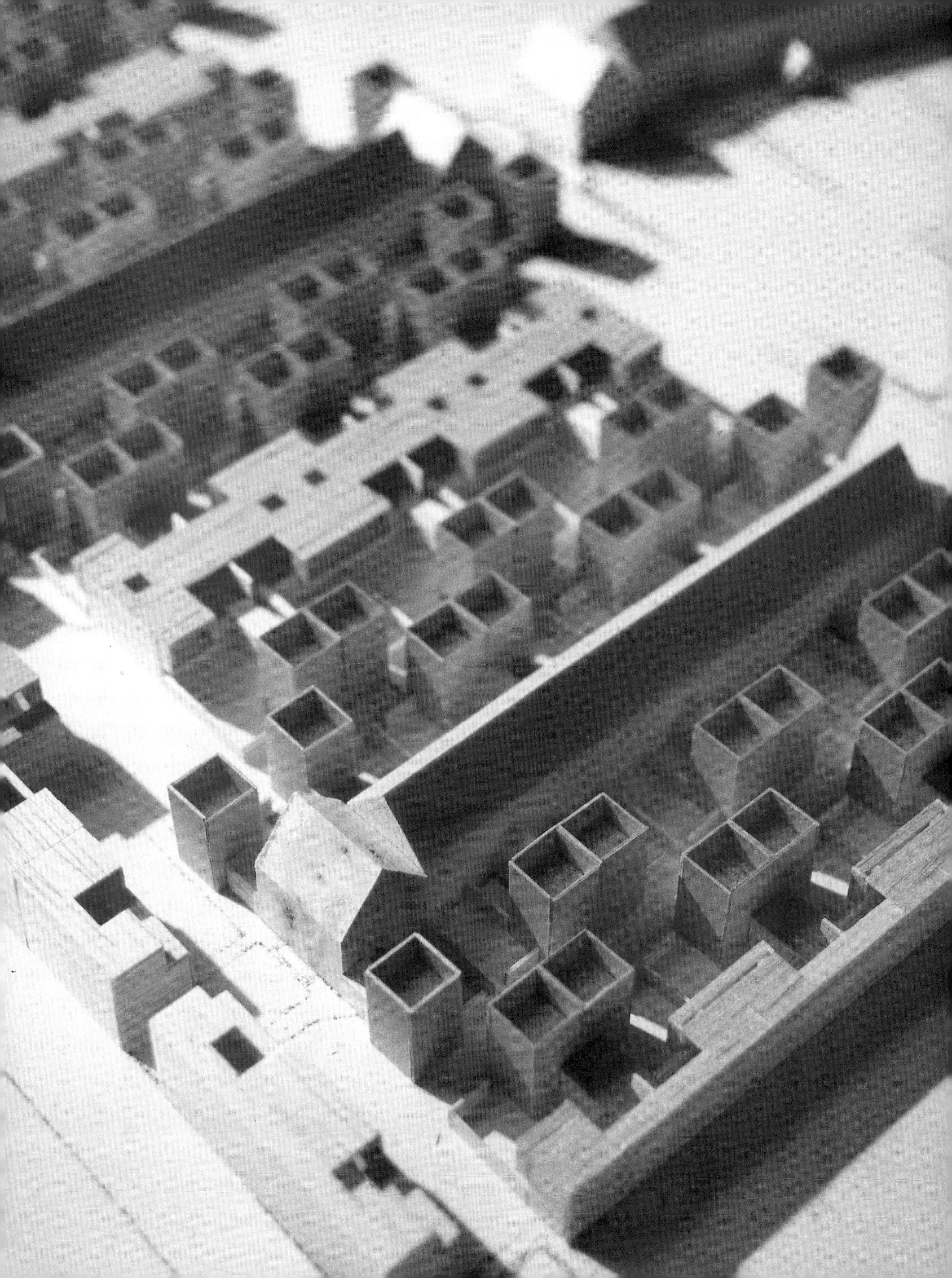

Ulf Möwes

Typ A

Typ C

Typ E

A high density building principle enables the development of new possibilities for the existing structures. An upgraded quality in living spaces is accomplished through the creation of private outer zones included in the existing structure plan. The high density is compensated for by the free areas at the corner points of the development; exterior space is correspondingly reduced. The structural composition is made lively through high density development. Yard spaces and roof terraces are spatially connected spanning several levels creating imaginitive single-family house types. The inclusion of the existing structures in the expanded structure is an integral part of the concept.

Ein Verdichtungsprinzip, das dem Bestand neue Möglichkeiten einräumt. Durch die Schaffung von geschützten privaten Außenräumen unter Einbeziehung der vorhandenen Struktur wird eine gleichmäßig aufgewertete Wohnqualität erzielt. Die hohe Verdichtung wird ergänzt durch Freibereiche an den Siedlungseckpunkten, die Außenräume sind wechselseitig verschränkt. Die baukörperliche Komposition erreicht bei aller Verdichtung eine hohe Lebendigkeit. Gärten und Dachterrassen verknüpfen sich mit Räumen über mehrere Geschosse zu räumlich fantasievollen Einfamilienhaustypologien. Dabei ist die Einbeziehung der vorhandenen Altbauten in eine Erweiterungsstruktur ein wichtiger Beitrag.

Typ A
M 1/300

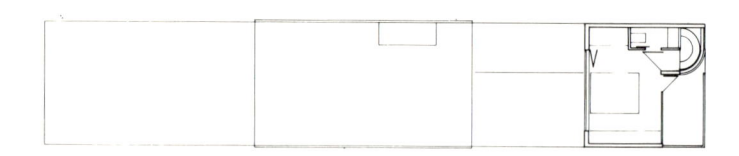

dach

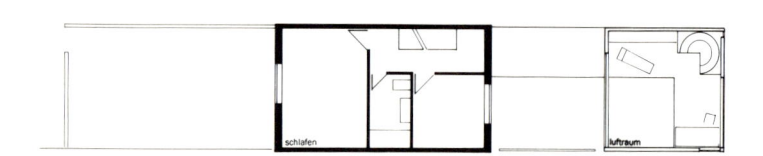

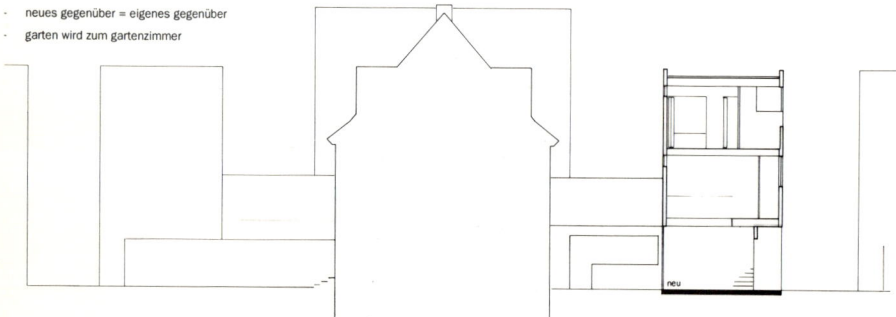

ebene 1

ebene 0

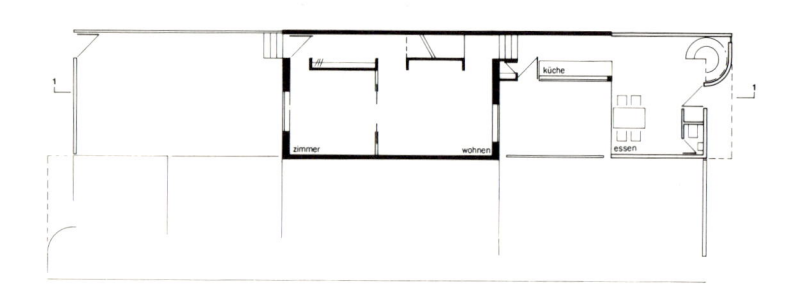

typ A (bestand)/ eigenschaften

- zwei eingänge - zwei erschließungswege
- mögliche abtrennbarkeit der wohneinheiten (zwei eingänge)
- "durchwohnen"
- neues gegenüber = eigenes gegenüber
- garten wird zum gartenzimmer

Typ E
M 1/300

105

ebene 2

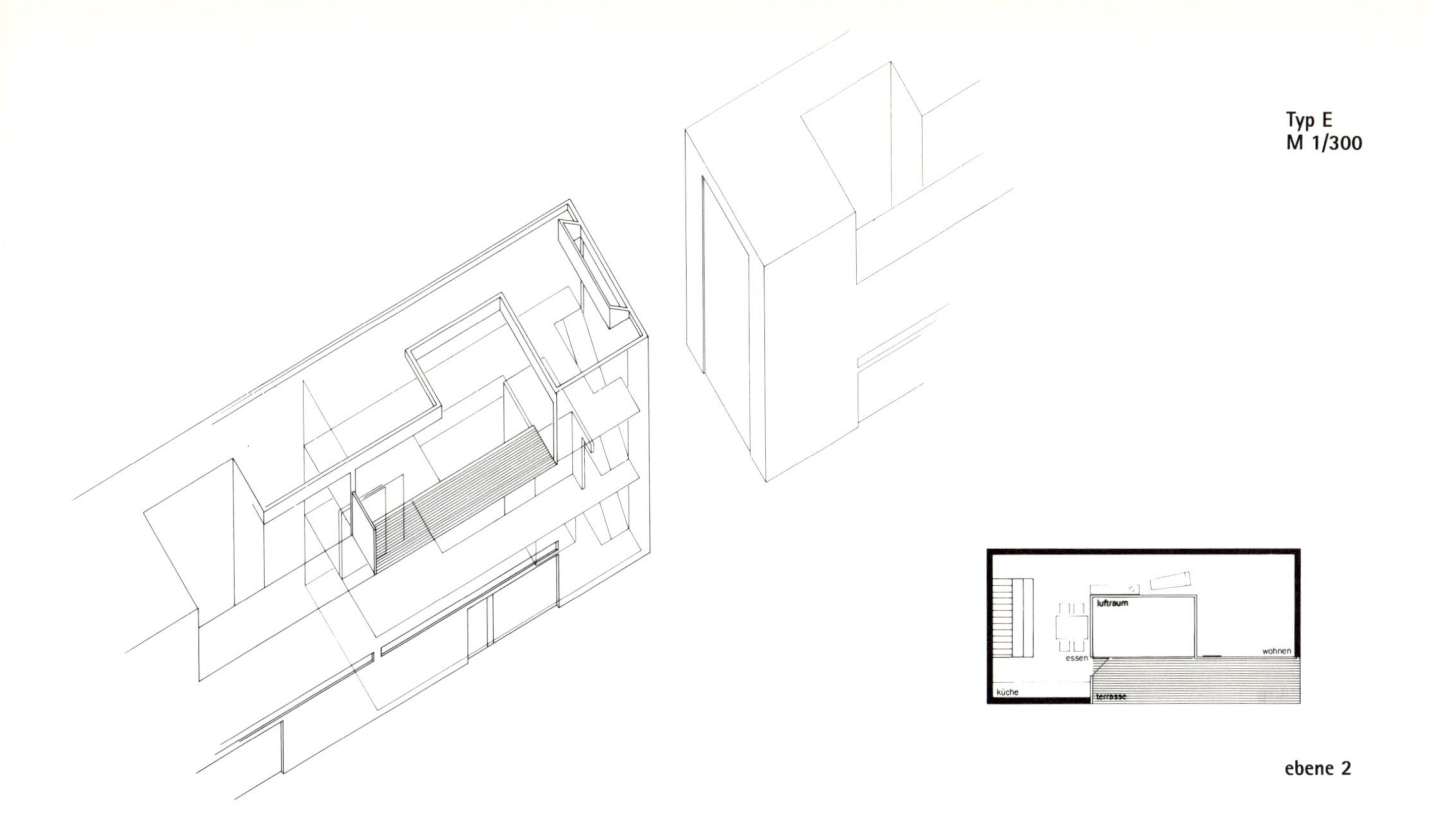

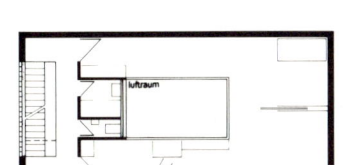

ebene 1

Typ D
M 1/300
ebene 0

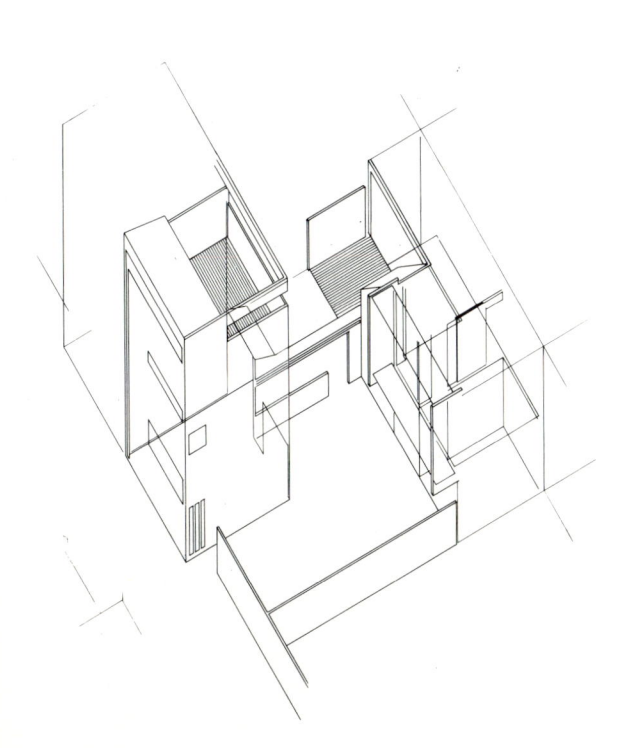

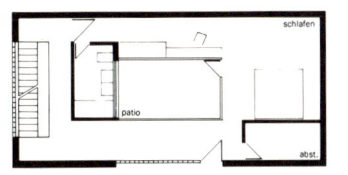

ebene 0

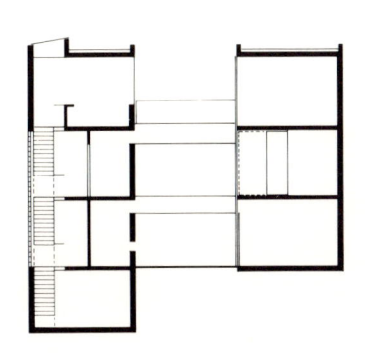

Typ C
M 1/300

106

dach

ebene 1

ebene 0

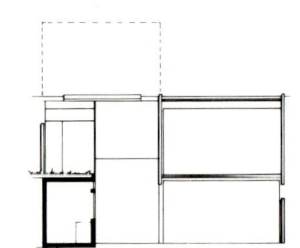

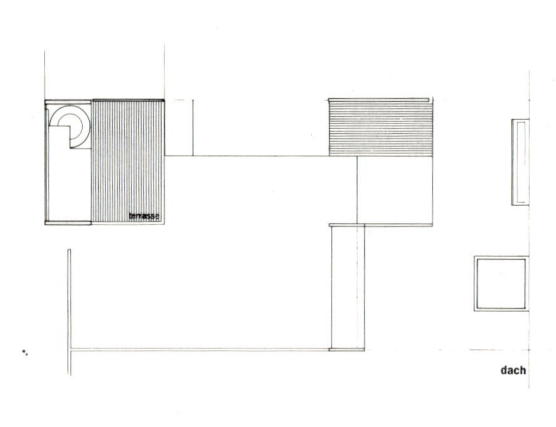

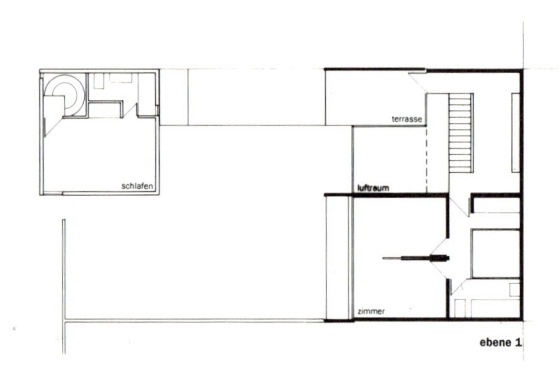

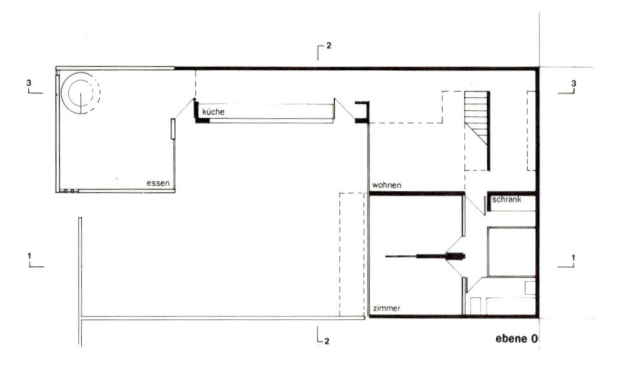

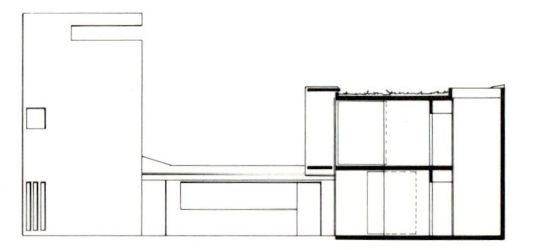

Schnitt 2

Schnitt 1

107

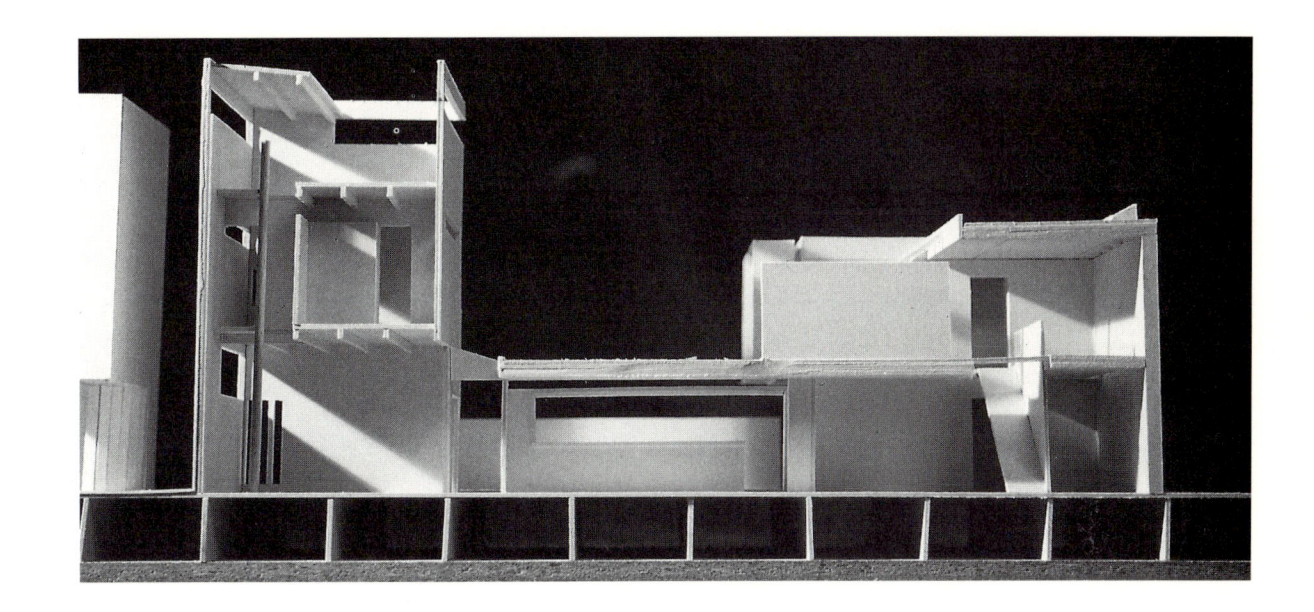

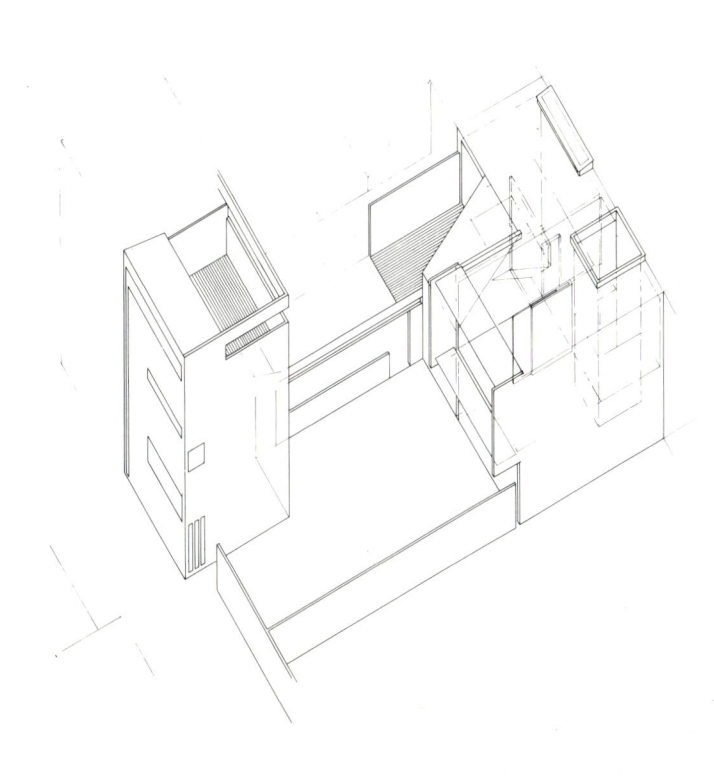

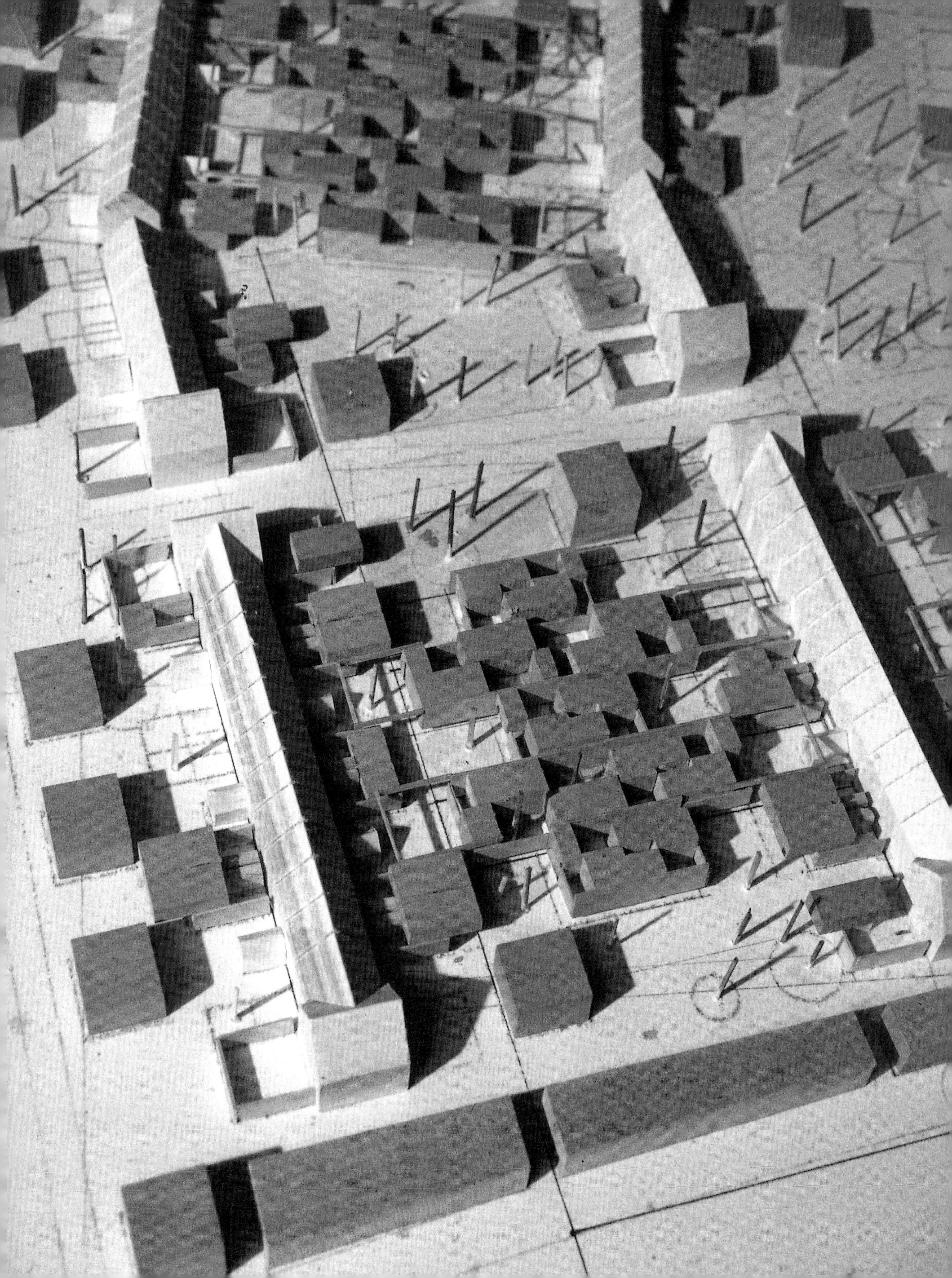

Insel   Räume   Umsetzung

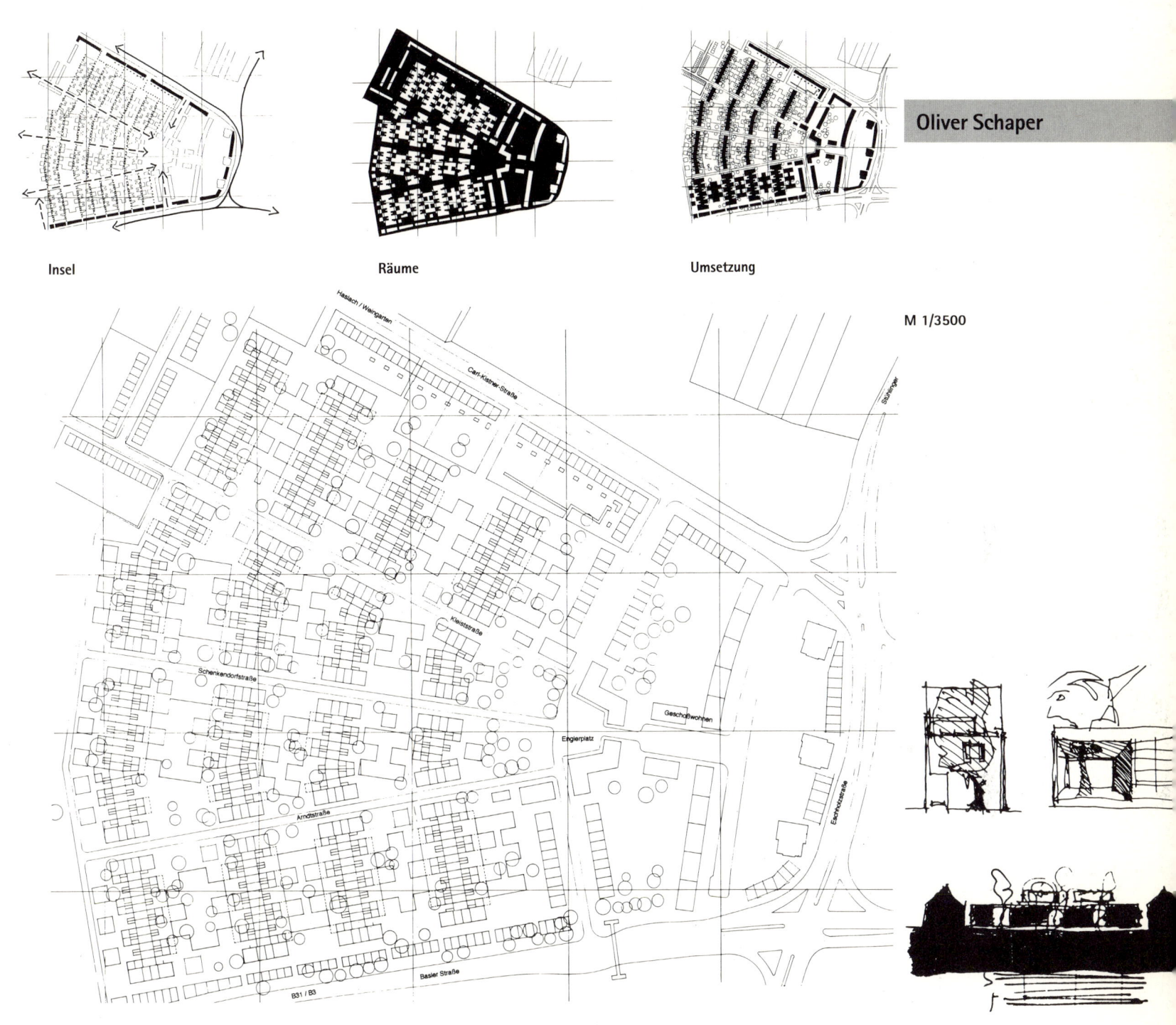

Oliver Schaper

M 1/3500

The quality of space defines a simple high density planning concept which connects old and new through alternating access courtyards through typical techniques of addition and layering. A extremely simple but effective design and concept principle has developed a system of exterior and interior living spaces that can be seen as a part of the existing structures. The principle is so flexible that every component in the exterior space (e.g., trees, personal space and property) can be integrated.

The varied spatial atmosphere is astounding. The courtyard gate of the outermost entrance and exit as well as the specially planned warehouses transform the old regions and structural elements giving this project a special poetry.

Verknüpfung von Alt und Neu über `alternierende´ Erschließungshöfe mit den typologischen Merkmalen von Addition und Schichtung - ein einfaches Verdichtungskonzept welches vom Charakter der Räume bestimmt wird. Mit einem simplen äußerst effektiven Entwurf - und Konstruktionsprinzip entsteht ein System von bewohnbarer Aussen- und Innenräume, das die vorhandenen Bauten wie selbstverständlich mit einbezieht. Das Prinzip ist so beweglich, daß auf spezifische Eigenheiten der Aussenräume - schützenswerte Bäume, ggf. Eigentumsverhältnisse und andere Bedingungen eingegangen werden kann.

Die Vielfalt der Raumatmosphären ist verblüffend. Das Hoftor als äußerer Abschluß und Eingang sowie die eigens entwickelten Speicherhäuser transformieren alte regionale und bäuerliche Grundelemente und geben der Arbeit eine eigene Poesie.

Bestand mit Erweiterung | Räume | Struktur

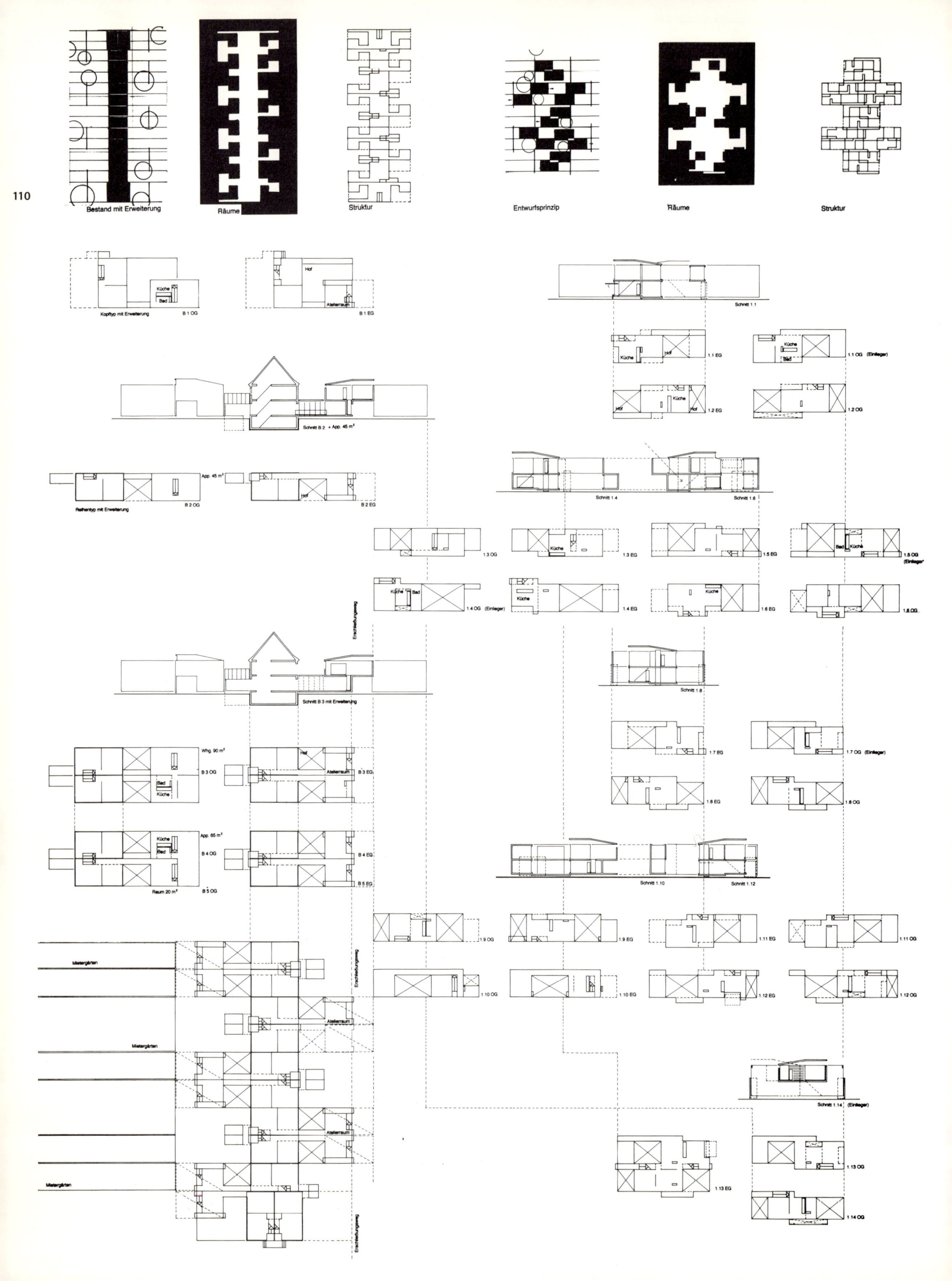

Entwurfsprinzip | Räume | Struktur

Räume   Struktur   Räume   Struktur

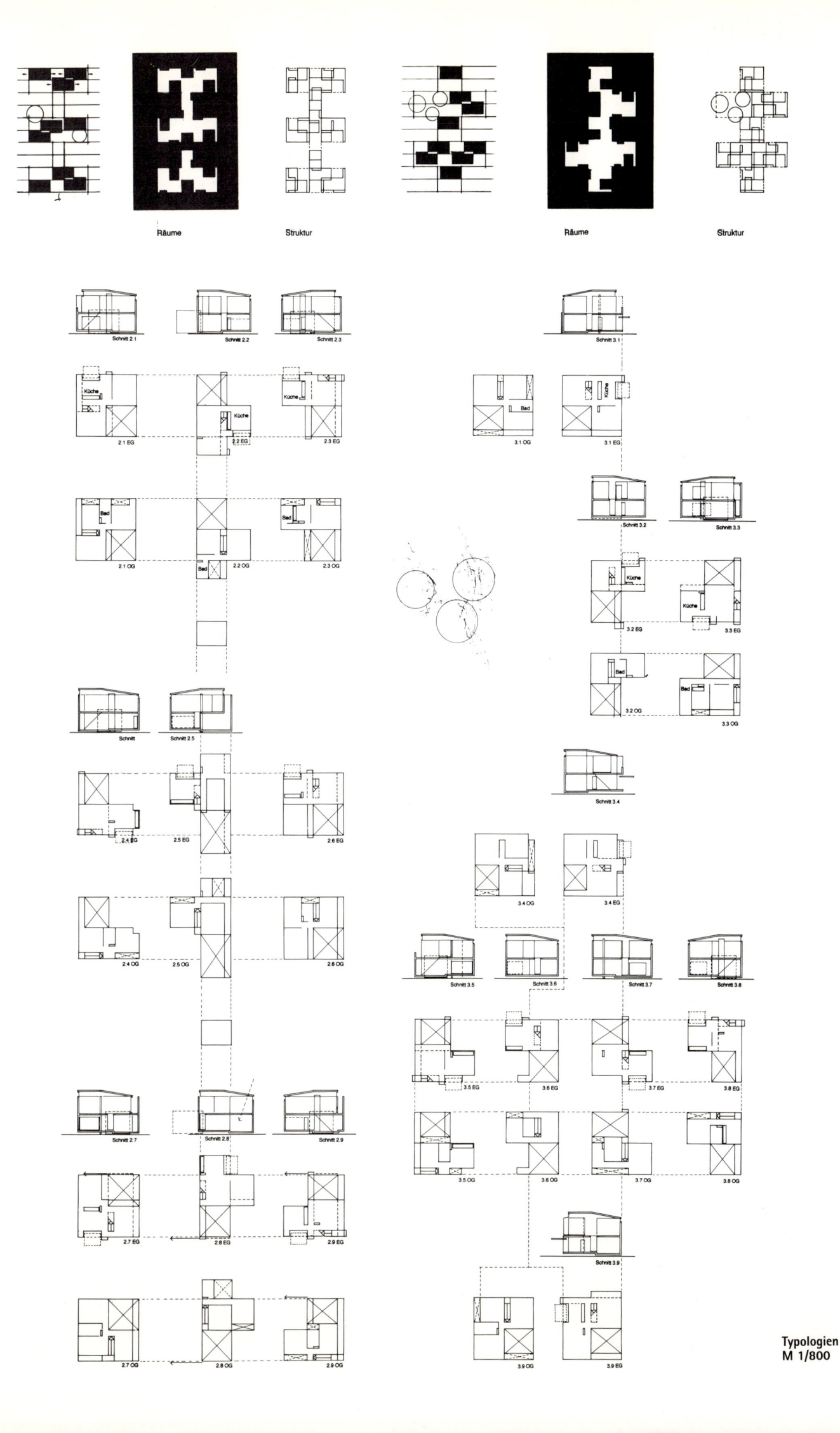

Typologien
M 1/800

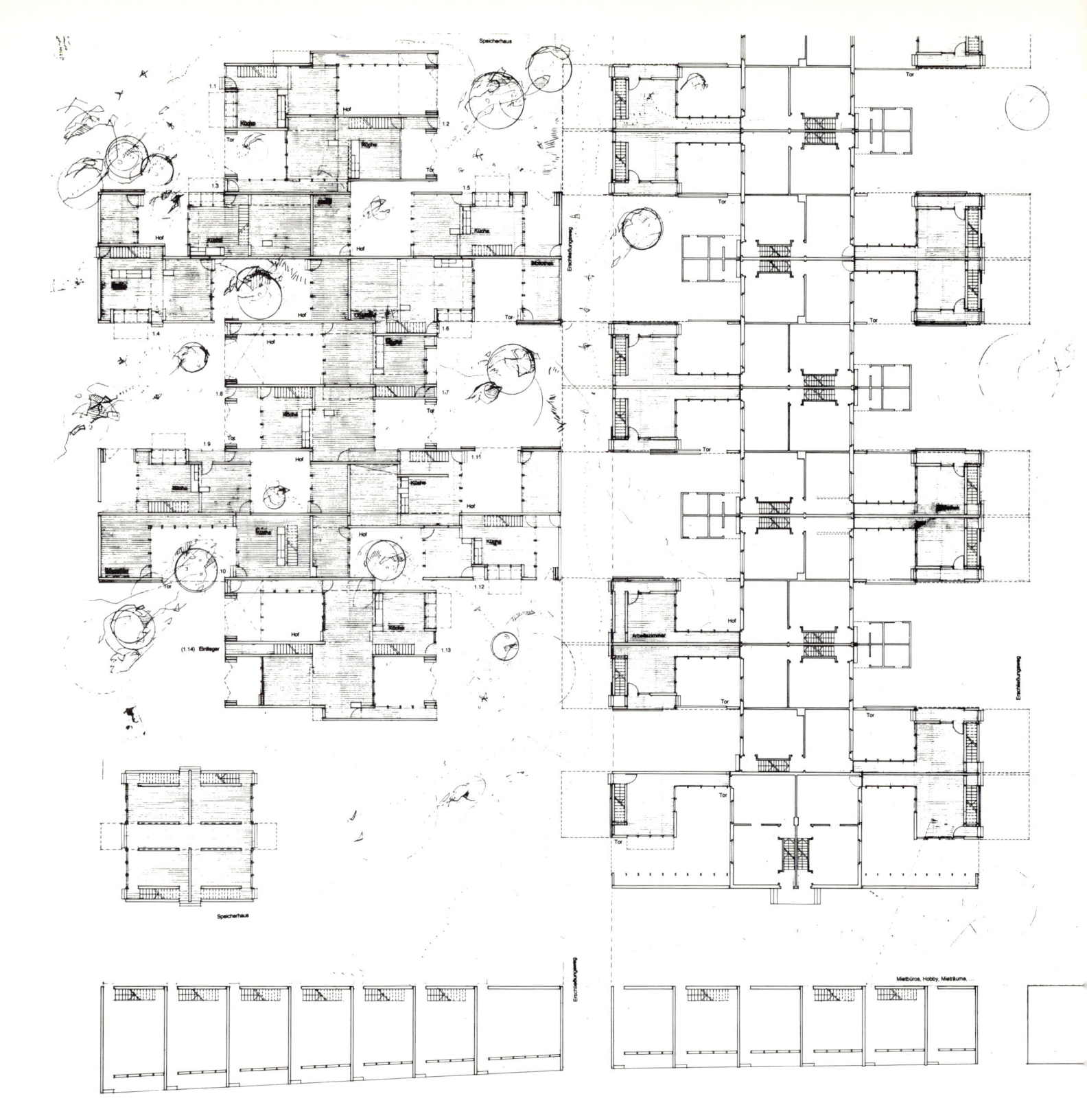

Erdgeschoß
M 1/400

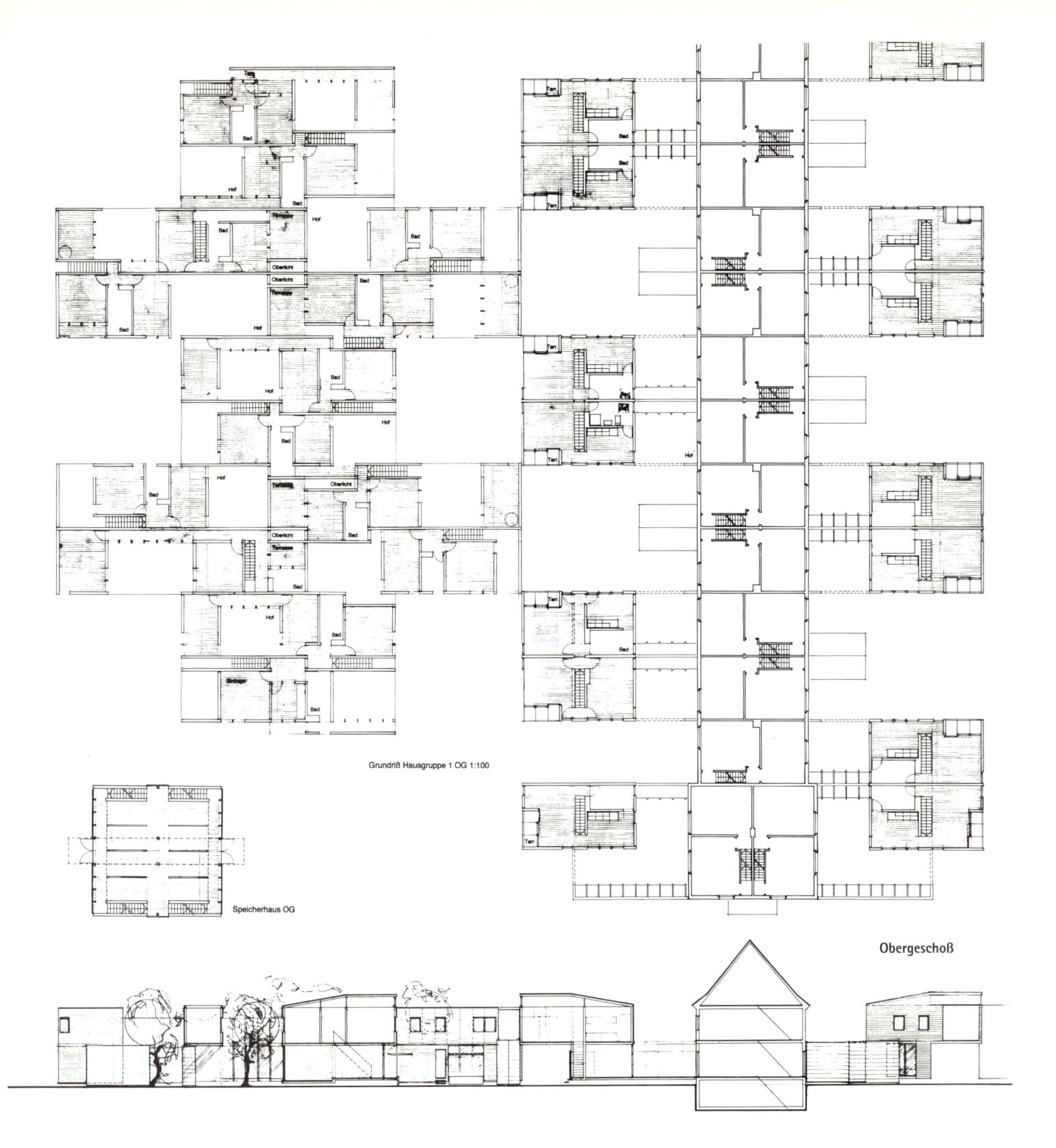

Grundriß Hausgruppe 1 OG 1:100

Speicherhaus OG

Obergeschoß

M 1/400

114

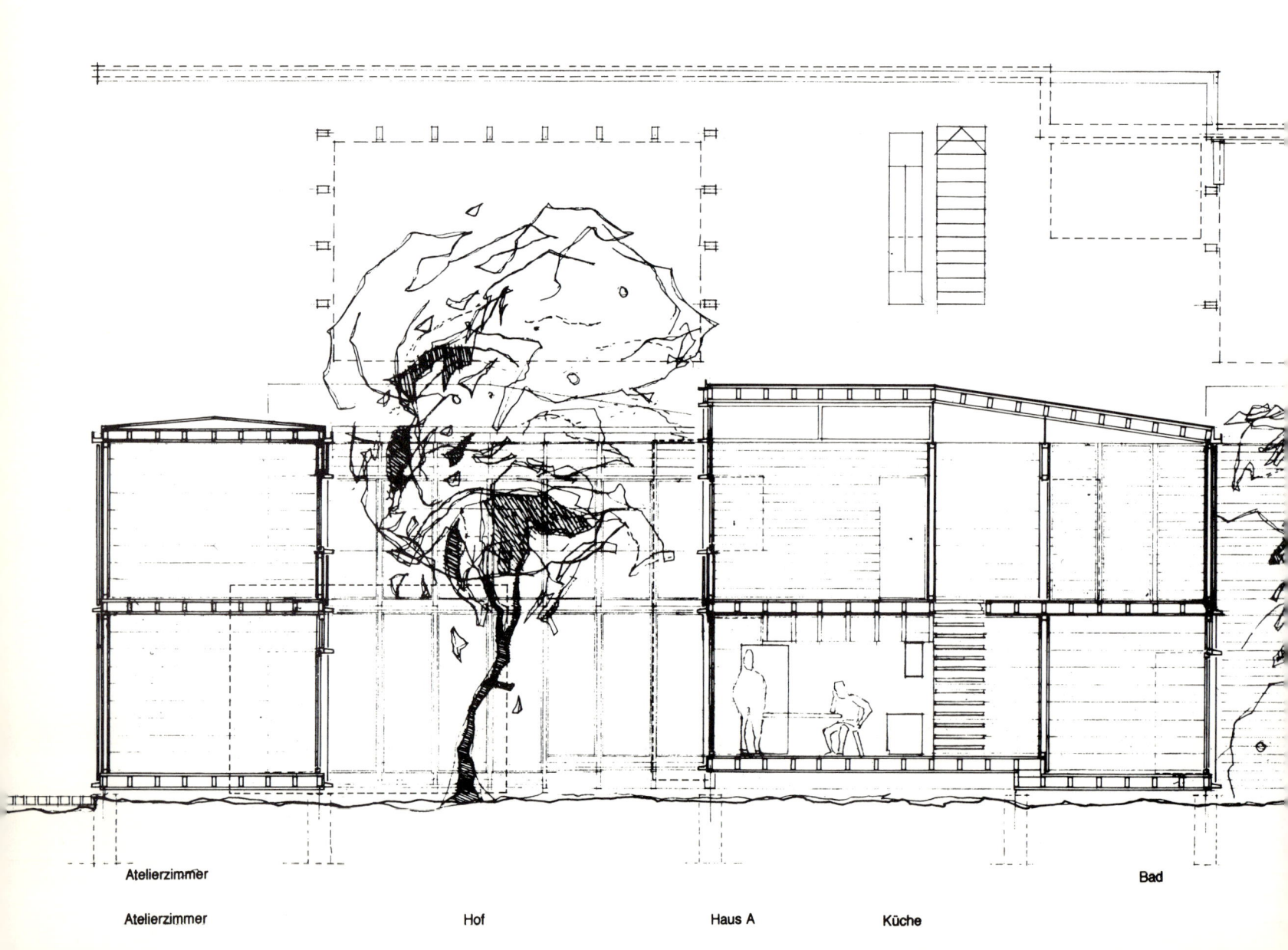

Atelierzimmer　　　　　　　　　　　　　　　　　Bad

Atelierzimmer　　　　　　　　　Hof　　　　　　　Haus A　　　Küche

115

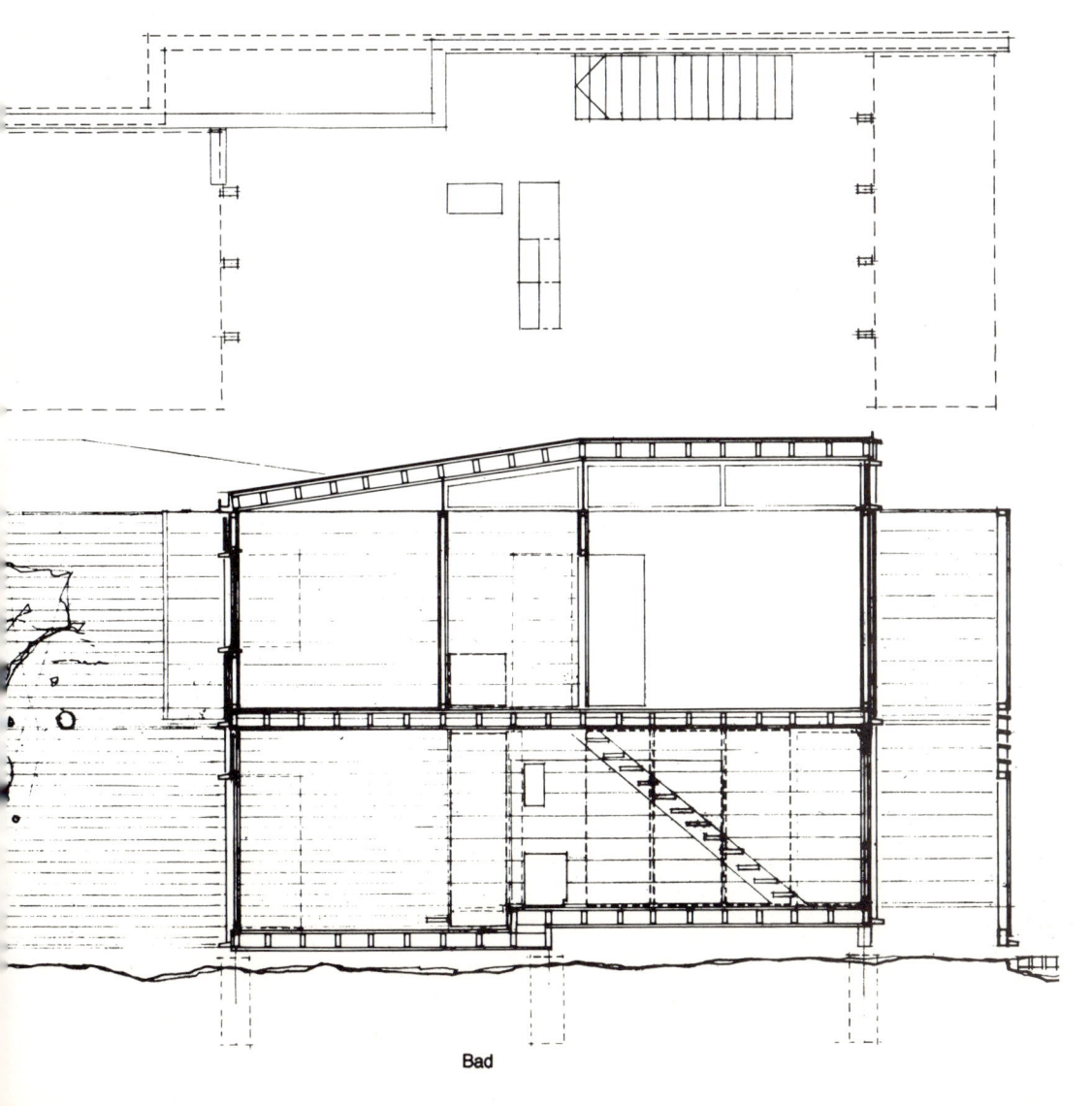

Hof   Haus B   Bad   Küche   M 1/100

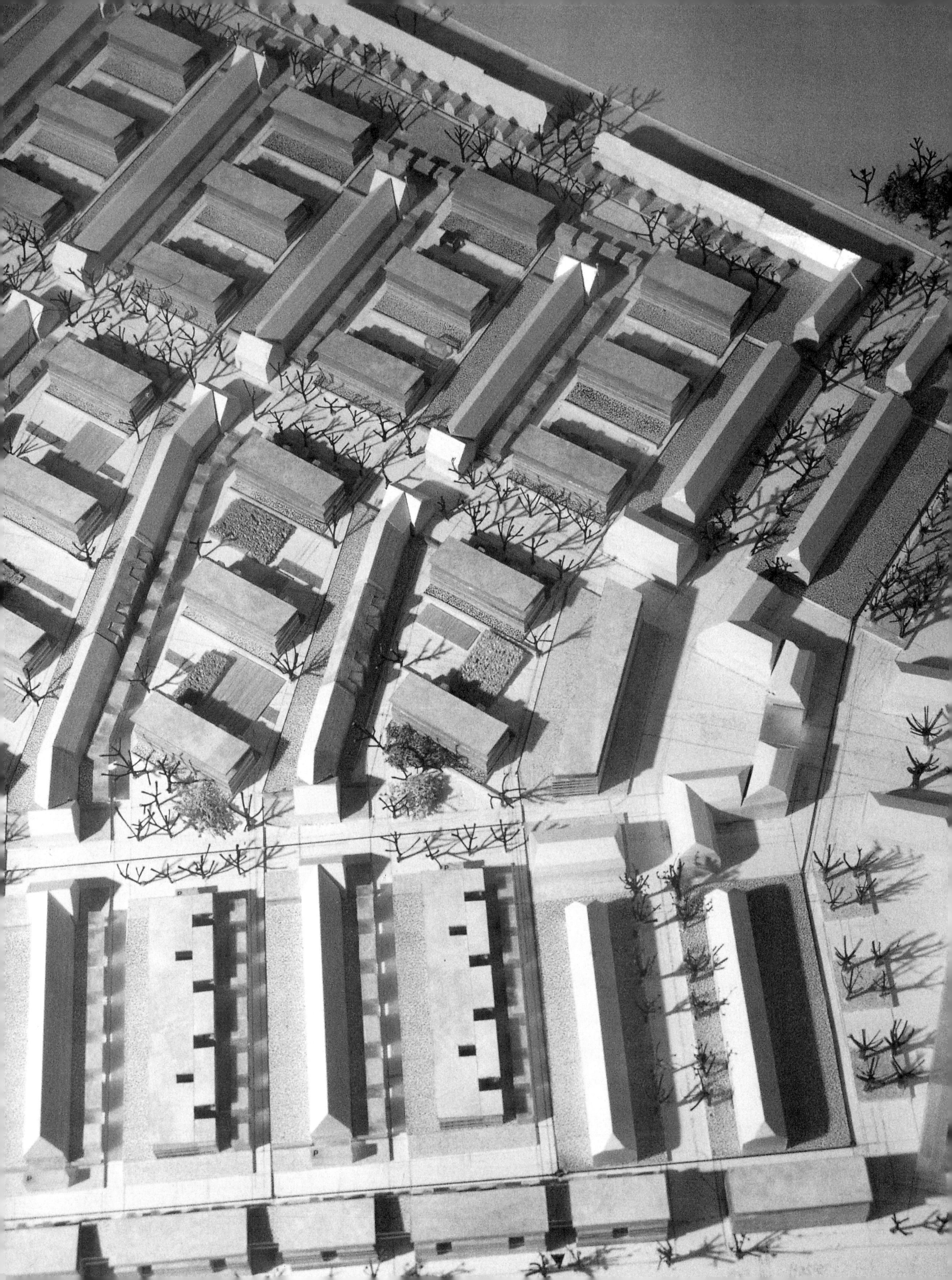

Tobias Schubotz

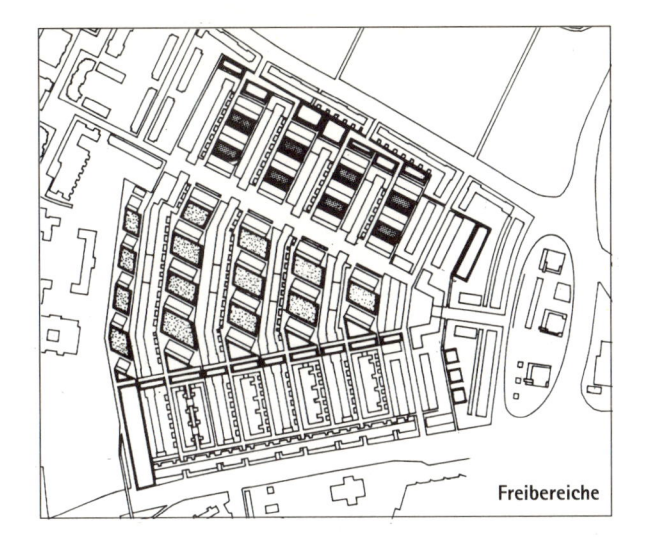

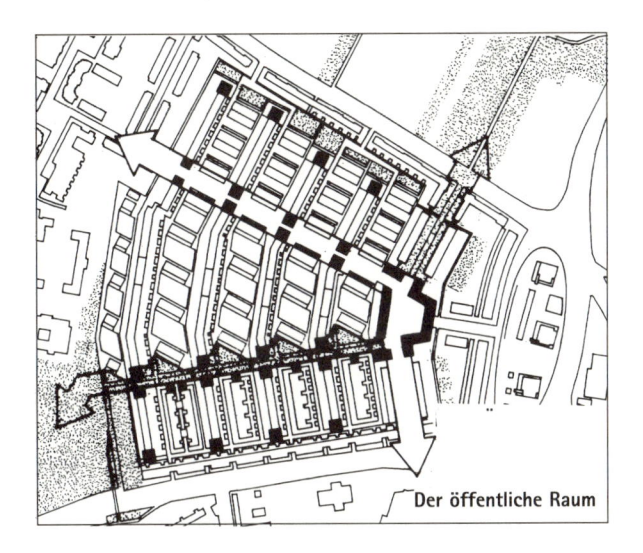

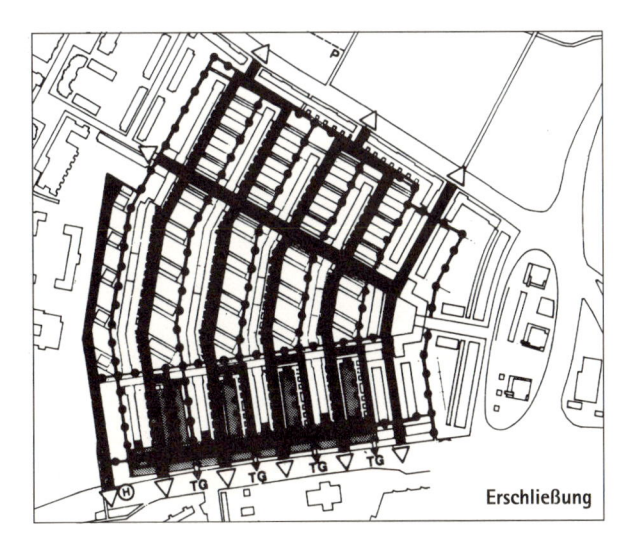

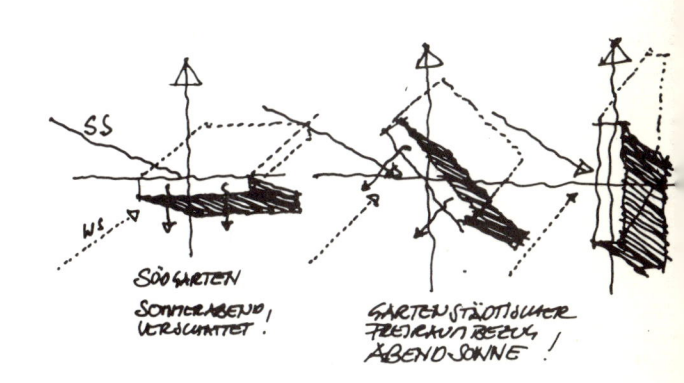

Freibereiche

Der öffentliche Raum

Erschließung

The urban concept attempts to break up the radial symmetry with different house types and their orientation. A free area zoning plan evolves from this distinction. The row house-like types, based on an additive principle, span 3 stories with an additional full story in the shed roof which establishes balance in height with the existing structures.

Das städtebauliche Konzept versucht die Radialsymetrie mit unterschiedlichen Haustypen und deren Ausrichtung aufzubrechen. Mit dieser Differenzierung entsteht eine Zonierung der Freibereiche. Die reihenhausähnlichen Haustypen beruhen auf einem additiven Prinzip über drei Geschosse mit einem Pultdachgeschoß, das die Firsthöhe der bestehenden Bebauung aufnimmt.

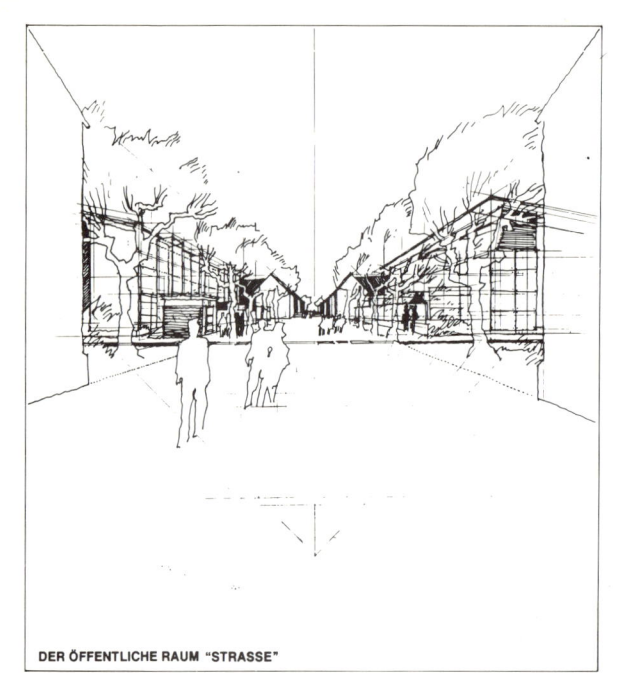

DER ÖFFENTLICHE RAUM "STRASSE"

DER ÖFFENTLICHE RAUM "PARK"

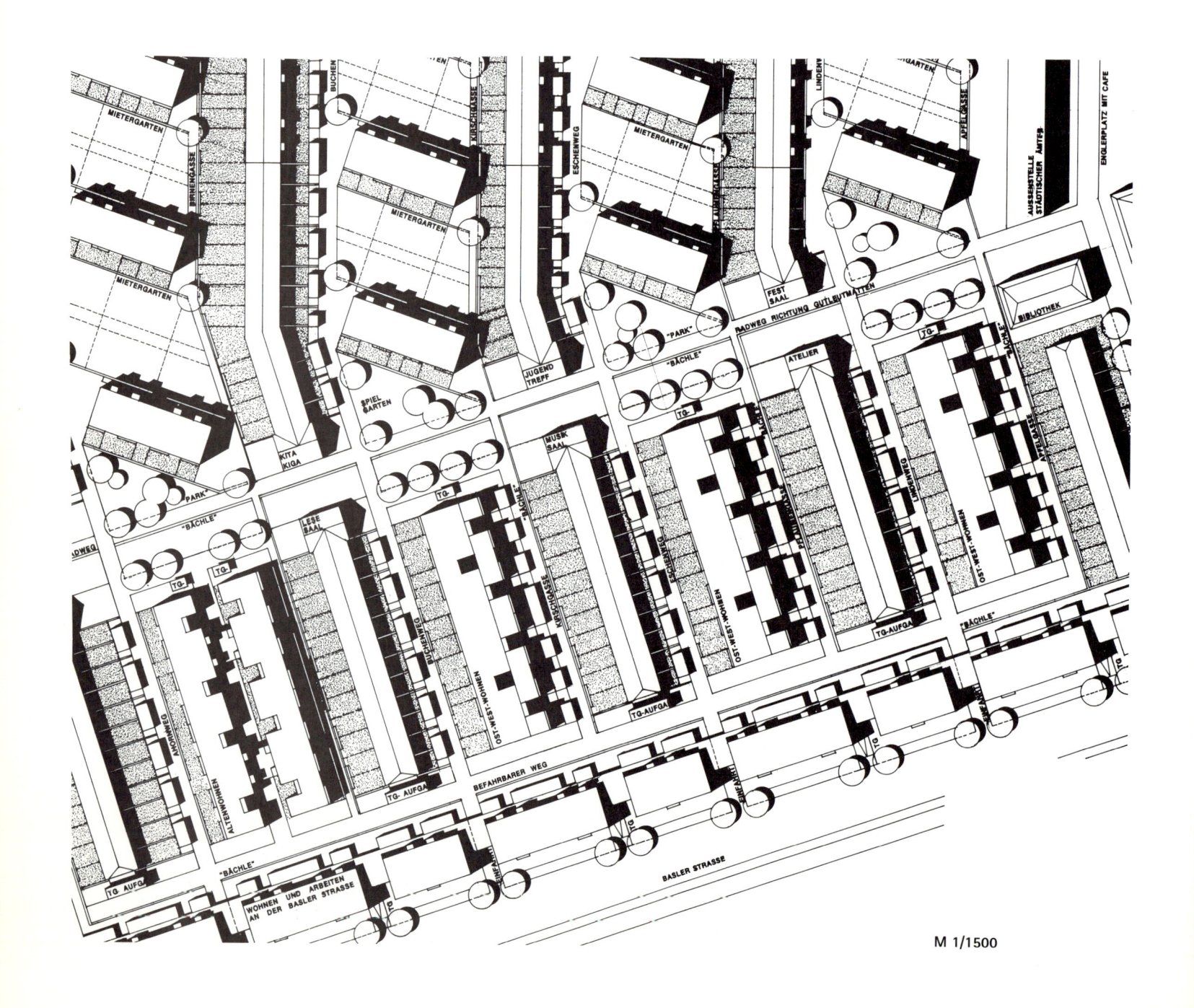

M 1/1500

119

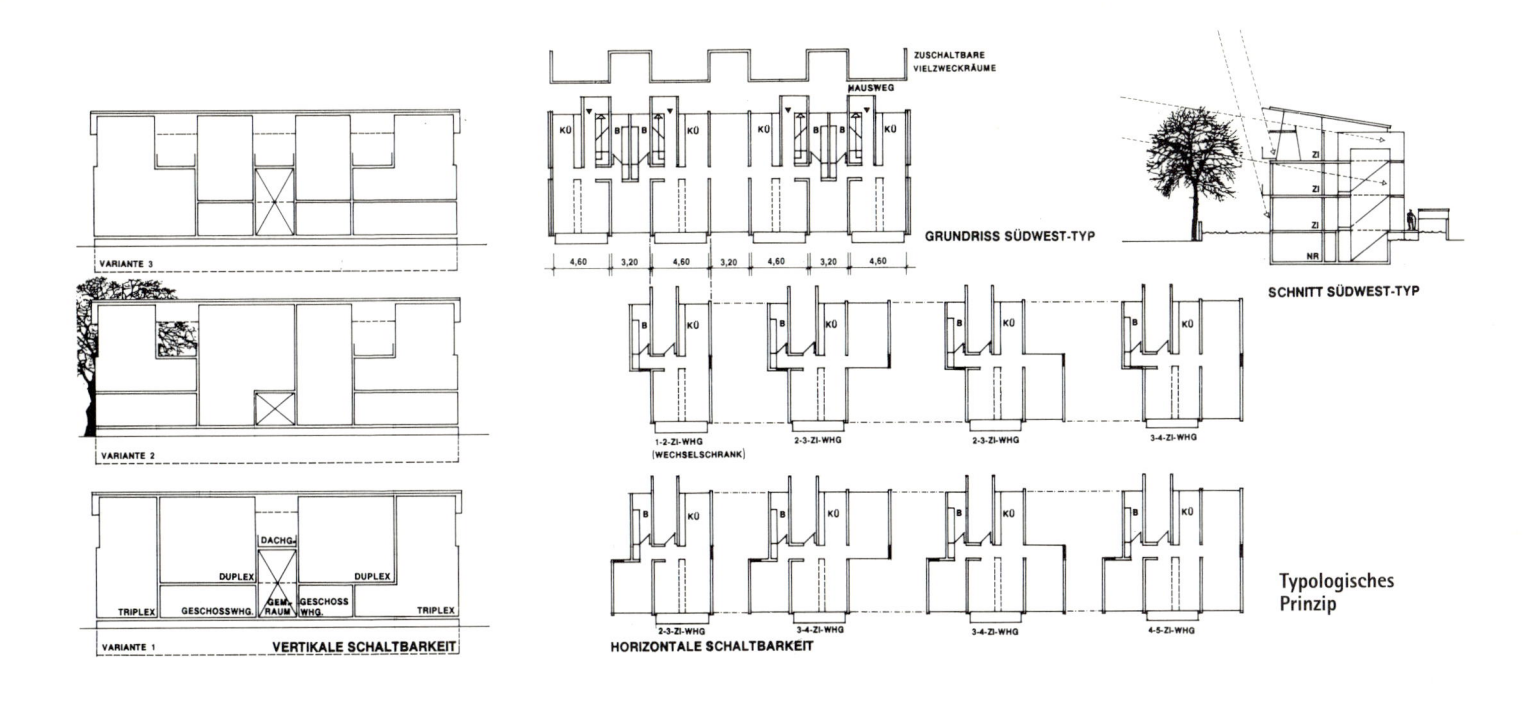

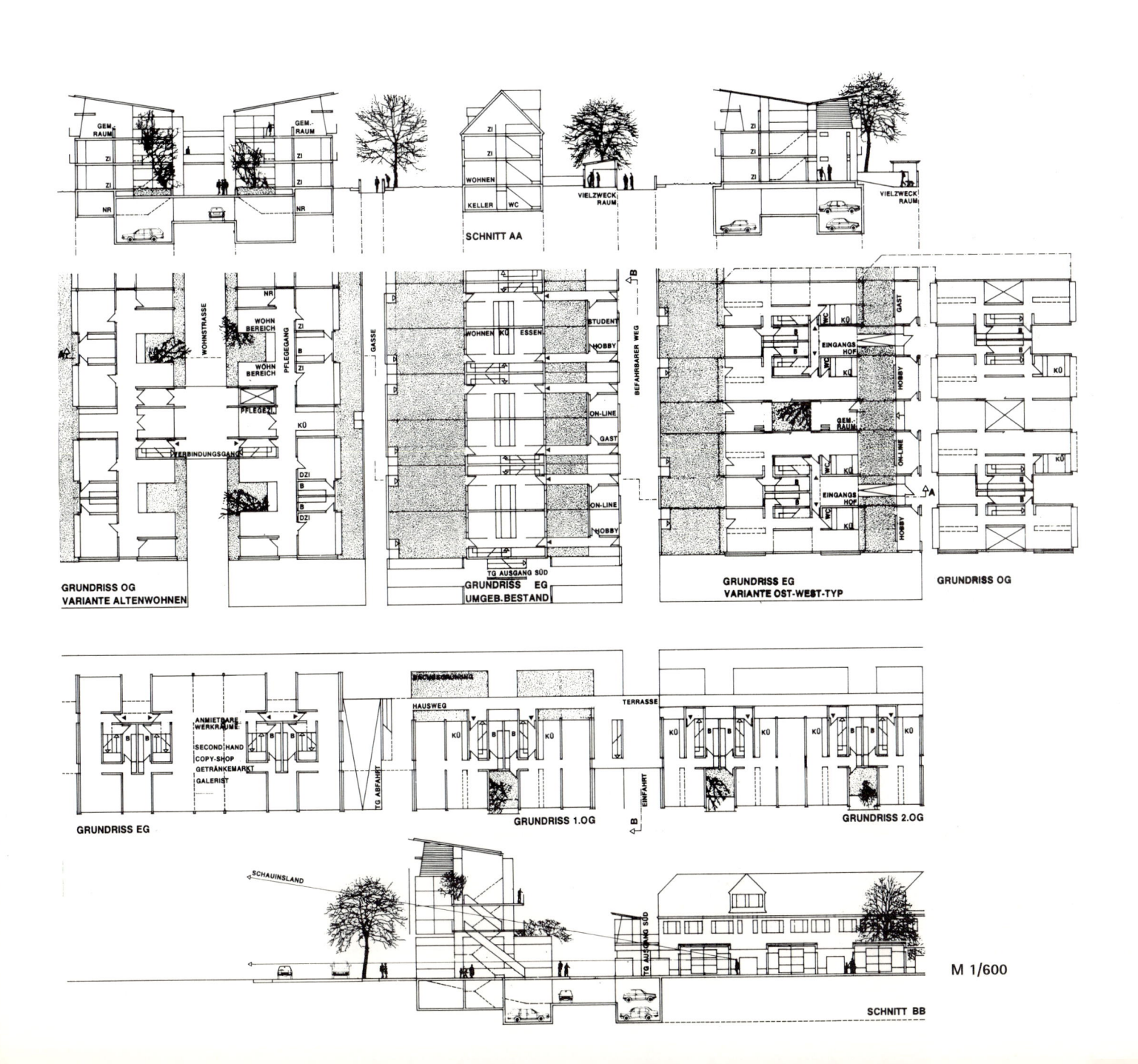

120

OG

M 1/300

EG

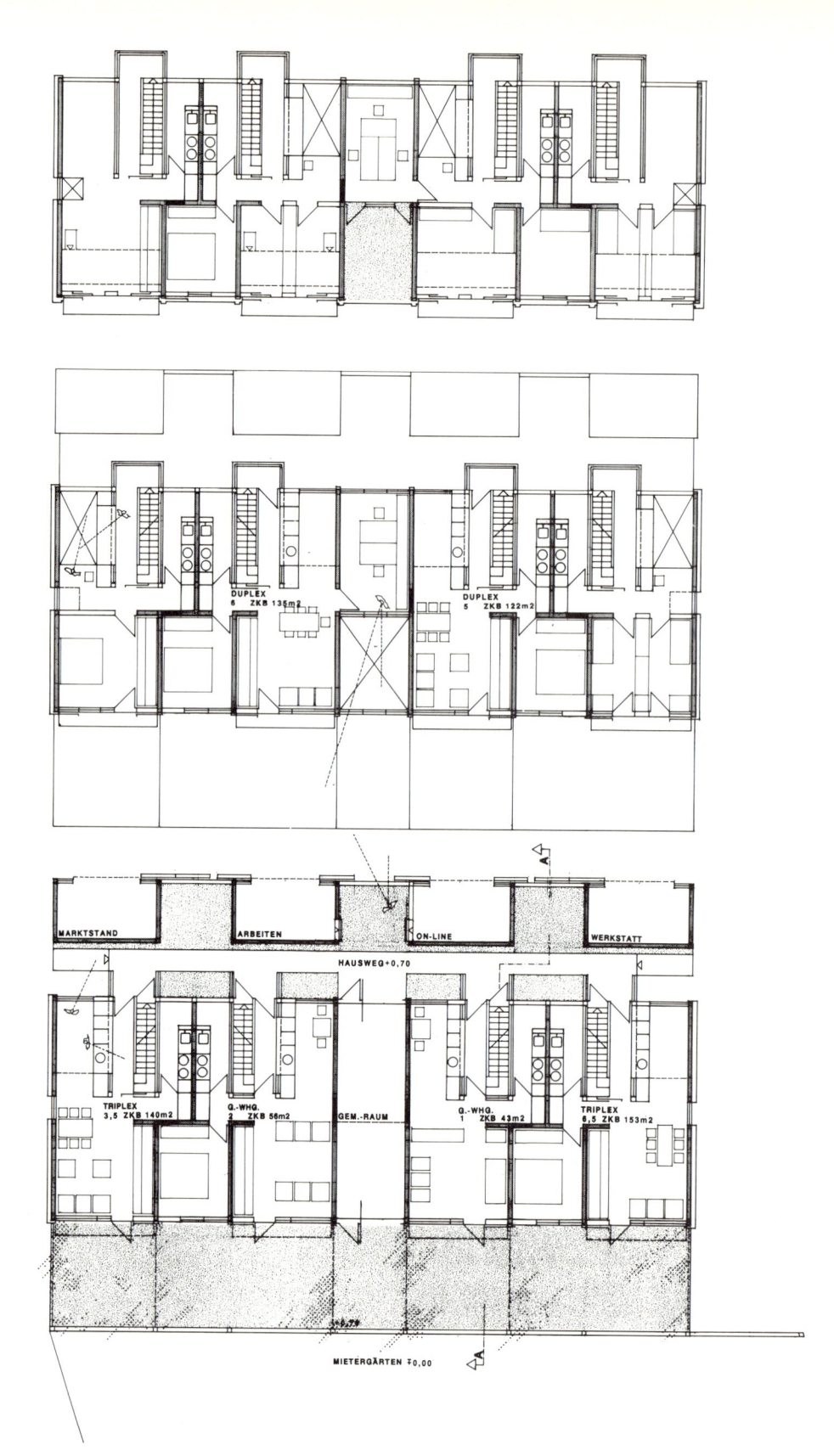

Südwest Ansicht

121

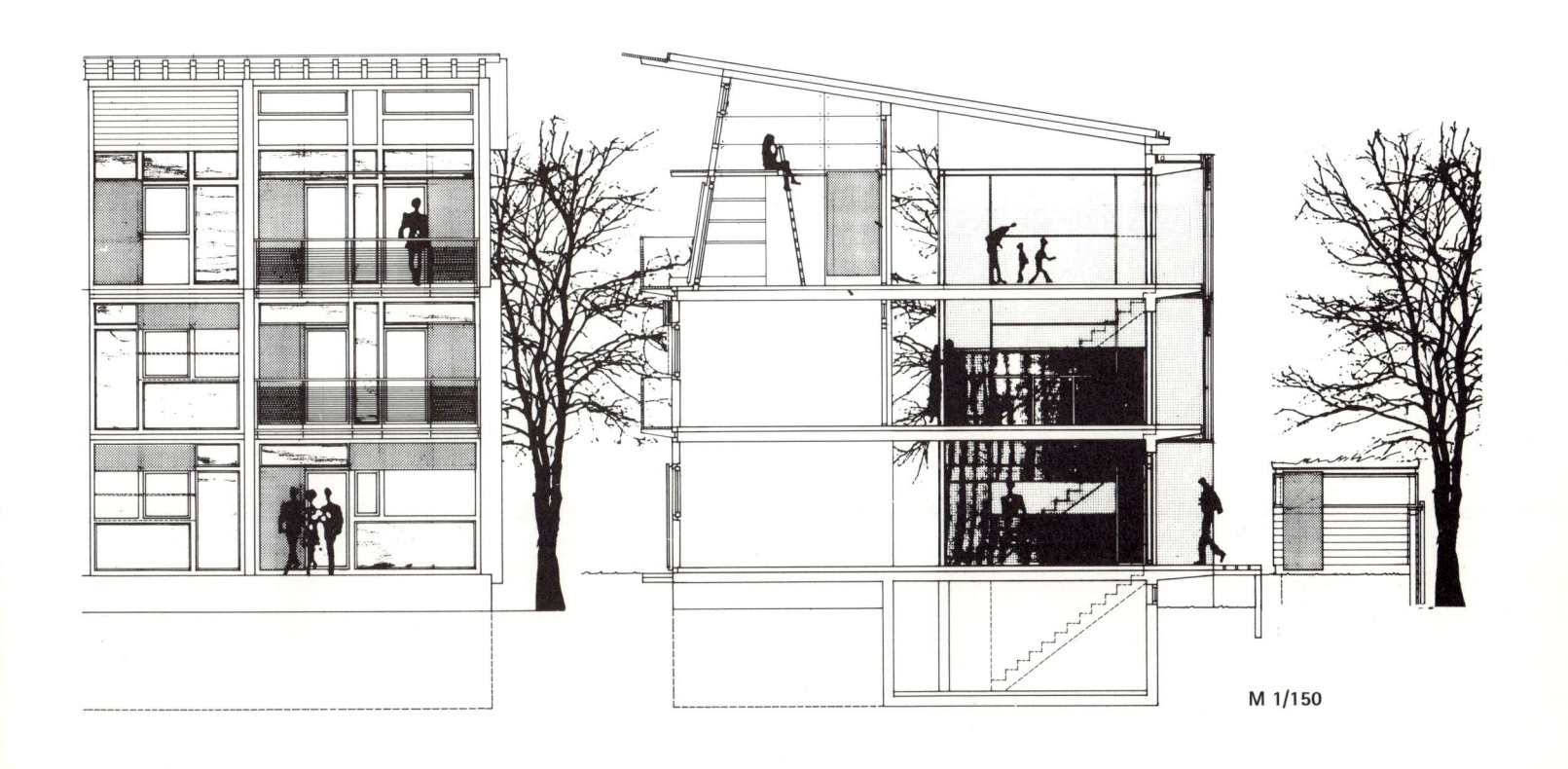

M 1/150

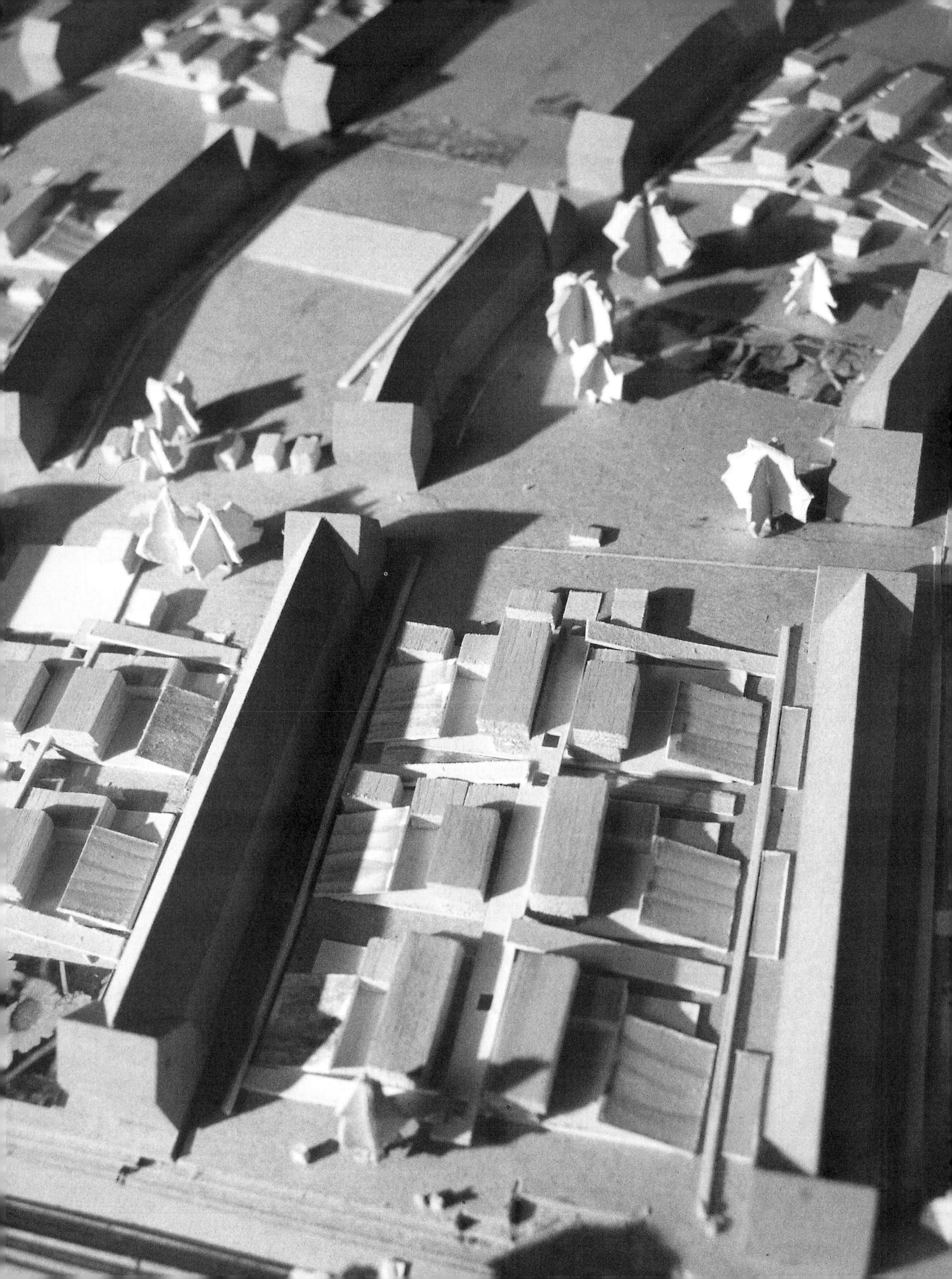

Patricia Sendin Garrido

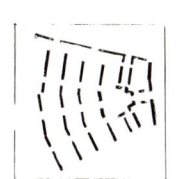

DIE SIEDLUNG HASLACH IN FREIBURG

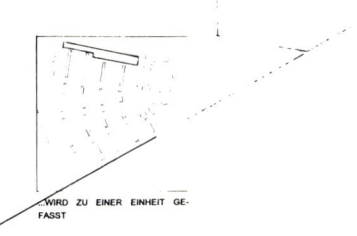

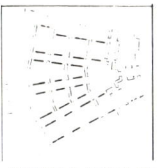

...WIRD ZU EINER EINHEIT GEFASST

...UNTERTEILT IN MEHRERE EINHEITEN

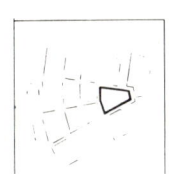

...MIT ÄHNLICHEN UND UNTERSCHIEDLICHEN CHARAKTEREN

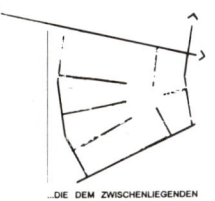

...DIE DEM ZWISCHENLIEGENDEN STRASSENRAUM EIN WECHSELNDES ERSCHEINUNGSBILD GEBEN

DER MENSCH ALS AUSGANGSPUNKT

DER MENSCH WIRD HÄUFIG MIT VIELEN ÄUSSEREN EINFLÜSSEN ÜBERLADEN. ER VERLANGT DANACH, SIE ZU VERARBEITEN (DARÜBER NACHZUDENKEN) UND IM EIGENEN KONTEXT EINZUORDNEN, UM SIE NEUVERARBEITET WIEDER ZURÜCKZUSTRAHLEN UND EINZUSETZEN.

EIN ZUHAUSE KANN RÄUME ZUM NACHDENKEN UND RÄUME ZUM AUSSTRAHLEN ANBIETEN.

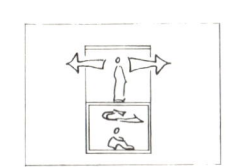

DIESE RÄUME HABEN UNTERSCHIEDLICHE (ÄUSSERST GEGENSÄTZLICHE) QUALITÄTEN. DIE RÄUME ZUM NACHDENKEN SIND GESCHLOSSEN, DUNKEL UND PRIVAT. DESWEGEN KÖNNEN SIE SICH UNTER DER ERDE BEFINDEN.
DIE RÄUME ZUM AUSSTRAHLEN SIND OFFEN, AUSGESTELLT UND HELL. SIE SIND IN SOWEIT ÖFFENTLICH, DASS DIE MITBEWOHNER DIE INNERE HANDLUNG MITBEKOMMEN.

UM DIE UNTERSCHIEDLICHKEIT DIESER BEIDEN RÄUME SPÜRBARER ZU MACHEN, WIRD EIN HOF SIE TRENNEN, BZW. SIE MITEINANDER VERBINDEN.

DER BESTAND WIRD NICHT NUR GANZ ERHALTEN

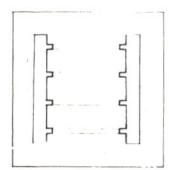

...SONDERN NACH SEINER URSPRÜNGLICHEN PLANUNG DIFFERENZIERTER AUFTRETEN. EINGANGSBEREICHE WERDEN ALS SOLCHE AUSGEARBEITET

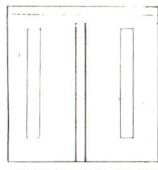

...MITTIGE FAHRBAHN FÜR PARKEN BLEIBT ERHALTEN; SOWIE

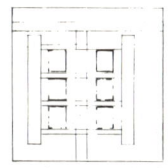

...DIE GÄRTEN; DIE KLEINER UND FÜR ZWEI WOHNUNGEN SEIN WERDEN

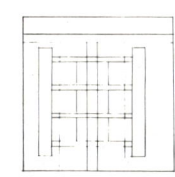

A concept with the human being as a basis is developed here. No initial urban planning concept was developed. Instead, the well-being in the primordial cell, the apartment as residential living space was considered. The concept was developed completely upon living space details. One living space which exemplifies saftey is partially built into a hill, another opens into a courtyard and yet another has a view. Access is provided through small courtyards in all units which gives a sense of nature.

The existing buildings have been carefully retained; they have a view of green spaces, even when sloped and over single-story structures. A large, lively green space is created with multiple cut-in sub-levels, passages and viewpoints. The hills provide a simple natural solution the traffic noise problems. Proximity, rather closeness and distance serve as a basis for communal living.

Der Mensch als Ausgangspunkt. Keine städtebaulichen Überlegungen am Beginn eines Projektes sondern das Nachdenken über das Wohlbefinden in der Urzelle, der Wohnung. Eine Konzept ganz aus den Details der Wohnung entwickelt. Räume für die Geborgenheit, halb unter einem Hügel, Räume zum Hof und Räume zum Ausblick. Die Erschließung erfolgt immer über den kleinen Hof, auch wenn der Gebäudetyp den Hof integriert - so wird Natur auch spürbar.

Den vorhandenen Häusern wird behutsam etwas vor die Nase gesetzt, sie dürfen auf grüne - wenn auch schräge - Gärten blicken und darüber auf eingeschossige Häuser. So bleibt eine großer lebendiger Grünraum mit Einschnitten, Durchgängen und Durchblicken. Selbst die Probleme mit dem ruhenden Verkehr sind unter diesen Hügeln diskret und fast beiläufig gelöst.

Nähe und Distanz als Grundwerte des (Zusammen) - Lebens.

Die Häuser, die ich vorziehe sind:

VILLA MALAPARTE auf CAPRI

... weil sie so klar ist, so voll
von persönlichen Aussagen ohne
Übertreibung

Malaparte dazu, in Antwort auf eine Frage
von General Rommel:
"... das Haus war schon da. Ich
habe nur die umgebende Natur
entworfen."

Ausgesetztsein
Unnahbarkeit
Isolation
geschlossenes Haus

Individualität als Maß

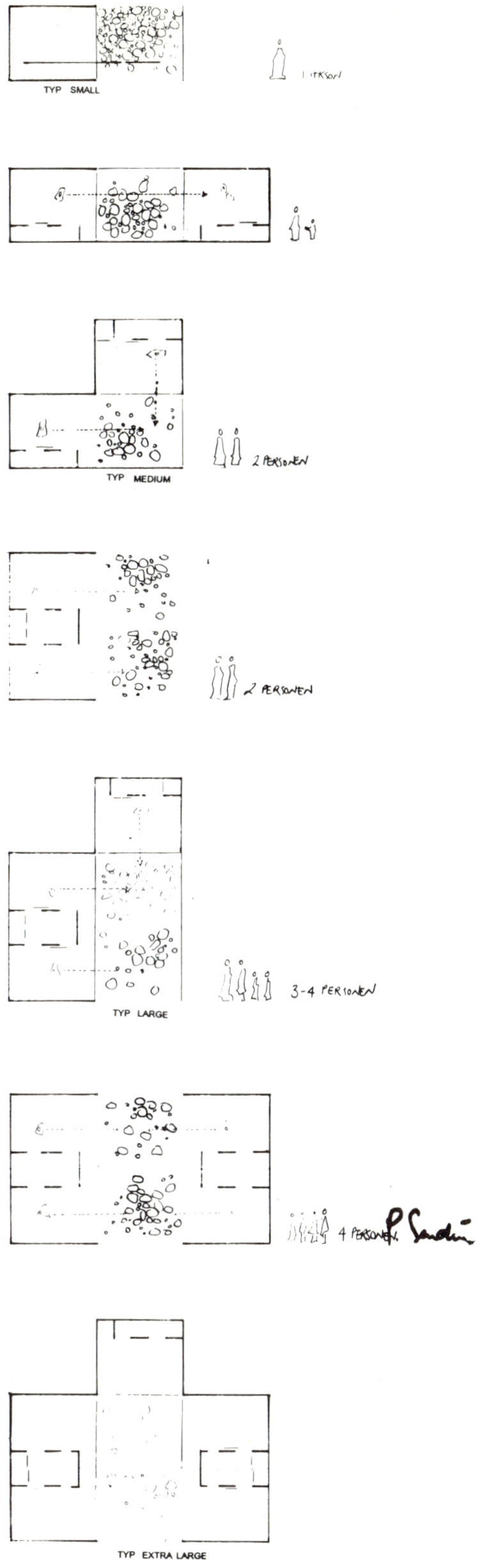

125

TYP SMALL — 1 PERSON

TYP MEDIUM — 2 PERSONEN

2 PERSONEN

TYP LARGE — 3-4 PERSONEN

4 PERSONEN P. Sandin

TYP EXTRA LARGE

Häuser von L. Barragán in Méjico

Wegen ihrer Einfachheit
Umgang mit Farbe
und starke Formen

1955

Villa SAVOIE by L. Corbusier

Weil das Wohnen in ihr ist eine
Inszenierung, ein Weg der Erlebnisse

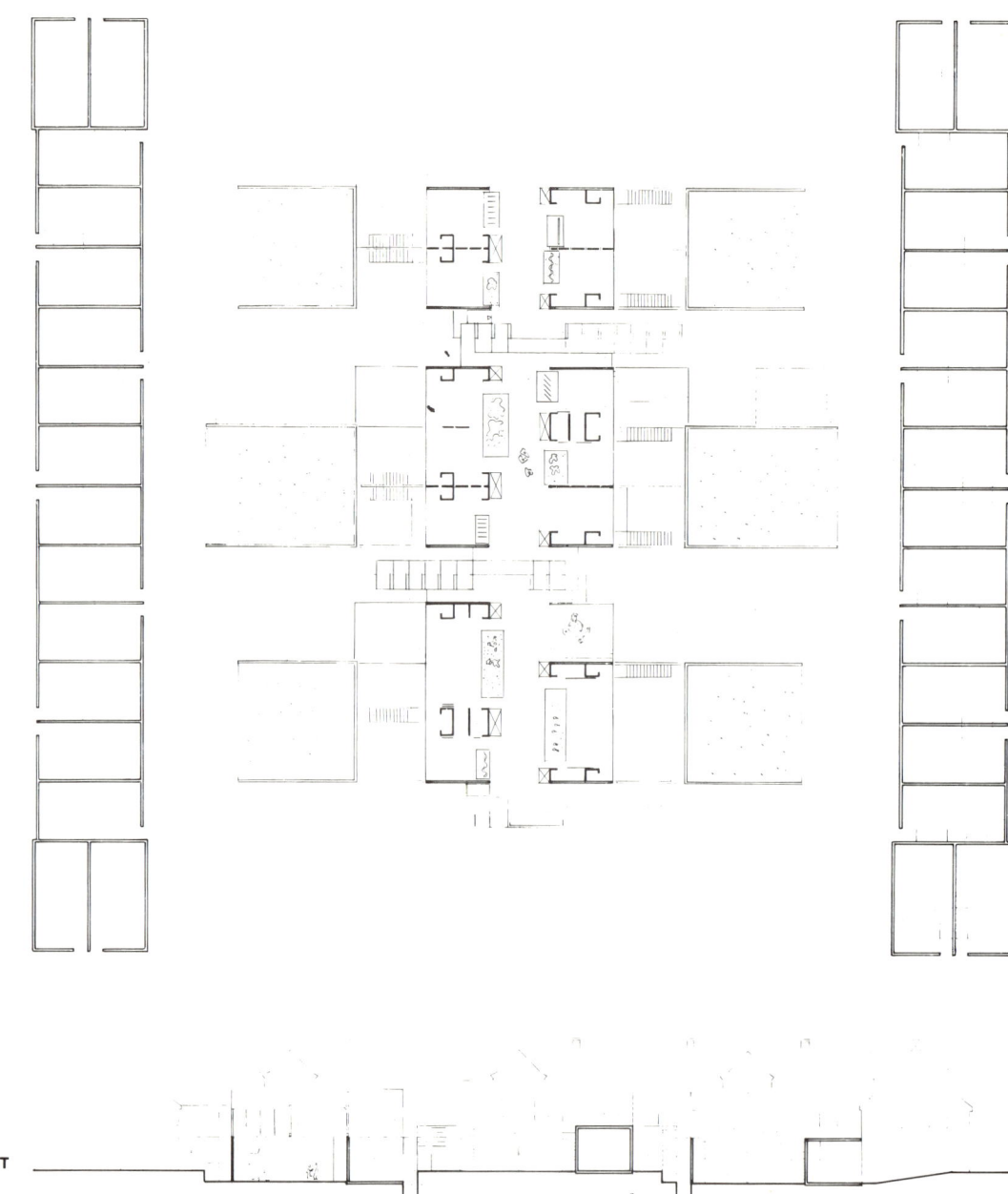

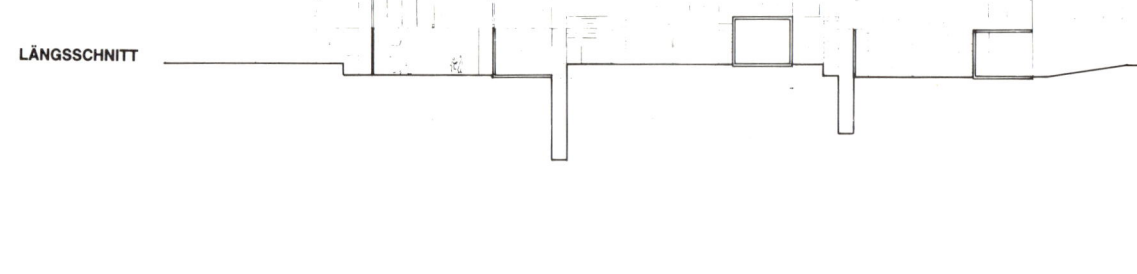

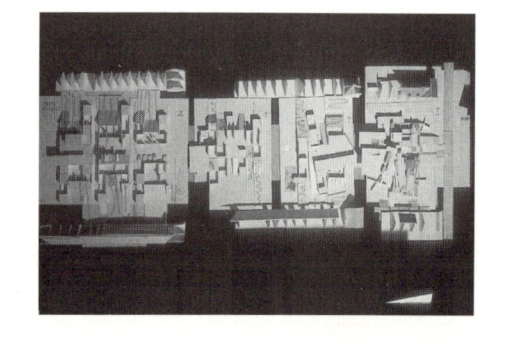

OG

LÄNGSSCHNITT

127

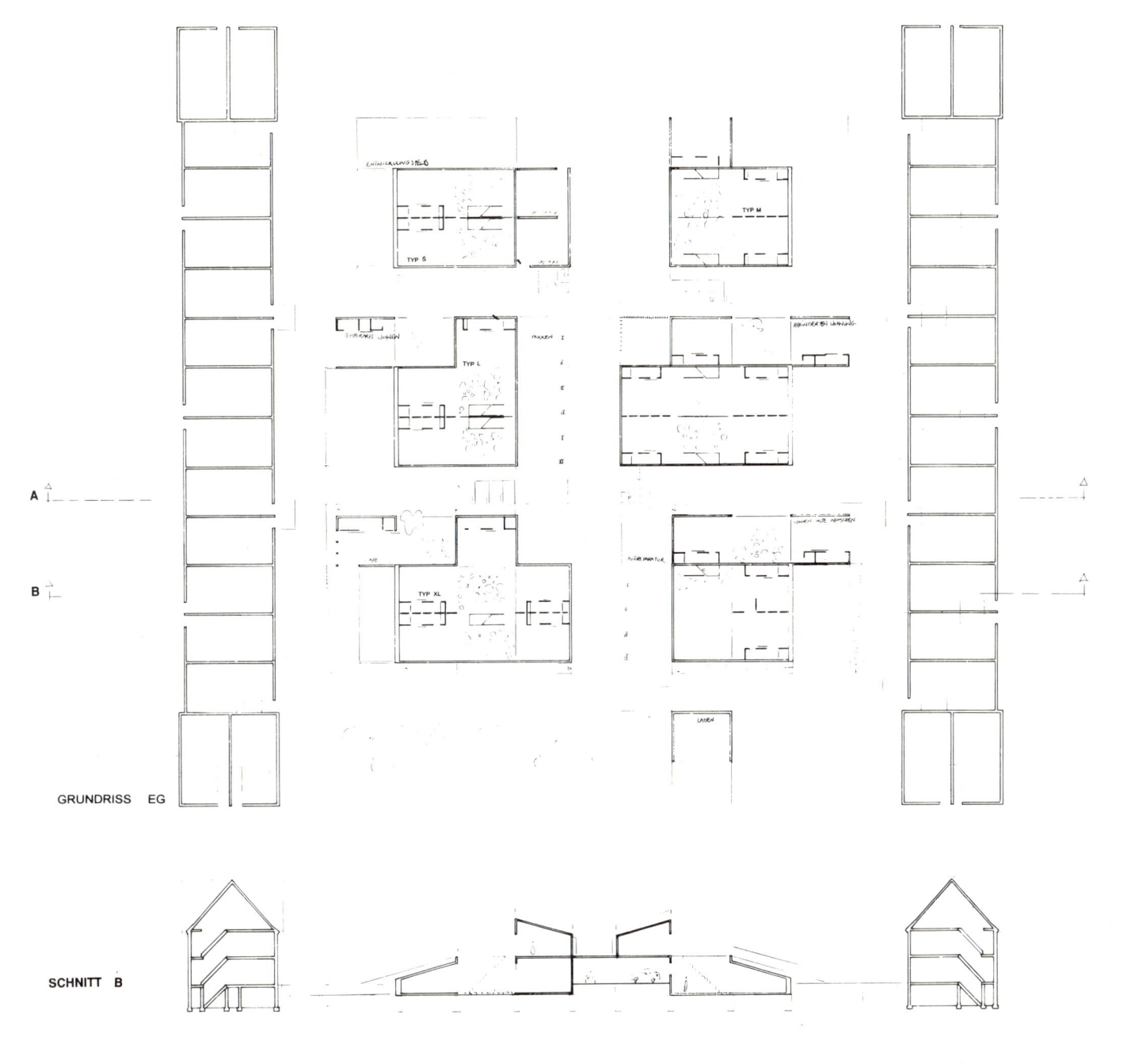

GRUNDRISS EG

SCHNITT B

M 1/600

SKANDINAVISCHER PAVILION VENEDIG BIENALE

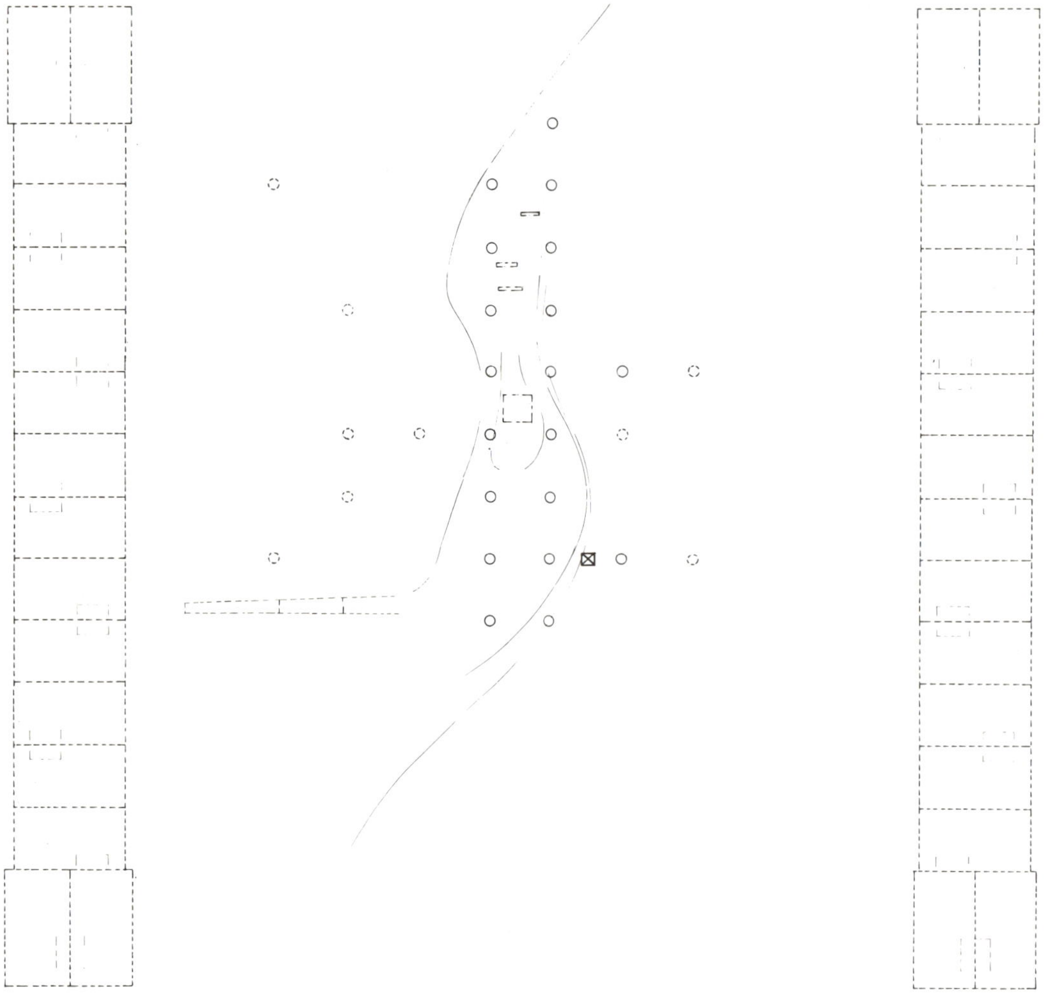

UNDERGROUND

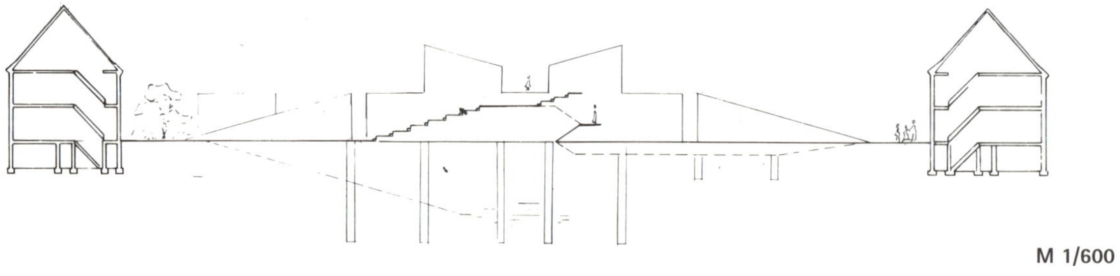

SCHNITT A

M 1/600

HERMEN TRIER

"Ich entwerfe Innenräume ohne Außenseite..."
Tadao Ando

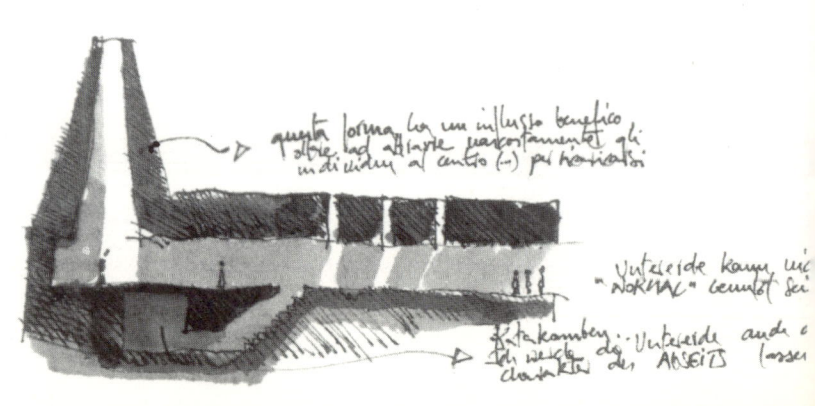

129

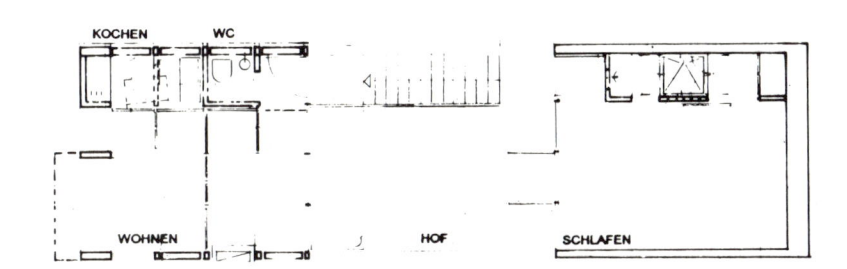

KOCHEN WC

WOHNEN HOF SCHLAFEN

M 1/150

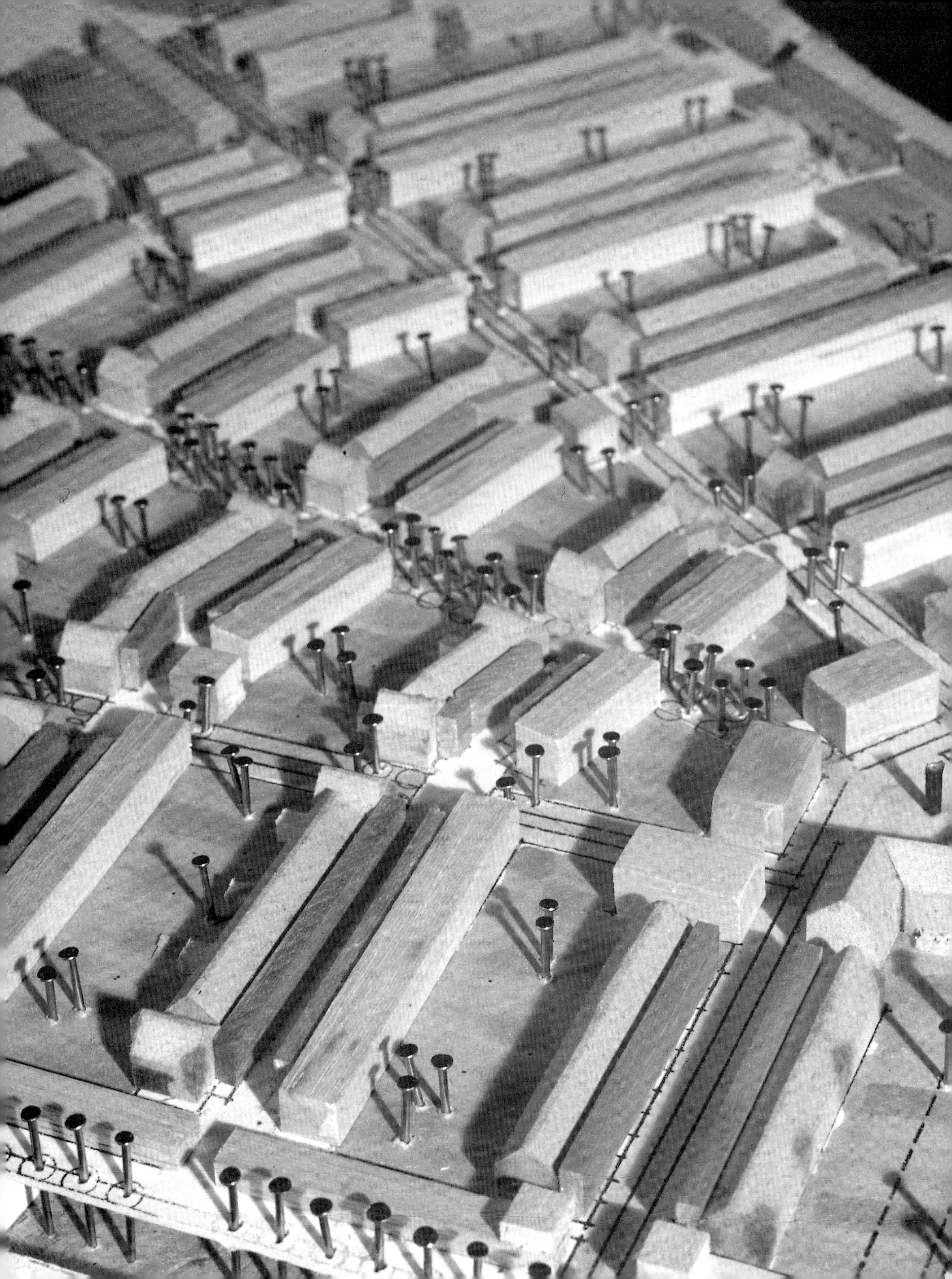

Primus Spiegelhalter

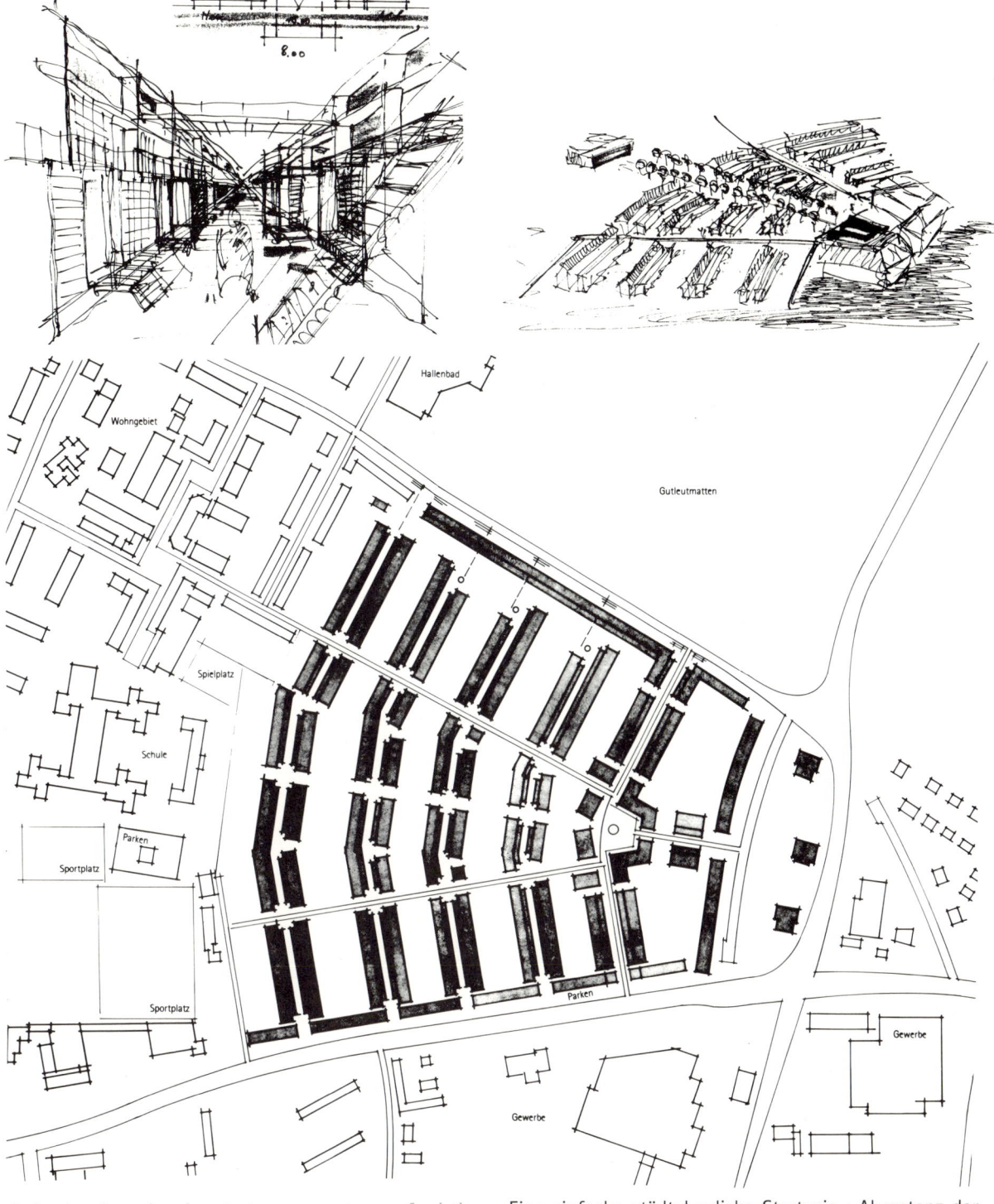

A simple urban planning strategy: acceptance of existing structures and development of possibilities for the pre-existing structures defines the states of „living with" and „living around" each other. The joint between buildings has become the theme; it is defined as a narrow alley which mirrors the traditional community. These alley joints are brought to life by small, stepped verandas at entrances and a gallery in the upper story; a space for urban vitality. Ample green space is provided.
The house type follows this concept in a clear, simple fashion; the new buildings are split-level, creating connections for additional access to the varied housing types on gallery levels.

Eine einfache städtebauliche Strategie: Akzeptanz der vorhandenen Struktur und Ergängnzungsmöglichkeiten für den Bestand, - aus dem Nebeneinander ein Miteinander. Die Fuge zwischen den Häusern ist das Thema, sie ist eng und bildet eine Gasse, - ganz in der Tradition der Stadt. Diese wird zusätzlich belebt von kleinen Eingangsveranden - ein paar Stufen höher - und von Laubengängen in den Obergeschoßen; eine Raum für urbane Vitalität. Raum für die Gärten und die Ruhe bleibt noch genug.
Die Wohnungstypologie folgt diesem Konzept auf einfache und sinnvolle Weise. Die Neubauten sind über einen Split-Level-Versatz organisiert, so können sich in Verbindungen mit den Zusatzerschließungen der Laubengänge reichhaltige Kombinationen von Wohnungen ergeben.

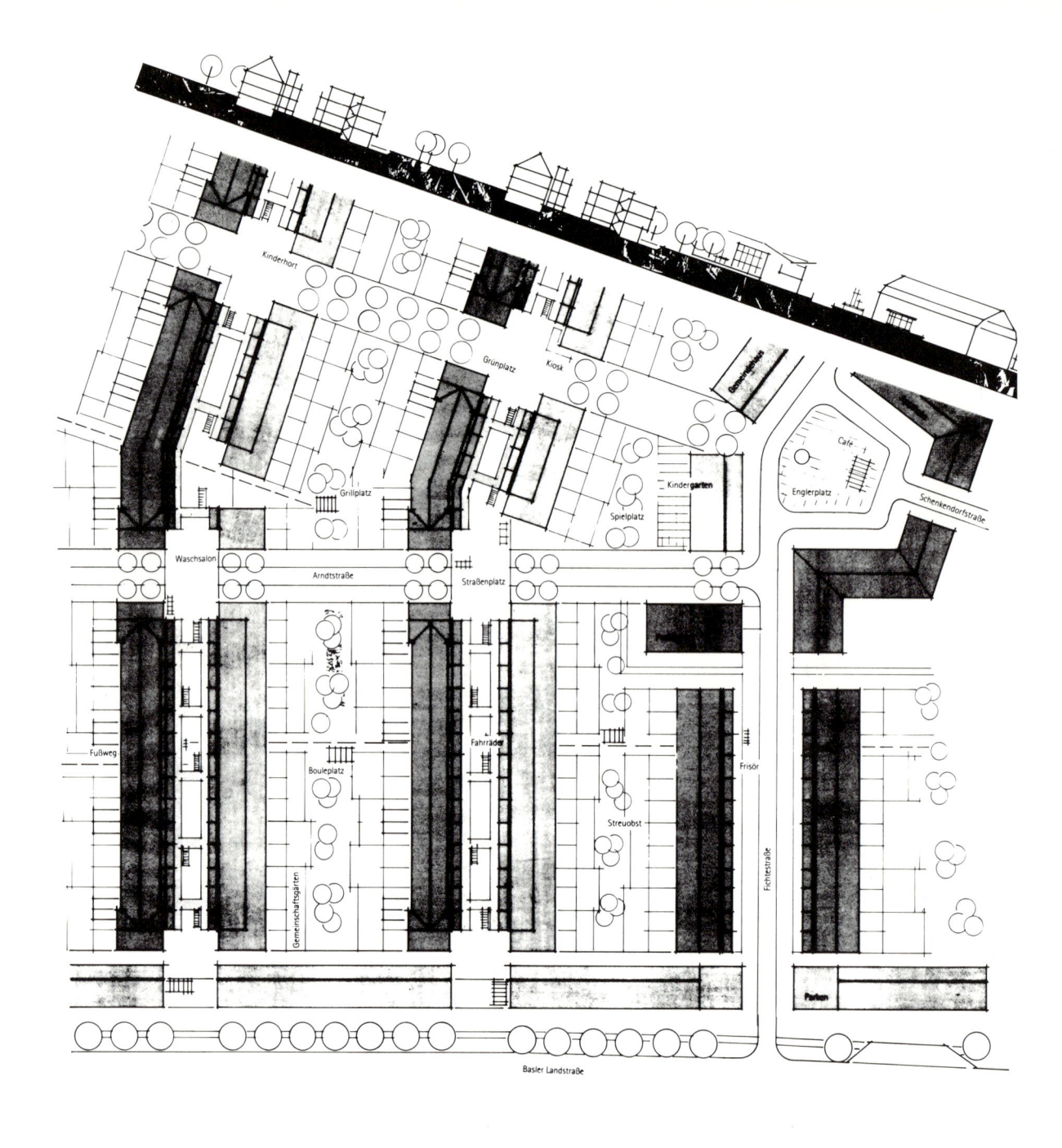

M 1/1500

Parkbox/Wohnbox
Basler Landstraße

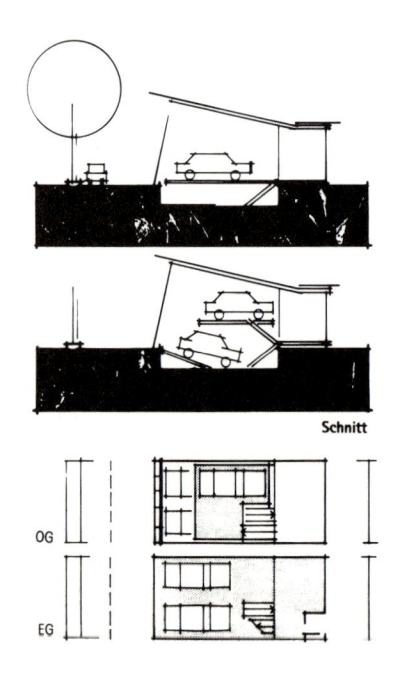

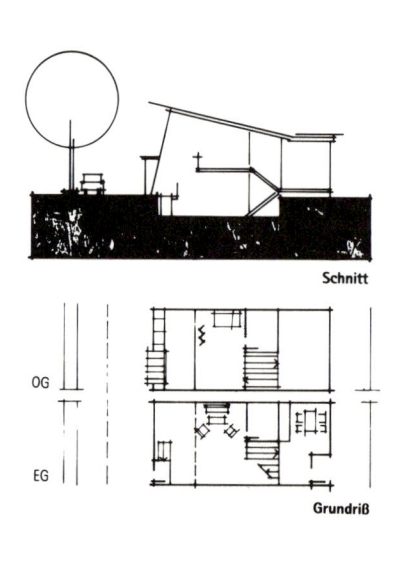

Schnitt

OG
EG

Schnitt

OG
EG

Grundriß

133

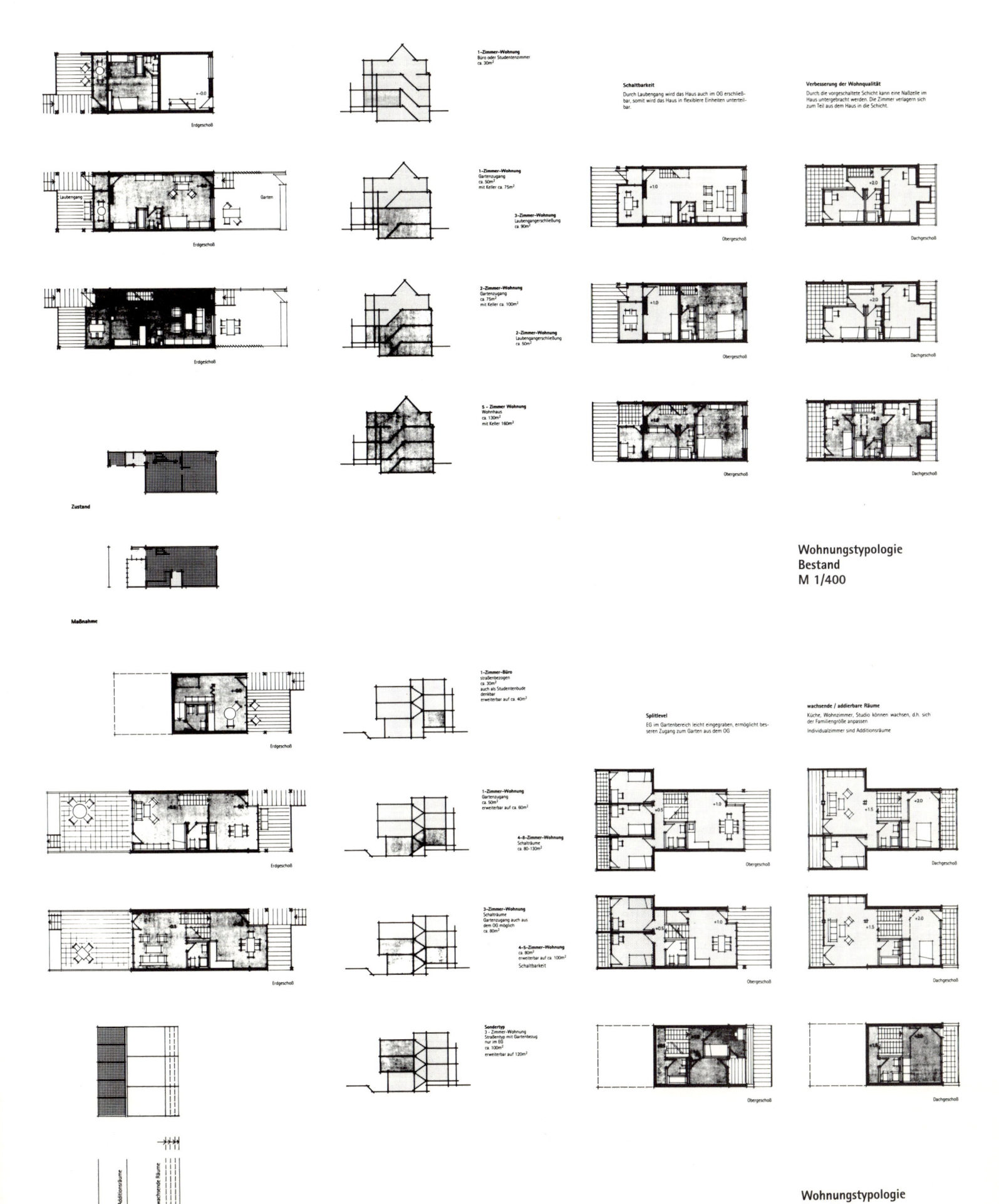

Schaltbarkeit
Durch Laubengang wird das Haus auch im OG erschließbar, somit wird das Haus in flexiblere Einheiten unterteilbar.

Verbesserung der Wohnqualität
Durch die vorgelagerte Schicht kann eine Naßzelle im Haus untergebracht werden. Die Zimmer verlagern sich zum Teil aus dem Haus in die Schicht.

1-Zimmer-Wohnung
Büro oder Studentenzimmer
ca. 30m²

1-Zimmer-Wohnung
Gartenzugang
ca. 50m²
mit Keller ca. 75m²

3-Zimmer-Wohnung
Laubengangerschließung
ca. 90m²

2-Zimmer-Wohnung
Gartenzugang
ca. 75m²
mit Keller ca. 100m²

2-Zimmer-Wohnung
Laubengangerschließung
ca. 60m²

5-Zimmer Wohnung
Wohnhaus
ca. 130m²
mit Keller 160m²

Zustand

Maßnahme

Wohnungstypologie
Bestand
M 1/400

Splitlevel
EG im Gartenbereich leicht eingegraben, ermöglicht besseren Zugang zum Garten aus dem OG

wachsende / addierbare Räume
Küche, Wohnzimmer, Studio können wachsen, d.h. sich der Familiengröße anpassen
Individualzimmer sind Additionsräume

1-Zimmer-Büro
straßenbezogen
ca. 30m²
auch als Studentenbude denkbar
erweiterbar auf ca. 40m²

1-Zimmer-Wohnung
Gartenzugang
ca. 50m²
erweiterbar auf ca. 60m²

4-8-Zimmer-Wohnung
Schalträume
ca. 80-130m²

3-Zimmer-Wohnung
Schalträume
Gartenzugang auch aus dem OG möglich
ca. 80m²

4-5-Zimmer-Wohnung
ca. 80m²
erweiterbar auf ca. 100m²
Schaltbarkeit

Sondertyp
3-Zimmer-Wohnung
Straßentyp mit Gartenbezug nur im EG
ca. 100m²
erweiterbar auf 120m²

Wohnungstypologie
Neue Zeile

134

Wohnstraße

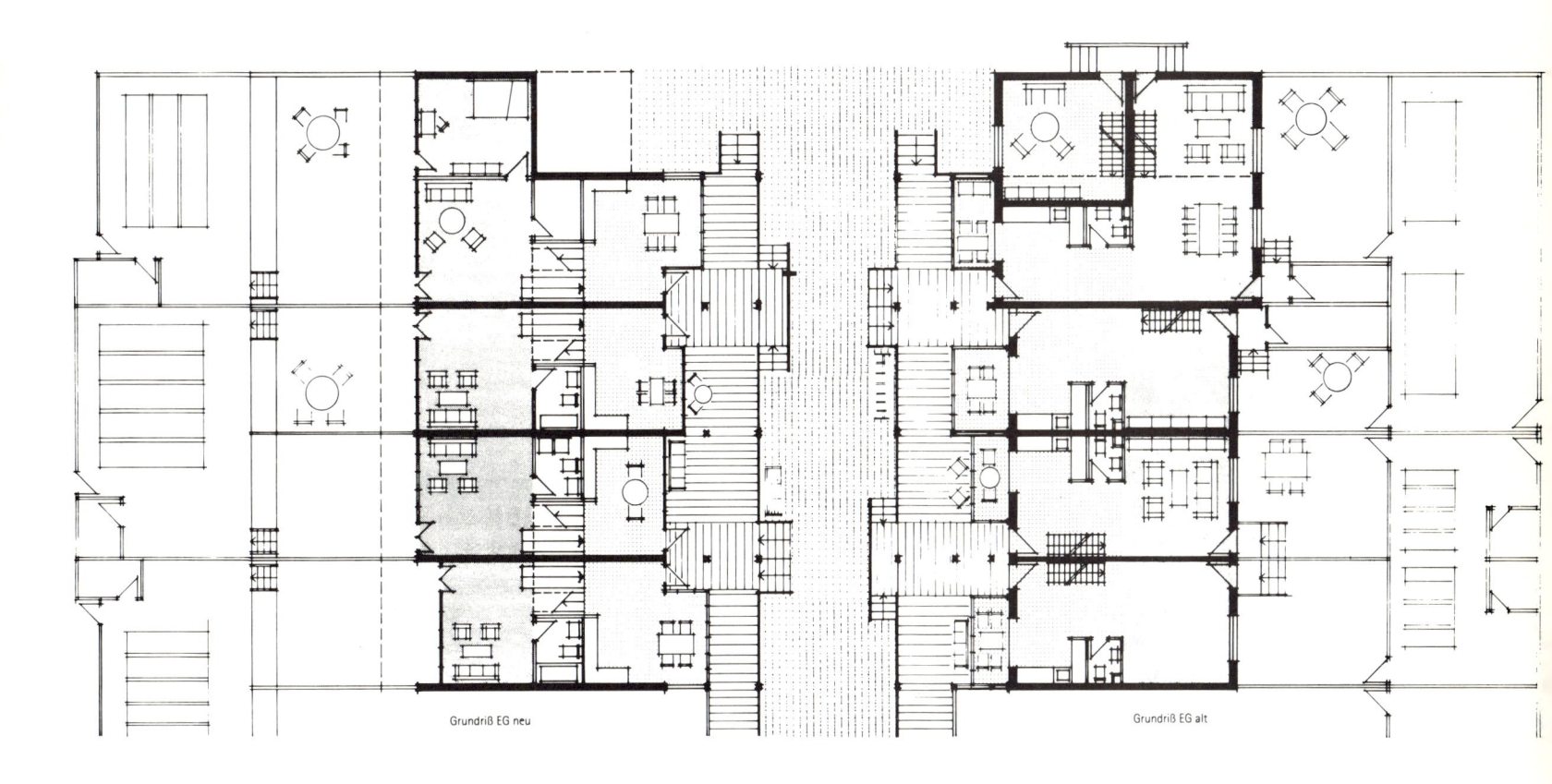

Grundriß EG neu   Grundriß EG alt

M 1/400

Gartenbereich

Vorgesetzte Schicht
M 1/125

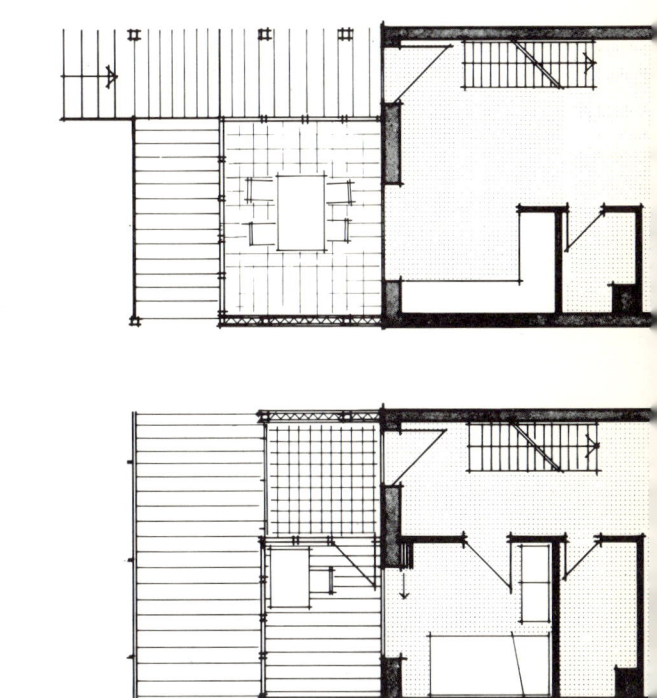

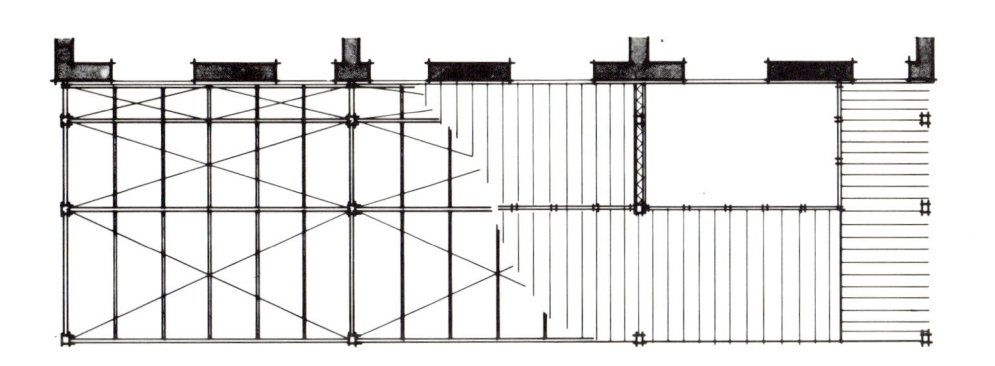

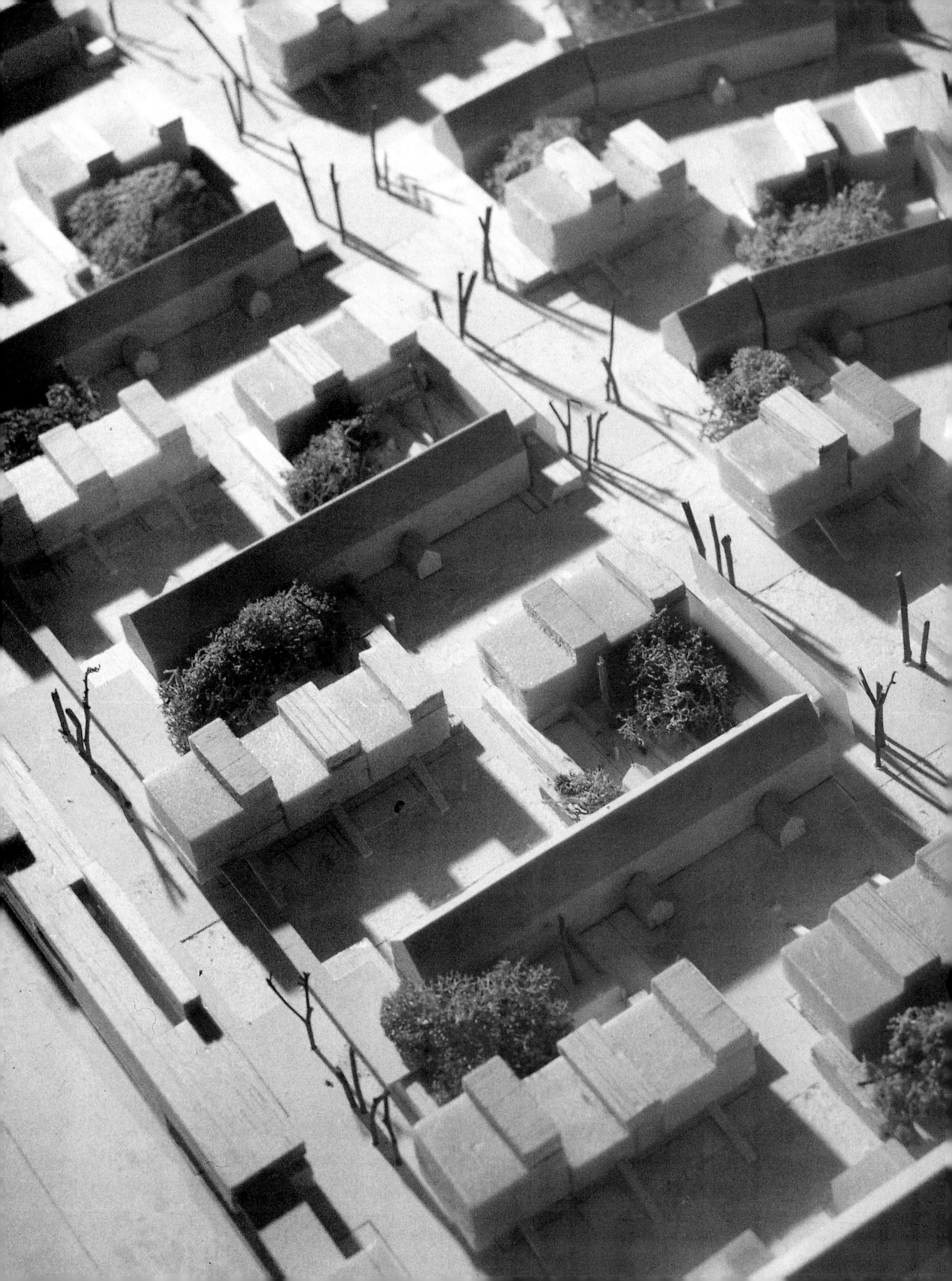

Silvia Wüst

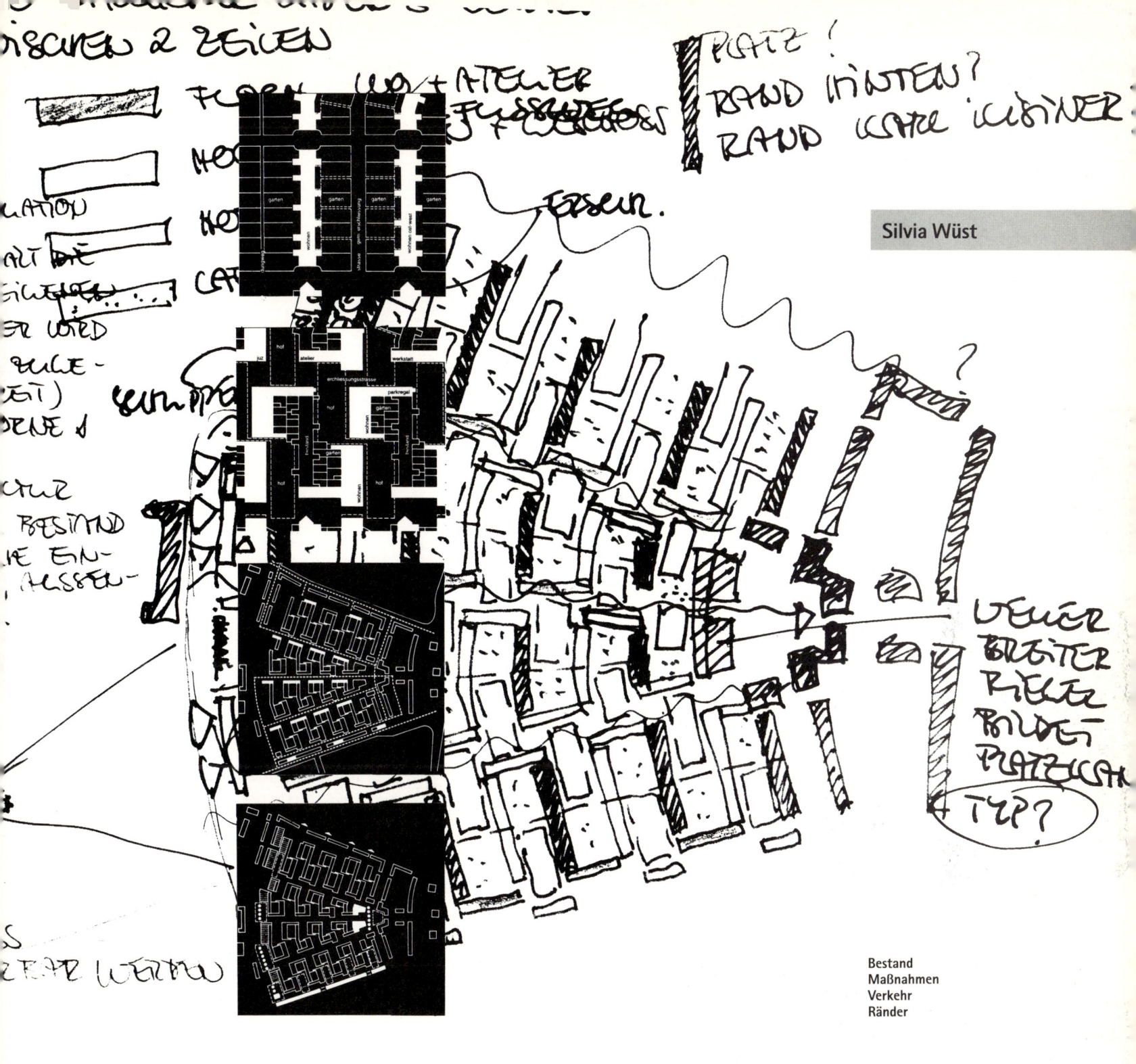

Bestand
Maßnahmen
Verkehr
Ränder

The row buildings in the community have exterior spaces of equal size which are varied through a mixed composition of courtyards and market places. Private green spaces alternate with public spaces. The building principle is based upon additive multi-story single-family units and single story space-defining end buildings which house small businesses, shops, studios and when necessary, parking rows which complete the courtyards and simultaneously define borders. Spatial interdependence is continually visible; it lends the community its own character.

The east - west orientation is patterned after a open courtyard type, whose partial funtion is as a stairwell and point of access. The interior spaces are penetrated by mulitlevel atrium spaces and roof terraces, together with abundant possibilities for combination guaranteeing a lively, bustling atmosphere.

Die Zeilen der Siedlungsstruktur mit den gleichmäßigen Aussenräumen verändern durch eine Komposition von Höfen und Plätzen. Private Gärten wechseln ab mit öffentlichen Plätzen. Das Bauprinzip besteht aus addierbaren mehrgeschossigen Einfamilienhäusern und eingeschossigen straßenbegleitenden Abschlußgebäuden, -sie beinhalten Läden, Werkstätten, Ateliers und ggf. Parkregale - die die Höfe schließen und gleichzeitig die Plätze begrenzen. Die räumliche Interdependenz ist immer spürbar und verleiht der Siedlung ein neuen eigenständigen Charakter.

Die Ost-West orientierten Gebäude werden um einen offenen Lichthof, der teilweise auch als Treppen- und Erschließungraum fungiert, organisiert. Die Innenraumdurchringungen mit mehrgeschossigen Lufträumen und Dachterrassen, zusammen mit reichhaltigen Kombinationsmöglichkeiten versprechen eine dichte und lebendige Atmosphäre.

M 1/300
Ansicht Straße

141

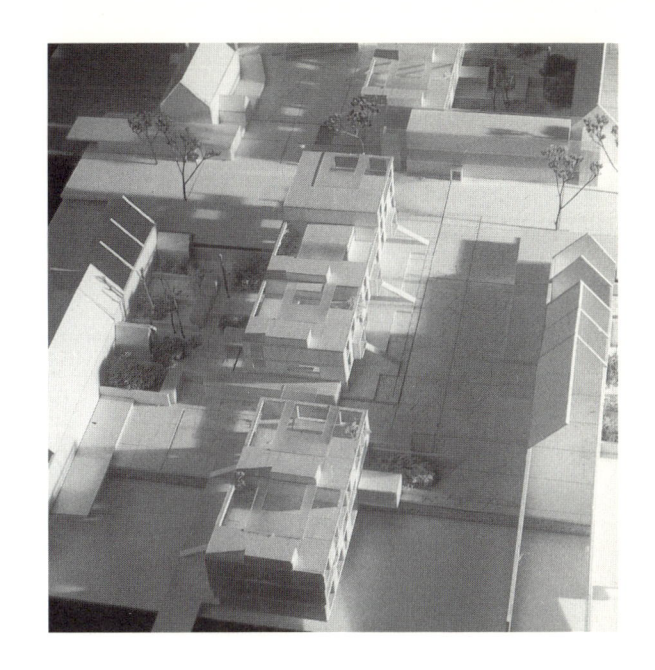

Ansicht Hof

zonierung wohnen

einfamilienhausähnliches wohnen
eigener eingangsbereich für jede wohnung
direkter aussenraumbezug der wohnung (garten oder dachterrasse)
mehrgeschossigkeit
möglichkeit der sehr grossen wohnung, des anbaus, des umbaus.

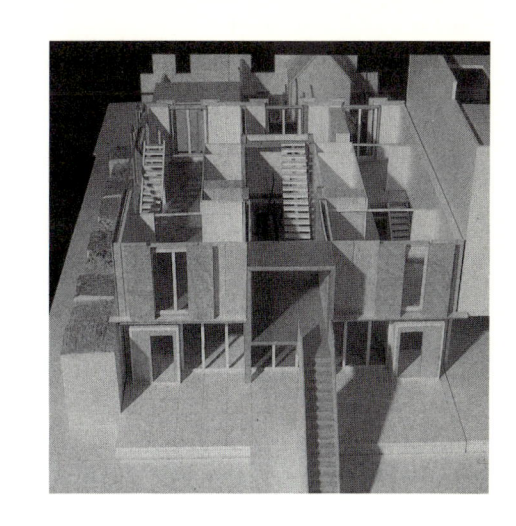

143

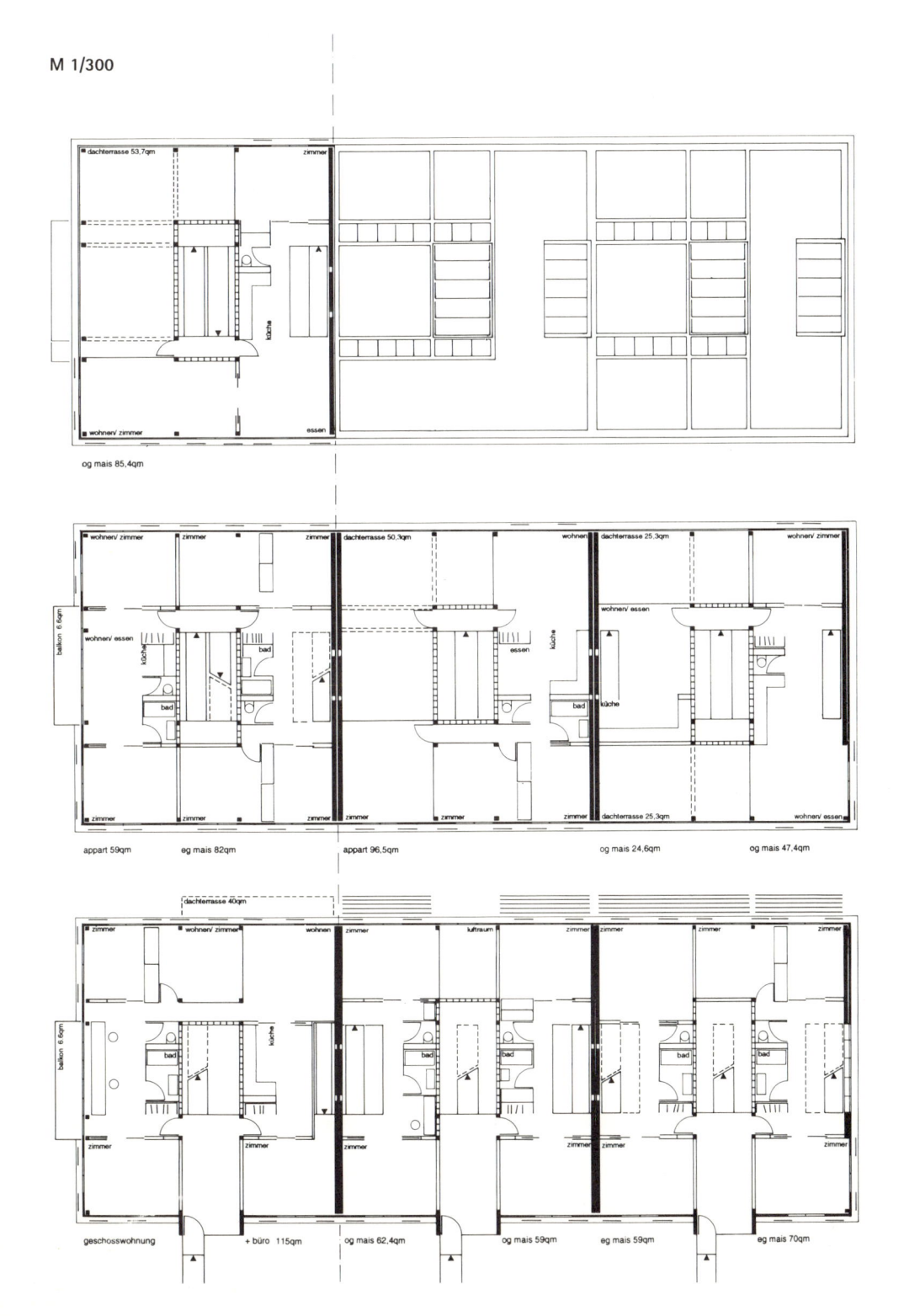

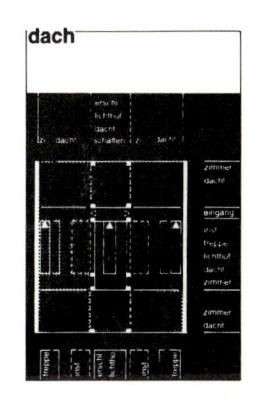

M 1/300

dach

og 2

og 1

og mais 85,4qm

appart 59qm | eg mais 82qm | appart 96,5qm | og mais 24,6qm | og mais 47,4qm

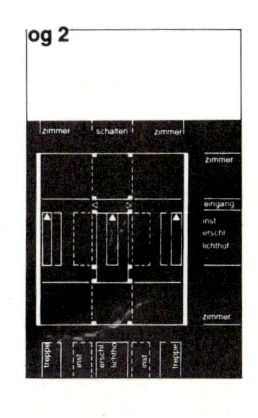

geschosswohnung + büro 115qm | og mais 62,4qm | og mais 59qm | eg mais 59qm | eg mais 70qm

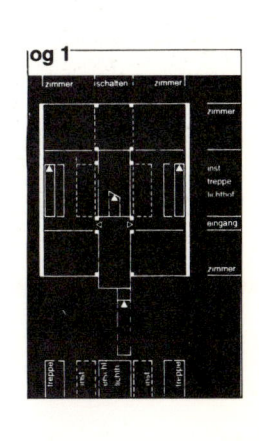

M 1/300

145

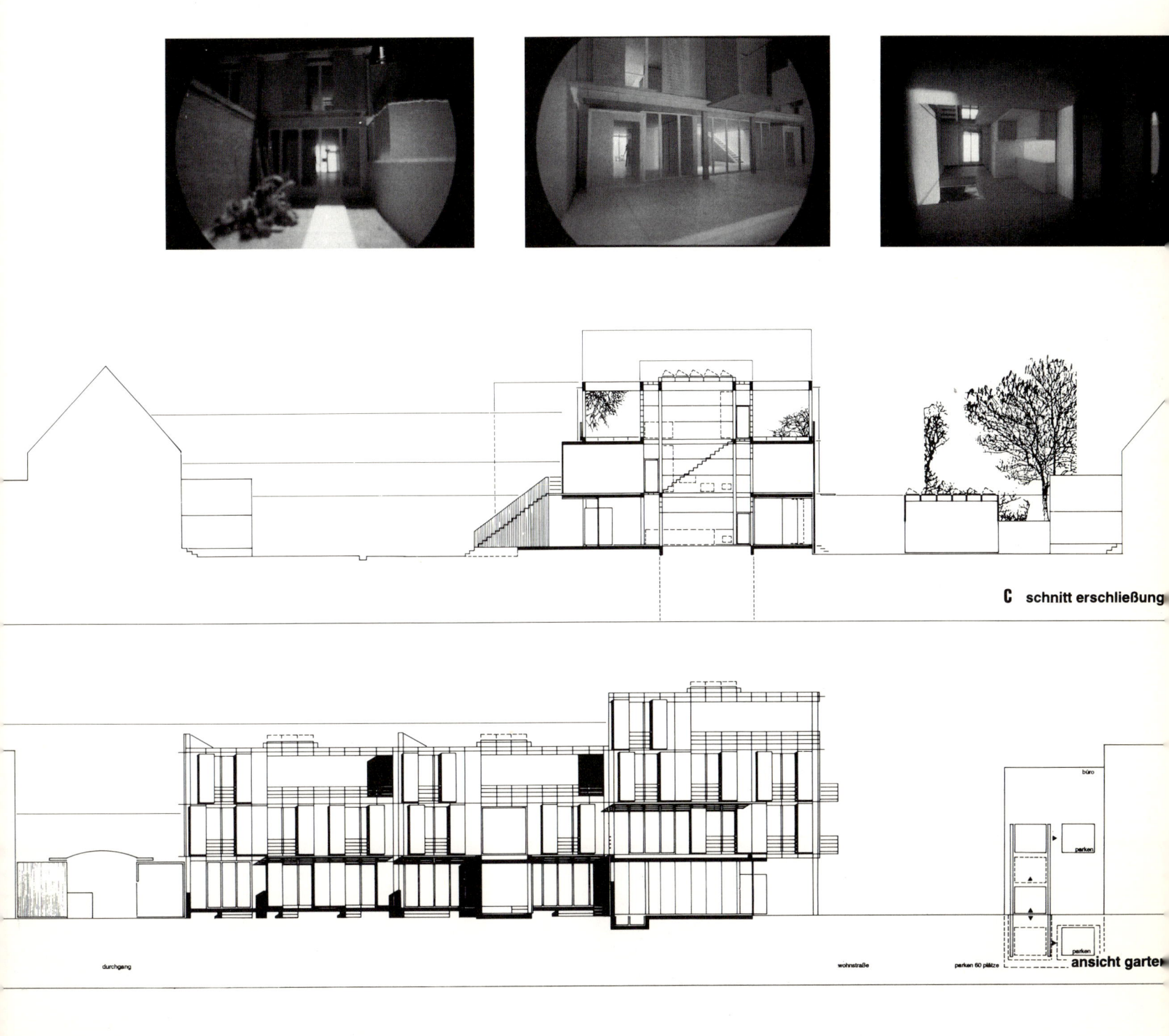

C schnitt erschließung

durchgang wohnstraße parken 60 plätze ansicht garten

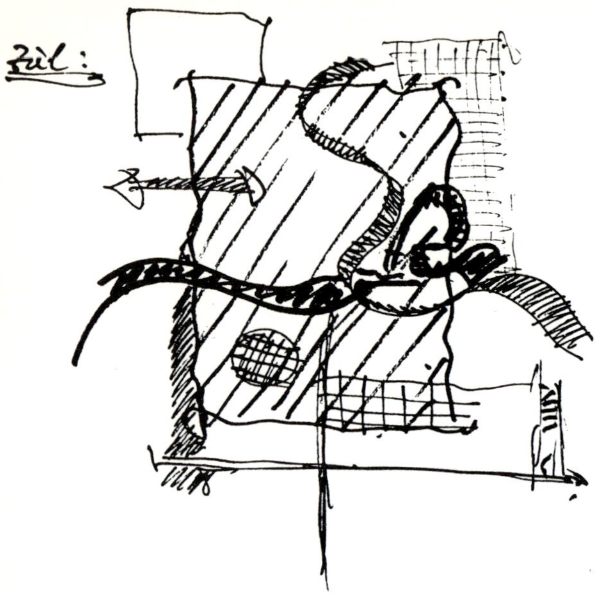

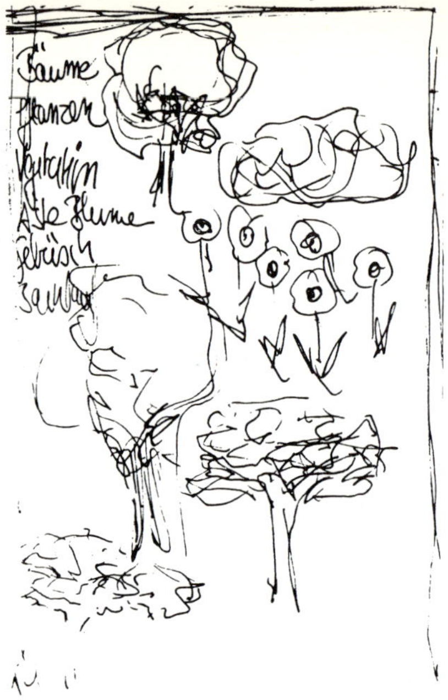

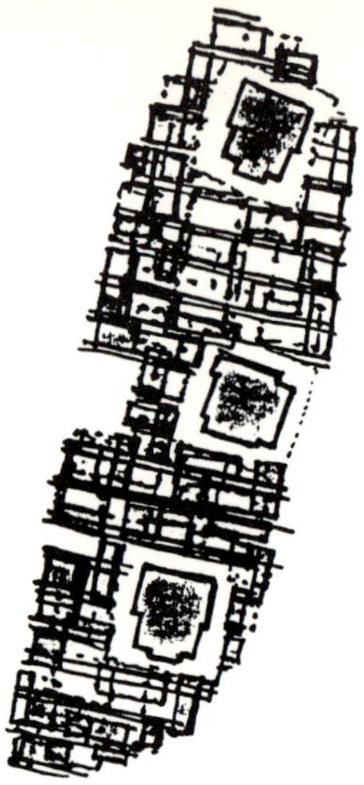

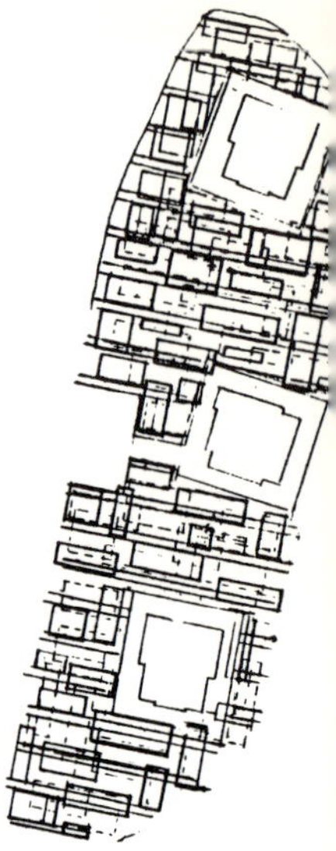

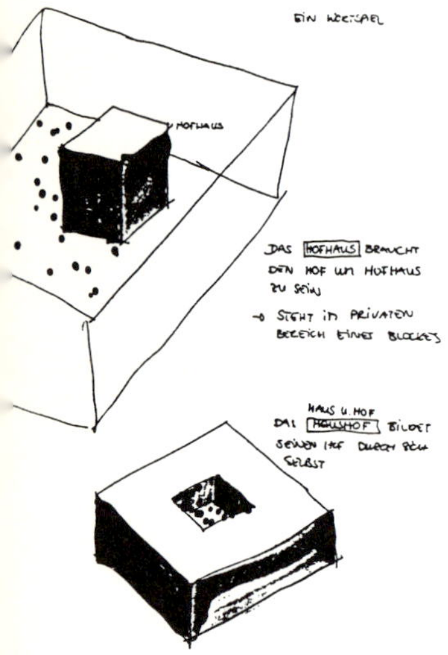

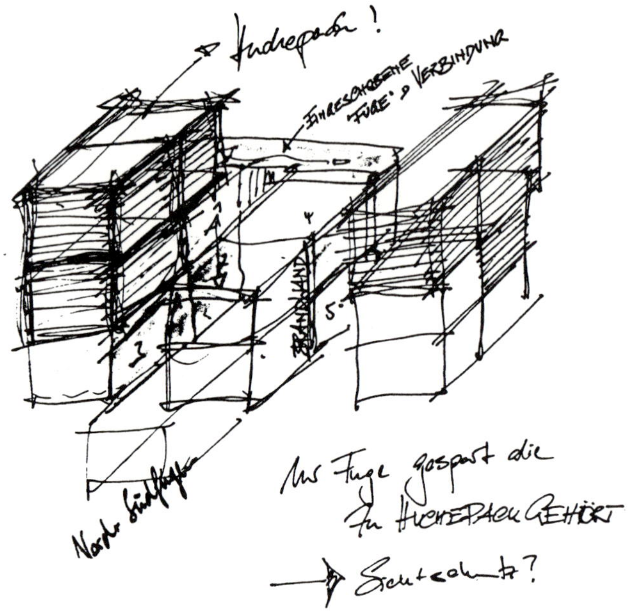

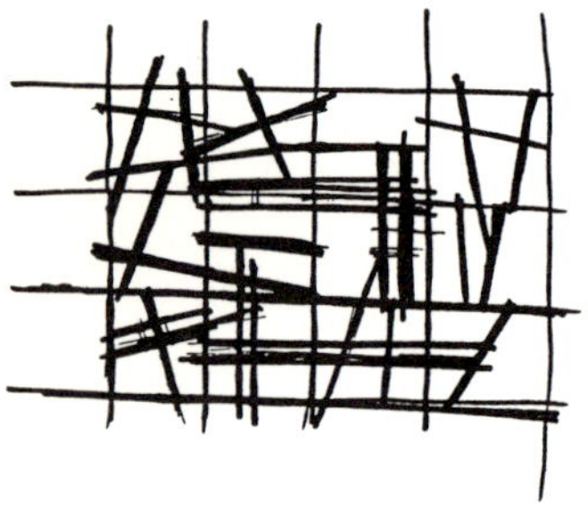

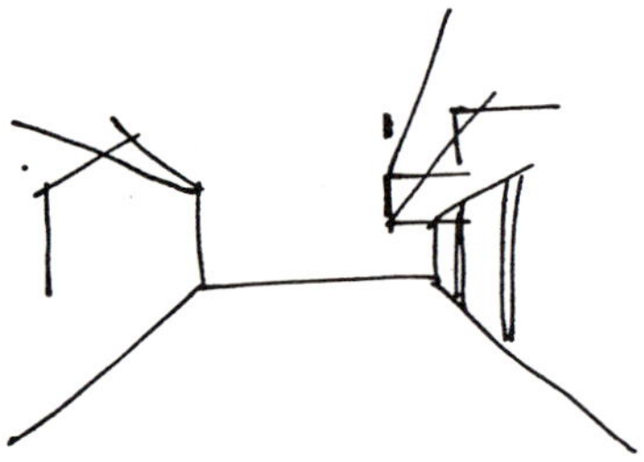

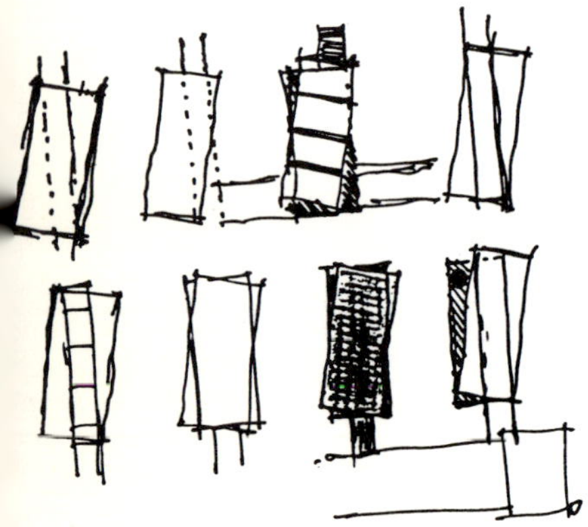

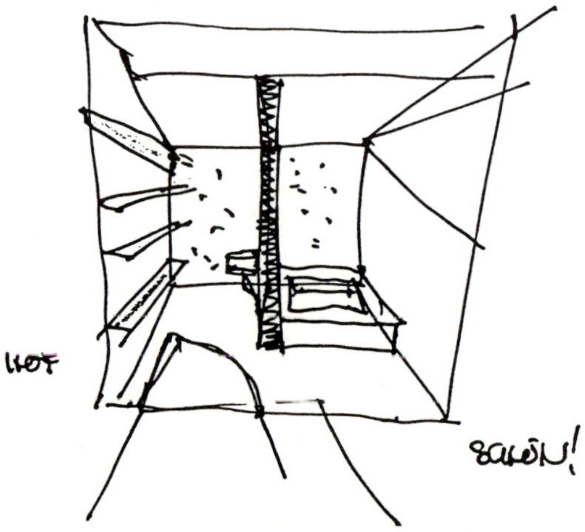

Ansicht
– Dachzone

Lichtraum
Gem. Gesellschaft

Mensch hat immer sein Lieblingsthema bekämpft auch wenn es nicht nötig war.

Kaffeesatz!

Fensterstich
Trägerblech
Aussparung f. Stahl-I-Träger
STB-Fertigteil-Träger

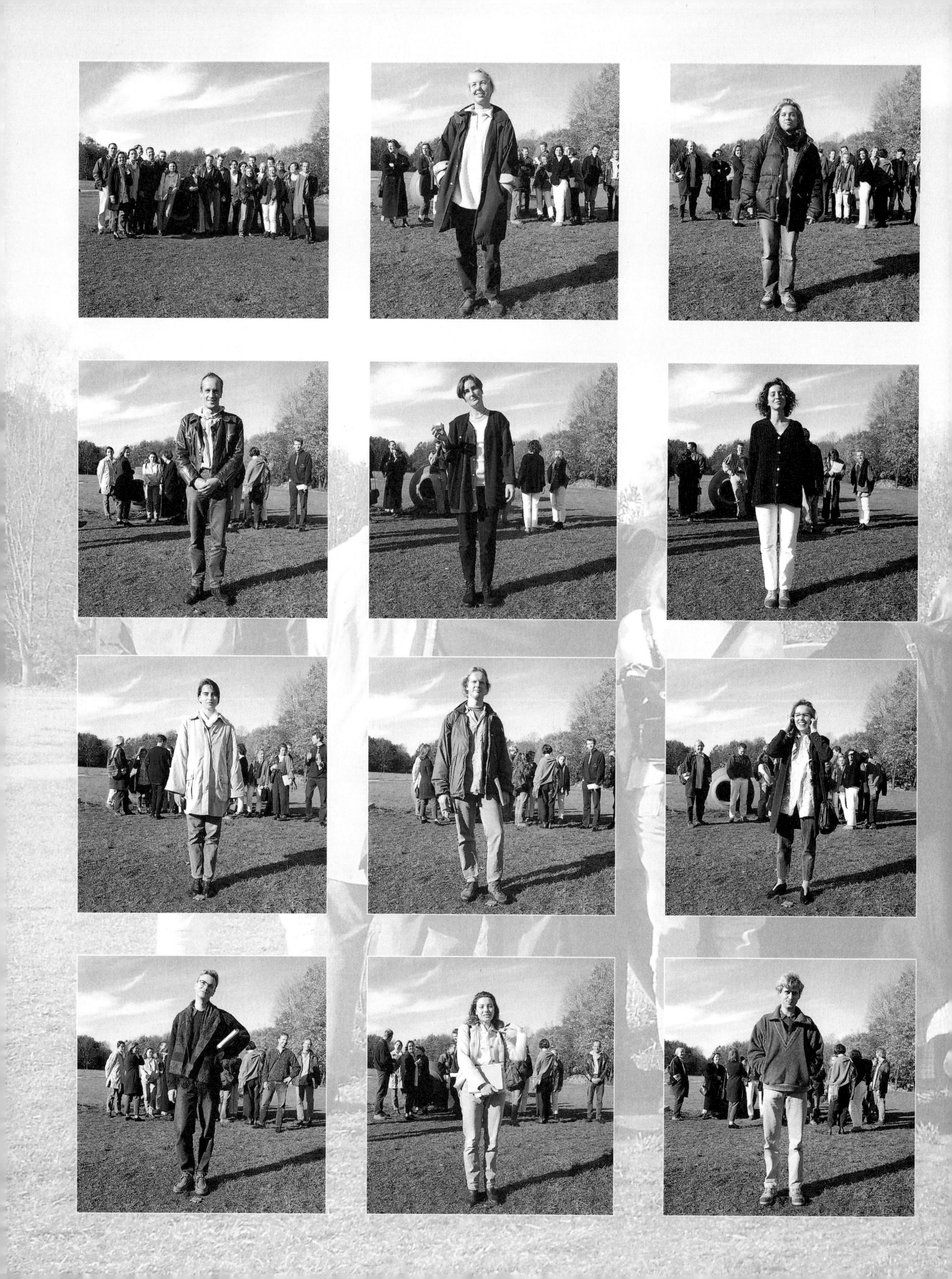

Christine Dieckmann

Barbara Engel

Renate Hell

Stefan Herrmann

Thilo Höhne

Miriam Janssen

Astrid Kasper

Susanne Klein

Urs Klipfel

Ellen Kloft

Stefan Kornwinkel

Monika Kreutzer

Ulf Möwes

Oliver Schaper

Tobias Schubotz

Patricia Sendin Garrido

Primus Spiegelhalter

Silvia Wüst

Impressum Imprint	Wir danken der Siedlungsgesellschaft Freiburg – Herrn Dipl.-Ing. Hans Jörg Oehm – für die freundliche Unterstützung, und der Bereitstellung von Planunterlagen und Informationen.
Verlag	Verlag Das Beispiel GmbH Darmstadt, 1995 ISBN 3-923974-31-0. Alle Rechte vorbehalten.
Herausgeber Editors	Fachgebiet Entwerfen und Hochbaukonstruktion I Prof. Günter Pfeifer mit Dipl.-Ing. Antje Liebers Dipl.-Ing. Claudia Meixner Dipl.-Ing. Christoph Mohn Dipl.-Ing. Harald Roser Technische Hochschule Darmstadt FB 15 Architektur El Lissitzky-Straße 1 64287 Darmstadt
Redaktion Editorial Staff	Prof. Günter Pfeifer cand.arch. Anja Debik cand.arch. Daniela Effmert cand.arch. Heike Henrich cand.arch. Bernhard Schumann cand.arch. Alex Zaske
Fotos Photography	cand.arch. Bernhard Schumann cand.arch. Alex Zaske Urs Klipfel, Oliver Schaper (S. 14)
Übersetzung Translation	stud.arch. Syroun Z. Sanossian